シリーズ
子どもの貧困 ③

教える・学ぶ

教育に何ができるか

[編著] 佐々木 宏／鳥山まどか　[編集代表] 松本伊智朗

明石書店

シリーズ
子どもの貧困【全5巻】

編集委員（＊本巻担当編集）

松本伊智朗（北海道大学／編集代表）

小西　祐馬（長崎大学）

川田　　学（北海道大学）

佐々木　宏（広島大学）＊

鳥山まどか（北海道大学）＊

杉田　真衣（首都大学東京）

谷口由希子（名古屋市立大学）

山野　良一（沖縄大学）

湯澤　直美（立教大学）

「シリーズ・子どもの貧困」刊行にあたって

「子どもの貧困」が社会問題化して、約10年になる。換言すれば、子どもの貧困問題が再発見されて約10年になる。この間、貧困率・子どもの貧困率の公表、法律の制定などに見られるように政策課題として認識されるようになった。また自治体での調査、計画策定などの動きも広がっている。この問題を主題にした多くの書籍が出版され、社会的関心は確実に高まっている。学習支援や子ども食堂など、市民レベルでの取り組みも多く見られるようになり、支援の経験が蓄積され始めている。

一方で貧困の議論が常にそうであるように、子どもの貧困を論じる際にも、問題を個人主義的に理解し個人・親・家族の責任を強化するような言説、あるいは「子どもの貧困」と「貧困」を切り分け、問題を分断、矮小化する言説が見られる。また政策動向もそうした観点から、批判的に検討される必要がある。

子どもの貧困の再発見から10年の現時点で、なされるべきことのひとつは、「議論の枠組み」を提供すべきことだろう。貧困と不利に関わる個々のエピソードの集合として、この問題が語られるべきではない。特に子どもの貧困は、貧困問題の一部であると同時に、その具体的な姿は「子ども」という社会的区分の特徴と関係して現象する。したがって、貧困研究の枠組みを子ども研究の視点から豊富化する必要がある。あるいは、子ども研究に貧困の視点を組み込んでいく必要がある。

こうした観点を意識した研究は、少ない。この「シリーズ・子どもの貧困」は、この10年の議論の蓄積を踏まえて、子どもの貧困を議論する枠組みを提供する試みである。共有されるべき視点を、以下にあげる。

- 経済的問題から離れない。経済的困窮を基底において貧困を把握する。
- 社会問題としての貧困という観点をとる。個人的問題にしない。
- 貧困問題を分断しない。子どもの貧困は、貧困の理解と対策を広げることばである。
- 反貧困としての「脱市場」と「脱家族」の観点をとる。
- 子ども期の特徴と関係させて構成する。
- 政策と実践を批判的に検討する。
- 全体として、「子どもの貧困を議論する枠組み」を提供する。

各巻の主題と位置づけは、以下の通りである。

第1巻『生まれ、育つ基盤』の主題は、主に貧困とケアの観点から、現在の社会と家族の特徴を描くことである。子どもが生をうけたこの社会は、そもそも生活の安定的基盤が確保されている社会なのか。子育て・ケアの主体として期待されてきた家族という単位は、どのように理解されるべきなのか。これらに関わる議論を通して、子どもの貧困を生み出す構造を把握し、第2巻以降の議論の前提を示したい。

第2巻から第4巻は、子ども期の社会的特徴と関わらせて、子どもの貧困の議論を展開する。このシリーズでは、子ども期の社会的特徴を「育てる／育つこと・遊ぶこと」「学ぶこと」「大人になりゆくこと」に整理し、それぞれ2巻から4巻が対応する。

第2巻『遊び・育ち・経験』では、特に子どもの貧困の議論を構成するうえで「遊び」を位置づける、野心的な試みを行う。子どもの発達にとって、「遊び」は重要な要素である。しかし、子どもの発達の制約を関心事のひとつとしているはずの子どもの貧困の議論において、正面から取り上げられることはほとんどなかった。第2巻ではこの間隙を埋めながら、育つ／育てる営みを総体として理解し、子どもの貧困の議論を豊富化する。

第3巻『教える・学ぶ』では、子どもの貧困への政策的対応で大きな役割を与えられている「教育」について批判的に検討し、同時にその可能性について議論を行う。近代の公教育は、社会的不利の緩和と固定化という両義的な側面をもつが、現下の子どもの貧困対策の文脈では、その点に無自覚な議論が多い。第3巻は、この点を克服する試みでもある。

第4巻『大人になる・社会をつくる』では、「子どもの貧困」と「若者の貧困」のそれぞれの議論の架橋を試みる。単に子ども期の不利が移行を困難にするという点のみならず、今日の若年層が直面する構造的不利が子どもの貧困とどう関係するのか、若者が自己の人生と社会をつくる主体として生きることをどう保障するのか、議論がなされる。

第5巻『支える・つながる』では、政策・実践課題としての子どもの貧困に対する対応策の全体像が、ナショナルミニマムの確保とソーシャルワークの展開という観点から示される。子どもの貧困への対応策の議論は、個別的、事後的対応のみに矮小化される危険をもつが、ここでは全体の枠組みを示したうえで、自治体レベルでの対応の可能性を検討する。

全5巻からなる本シリーズは、約60名の執筆者の共同により成り立っている。各巻の編者で構成された編集委員会で議論を重ね、シリーズの趣旨を執筆者間で共有するための覚書を作成した。この「刊行にあたって」は、その再録である。読者と共に、改めて出発点を確認したい。基盤を共有することが、個々の議論や批判をより生産的にすると考えるからである。

２０１８年10月

シリーズ編集代表　松本 伊智朗

シリーズ子どもの貧困③

教える・学ぶ——教育に何ができるか

目次

第II部 教育と「お金」

序章

「子どもの貧困ブーム」をふりかえって

——本書の問題意識と構成

…佐々木 宏

『シリーズ・子どもの貧困』の第3巻にあたる本書は〈教育〉をテーマにした一冊である。本章の前半では、子どもの貧困という社会問題と〈教育〉をめぐる議論の動向を、2008年頃から現在まで、つまり貧困の中にある子どもたちの困難が日本社会で広く人々の関心を集めるようになってからのおよそ10年をふりかえりつつ整理する。そのうえで後半では、本書の問題意識、ねらい、基本姿勢などを述べたい。これらのことは、目次にあげた12の章を編者が選び、三つに束ねた理由でもある。後半では本書の構成についても適宜触れることになるだろう。

1　子どもの貧困をめぐる議論の主戦場としての〈教育〉

貧困研究の蓄積を参照すれば、日本社会には戦後の高度経済成長期やバブル期も含め常に一定量の貧困層が存在し、貧困家族で生まれ育つ子どもはいつも私たちの傍らにいたといえる▼1。しかし、世は常に彼らに関心を払ってきたわけではない。戦後に限れば1960〜80年代にかけては貧困それ自体やその中で暮らす子どもは、ほぼ忘れ去られていた。ところが、2000年代以降、貧しい子どもたちへの関心が「子どもの貧困」という言葉とともに広がっていく。その画期は2008年であったという▼2。この年以降、研究や政策、支援の現場、そしてマスメディアや市井の人々の間でも「子どもの貧困」への関心が高

まり、様々な動きがみられるようになったからである。

研究や政策、支援の現場の関心の動向を可視化するために、国立情報学研究所によるデータベースCinii articlesを参照してみよう。このデータベースは学協会刊行物や大学研究紀要などに掲載された学術論文（雑誌記事）を登録したものなので、検索結果はいわば「専門家」の関心のバロメーターである。図1は、登録記事・論文の中で、タイトルに「子どもの貧困」を含む記事件数をとりまとめたものである。初出は2003年であり、2008年から記事数が急増する。その後いったん落ち着くが、2017年まで記事数は右肩上がりで増加してきた。いまだ貧困は日本社会でマイナーな問題であるが、かつて貧困が忘れ去られていた時期と対比するならば、現在、子どもの貧困は「ブーム」の局面にあるといってもよいかもしれない▼3。

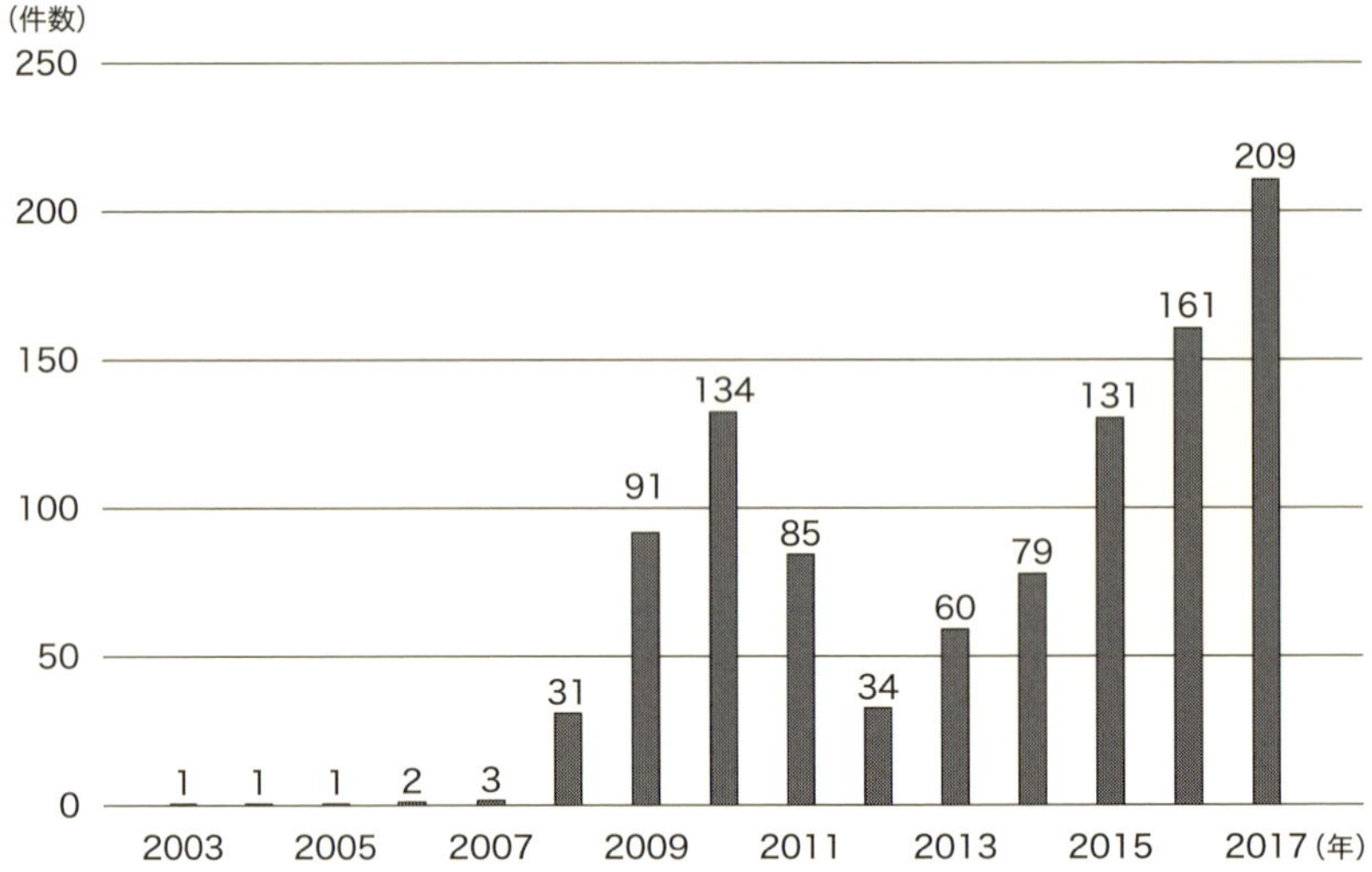

図1　Cinii articles上の「子どもの貧困」記事件数

注：Cinii articles（https://ci.nii.ac.jp/）で2019年2月21日に検索した結果をもとに筆者が作成した。この時点での記事の総件数は1023件（2003〜2017年）であった。ここでいう「件数」とは検索時に出力された記事一覧から、重複登録と思われた記事を除いた数である。

Cinii articlesからはもう一つの特徴がうかがえる。それは〈教育〉に大きな関心が集まっていることである。記事タイトルに「教育」が含まれるものは１０２３件中１８１件であった。さらに「学校」「学力」「学習」という関連語を含めると３０８件に及ぶ。〈教育〉は子どもの貧困をめぐる議論の主戦場の一つだったわけである。

これらの〈教育〉関連の論文や記事をながめると、そこで取り沙汰されている〈教育〉には実に多様なものが含まれていることがわかる。取り上げられてきたものは学校教育だけではない。その外にあるもの、具体的には、公的な学習支援や訓練、ソーシャルワーカーの支援、また塾、習い事、家庭教育、民間有志によるボランタリーな学習支援など、担い手や費用の出所の面で公私様々なアクターが交差する営みがとりあげられてきた。そこで、本書では〈教育〉を「学校教育とそれに関連する様々な教育的営み」とし、話をすすめたい。

なお、このようにいうと、子育て一般や子どもの発達全般を引き受けるかのように思われるかもしれないが、そのつもりはない。補助線として、教育学の古典的議論をあげておこう。ジョン・デューイ（Dewey訳書 1975）は、共同生活（集団あるいは社会）を不可欠とする人類にとって集団の存続のために新しい構成員（子ども）を教え育てることは必須の活動であるとした上で、人類史に普遍的にみられる、共同生活の中でおのずとおこなわれる教育的営み（非制度的な教育）と、近代以降拡張した、計画的に子どもを教え育てること（制度的な教育）に分類した。本書の〈教育〉は後者のことである。また、制度的な教育の中でも特に国民国家による教育的営み、すなわち「公教育」に焦点をあてている。堀尾輝久（1992）は、近代史をふりかえりつつ、国や時代によってその内容や形態を異にする、多様な公教育すべてに共通する要素は「公費（租税）」による教育であることだという。教える・学ぶという人類普遍の活動は、たしかに幅広く

多岐にわたる営みであるが、本書では、デューイや堀尾の議論を参照し、社会による計画の意志にもとづく、その意志に関連して公費が投入されている、また可能性がある公私の営みに限り〈教育〉と考える。

2 何がどのように論じられてきたか

近年急速に盛んになった子どもの貧困をめぐる議論、すなわち、「子どもの貧困ブーム」において教育(すでに意味するところは示したので〈 〉をはずす)が主要論点になっていることには、二つの必然性がある。ここでは今まで「何が」「どのように」論じられてきたのかを概観しつつ、その必然性について確認したい。

第一の必然性は「何が」にかかわることである。貧困の中にある子どもの困難や不利のかなりの部分は、現代日本社会では教育との関連で問題化する。図2は経済的困窮が現代日本の子どもの生に与えるダメージを整理した図である。

経済的困窮は子どもに対して「不十分な衣食住」「健康・発達への影響」といったダメージを与える。また「虐待・ネグレクト」のように暴力にさらされるリスクも生む。これらのことは子どもに限ったことではない。一方で「低学力」「文化的資源の不足」といった教育にかかわるダメージは、子どもならではのものだろう。また「低い自己肯定感」「さまざまな体験の不足」も、成績が悪いことによって自己肯定感が損なわれる、クラスメイトの多くが共有する教育経験(塾、習い事、課外活動の経験など)が奪われるといったその具体的な姿を想起すると、子どもの場合、往々にして教育上の不利や学校という場での困難と

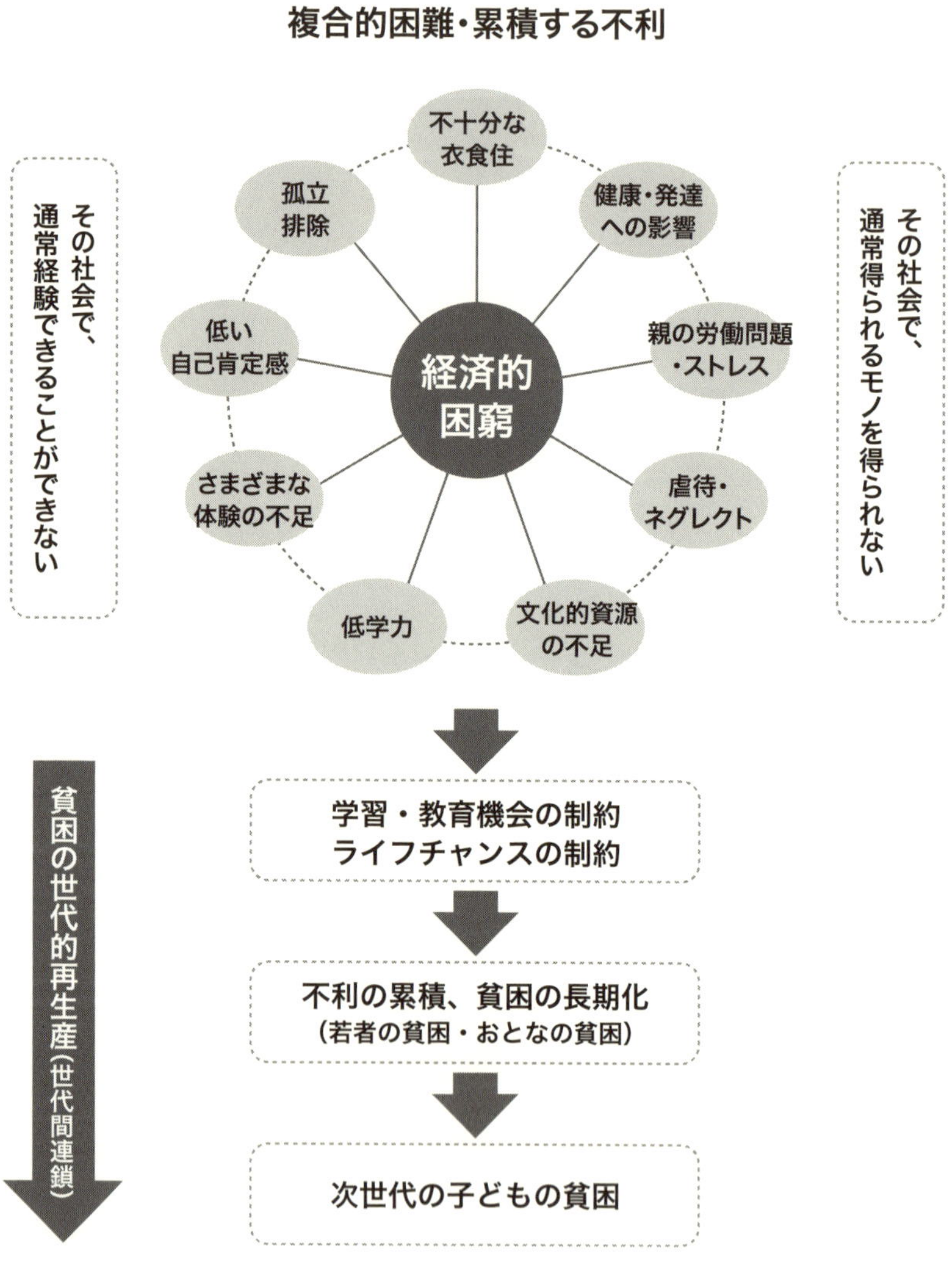

小西祐馬（長崎大学）作成

初出：秋田喜代美・小西祐馬・菅原ますみ編著『貧困と保育』かもがわ出版、2016年

図2　経済的困窮が子どもにもたらすもの

してあらわれるといえる。このことは、現代日本社会の子どもの生活が、教育という営みや学校という場と密接に関連しているという条件を背景にしている。さらに、これらの不利が複合し「学習・教育機会の制約」「ライフチャンスの制約」に転化しつつ「若者の貧困・おとなの貧困」「次世代の子どもの貧困」に連なるのは、教育が職業などのライフチャンスの分配に大きく影響を与える社会的仕組みがあってこそのことである。

現代日本のように「学校化」した社会では、経済的困窮による子どもへのダメージの多くは必然的に教育上の困難や不利という現象として表出するわけである。ここでは一つ一つ具体的な例を参照しないが、「子どもの貧困ブーム」では、教育上の困難や不利が、貧困の中にある子どもが直面している「問題」として繰り返し検証、指摘されてきた。

第二の必然性は「どのように」にかかわることである。この点は別の言い方をすると、先に確認した子どもの困難や不利は、どのような理由で社会的に介入すべきとみなされてきたのか、つまりそれを社会問題として正当化する論理のことである。２００８年以降の議論をふりかえると、子どもたちの困難を「子どもの権利」を根拠に問題とみなす議論もないわけではないが、より「声が大きく」「世に流布している」という意味で優勢だったのは、教育機会の平等実現のために、日本社会の将来を支える人材育成のために、という二つの論理であろう。前者は、生まれる家族を選べない子どもたちの間に、家族の経済状態による機会の格差があってはならないとするもので、いわゆる「貧困の連鎖」への懸念に連なる論理である。後者の論理にもとづく議論の典型例としては、子どもの貧困を改善する、あるいは逆に放置した場合の日本社会の将来的得失を公表した日本財団・子どもの貧困対策チームによる試算（日本財団子どもの貧困対策チーム 2016）をあげることができる。彼らは、国家による積極的投資で子どもの貧困を改善すると将来的に

40兆円の見返りがある（放置すればそれだけの損失がある）と具体的な金額を提示し、世の強い関心を集めた。

教育機会の平等の実現、人材育成という二つの動機を前提とし、教育をクローズアップする議論の代表は、現在の政府による子どもの貧困対策の枠組みであろう。『子供の貧困対策に関する大綱』は、その冒頭で「日本の将来を担う子供たちは国の一番の宝である。貧困は、子供たちの生活や成長に様々な影響を及ぼすが、その責任は子供たちにはない。子供の将来がその生まれ育った環境によって左右されることのないよう、また、貧困が世代を超えて連鎖することのないよう、必要な環境整備と教育の機会均等を図る子供の貧困対策は極めて重要である」（内閣府 2014:2）と子どもの貧困対策を国策として実施すべき意義を示した。そのうえで、生活保護世帯の子ども、児童養護施設の子ども、ひとり親家庭の子どもの高校や大学の進学率や学卒後の就職率などを「子供の貧困に関する指標」（対策の効果を検証するための数字＝対策のターゲット）として列挙している。

教育機会の平等と人材育成への関心を動機とする議論では、おのずと教育は問題解決の手段としても重視されることになる。教育上の不利や困難を改善するために教育に期待することはごく自然であるし、教育は次世代育成の社会的営みそのものだからである。実際、『子供の貧困対策に関する大綱』は重点施策の筆頭に「『学校』をプラットフォームにした総合的な子供の貧困対策」をあげ、教育支援のメニューを多数並べている。

「子どもの貧困ブーム」では、教育上の不利や学校という場に関連する子どもたちの困難が、主に教育機会の平等の実現と人材育成のためにという論理で問題視され、その解決の手段として教育が有望視されている。さらに、2010年代に入ってからは、対策を国策として積極的に展開することについての政治的合意も形成されつつある。

こうした「子どもの貧困ブーム」のあり方については、まずは積極的に評価したい。長らく忘れ去られていた貧困の中にある子どもへ世の関心が向けられるようになったことは、大きな前進である。また、子どもの教育上の不利を主要な問題とみなすことは、貧困の中にある子どもの困難のとらえ方として的外れではない。さらに、教育機会の平等と社会経済開発の実現のためにという人々が受け入れやすい論理は、問題への政府の積極的関与を促す世論形成のテコになったという点でも評価すべきである▼4。

3 見落とされてきた視点・論点に光をあてる

しかし同時に危うさも感じる。教育に大きな関心と期待を寄せる子どもの貧困をめぐる議論には、いくつかの落とし穴があるからである。そうした議論だけに終始していると、ともすれば見落とされる、脇に追いやられる、見えにくくなることがある。本書のねらいの一つは、貧困の中にある子どもへの世の関心の高まりを一過性の「ブーム」に終わらせてしまうことなく、貧困問題に対する骨太でかつ持続的な関心へ進化させていくことを念頭に、これらの見落とされてきた視点・論点に光をあてることである。

まずは「教育支援を子どもの貧困対策の有望な手段として」そして「国策で」という構えからだと、見えにくくなると思われる、かつ重要な視点や論点をとりあげたのが、第I部「〈教育〉化する『子どもの貧困』政策の再検討」（第1章、第2章、第3章、第4章）である▼5。見えにくくなることは大きく四つある。

第一は、教育支援は期待されているほどの効果をもたない可能性があることである。場合によっては負の効果を及ぼすことも視野に入れるべきであろう。時に「社会的投資」と称される、教育による人材育成は、ありていにいえば「投資＝賭け」である。また、先に触れた「40兆円の得失」は経済学説・人的資本論にもとづく試算であるが、経済学では、人的資本論は人間の生産性と教育をめぐる仮説の一つにすぎない（荒井 2002）。いみじくも日本財団のチームも自らの試算が依拠する理論枠組みを「人的資本仮説」と明記している（前掲書：61）。さらに、教育社会学を中心にした教育研究の知見をふまえると、教育は一般に貧困について正負の影響を与えるものと受け止めたほうがよい▼6。たとえば、教育が個人にとって脱貧困の手段となるのは、ライフチャンス分配の根拠となる教育達成をめぐるフェアな競争の仕組みが前提になくてはならない。実は、教育研究では、出自や属性ではなく、フェアな競争の結果としての教育達成にもとづく機会分配の仕組みが、実際のところ果たしてその理念どおりの形で存在しているかどうかも論争点なのだが、仮にその仕組みがある（と世の多くの人々が信じている）としよう。脱貧困を叶える人々は競争の勝者である。一方で競争には敗者も存在する。競争の仕組みは、敗者には相応の低い報酬を与え、そのことを競争の帰結として人々に受け入れさせる。そして、もし敗者の報酬が「健康で文化的な最低限度の生活」を維持できない水準となる場合は、教育こそが貧困を生み出し、それを人々に甘受させるという危険な「毒」となる。「子どもの貧困ブーム」ではこれらの点が正視されているように思えない。

第二は、手段としてではない教育の意義である。ここでいう教育の意義とは、社会政策のオプションとしての教育へ税を投入する理由といってもよい。「子どもの貧困ブーム」の中では、教育は「貧困の連鎖」の打破や社会経済開発の実現といった、ある「目的」のための「手段」として正当化されているが、教育の意義はそれだけではない。それ自体に「目的」としての意義がある。経済学者のアマルティア・センは、途上国開発における公衆衛生の向上、教育普及、民主化といった社会政策には「道具としての役割」と

「本質としての役割」の二つの意義があるとしたうえで、民主化を例にしながら「開発についての狭い（たとえばGNPの成長や工業化などを基準とする）見方においては、政治的な参加や異議申し立てが『開発の助けになる』のか否かが問われることが多い。（中略）この問いかけそのものに欠陥があると言えるだろう。なぜならばそれは、政治的な参加や異議申し立てが開発そのものの構成部分である、というきわめて重要な理解を欠くものだからである」（Sen 訳書 2000:38-39）と述べる。センの指摘は、日本の子どもの貧困と教育をめぐる議論において真摯に受け止めるべきであろう。教育政策を社会経済発展の「手段」とみなす考え方（「道具としての役割」）だけが強調されると、教育は「善い社会」に不可欠な要素であるがゆえに、何かの役に立つかどうかにかかわりなく、社会的に供給されるべきものとする「本質としての役割」が忘れられる懸念があるからである。

三つ目と四つ目は、子どもの貧困への取り組みを「国策で」展開しようとすることにかかわるものであるが、三点目として、子どもの意志や思いが置き去りにされがちであることを指摘しておく。教育は、大人が子どもに知識やスキルを与え育てること（「教える」）と子どもが知識やスキルを得て育つこと（「学ぶ」）の二重の営みからなる過程である。ところが、教育政策のイニシアティブは、事実上大人が握っているため、教育は常に「教える」を中心に展開し、「学ぶ」という面が脇に追いやられる傾向にある。

四点目は、子ども政策はその性格上、「アウトサイダー」を常に生じさせることである。子ども政策の中心的な担い手は「国家」であり、主たる受け手は「国家」のメンバーシップを付与された人々（「国籍を有する人々」が例となるが、国によりバリエーションがある）である。また、社会政策は一義的に「国益」の増進をねらっている。社会政策のこのような性格の是非について、ここで議論をするつもりはない。ただし、社会政策はどんなに包摂的なものであれ、対象から排除されたり、議論の埒外《らちがい》におかれたりする人々を生むことに留意しておくべきであろう。実際のところ「子ども貧困ブーム」では「アウトサイダー」(外国籍の子どもたちなど)への関心は低調であった。

以上四点は、主に第Ⅰ部で意識していることであるが、引き続く第Ⅱ部も「子どもの貧困ブーム」において議論がいまだ十分に深まっていないことを念頭においている。『シリーズ・子どもの貧困』の各巻は七つの問題意識を共有している(本巻冒頭の「刊行にあたって」4頁にある「共有されるべき視点」を参照)。第一点は「経済的困窮を基底において貧困を把握する」であった。前節で確認した2008年以降の子どもの貧困をめぐる議論の状況を思い出してほしい。課題として主に指摘されていたのは子どもたちの教育上の不利や困難であり、対策として主に取り沙汰されていたことは教育支援であった。しかし、**図2**をみれば、経済的困窮と子どもの身体や生活にあらわれる諸困難のどちらが問題の核心であるかは明らかであろう。それは経済的困窮、すなわち「お金の問題」である。

もっとも、子どもの貧困と教育をめぐるこれまでの議論では、経済的困窮一般ではなく教育費に限ると「お金の問題」はポピュラーかつホットな話題であった。教育を受けるためには多額のお金を家族が支払わねばならぬこと、またそれゆえ貧困家族の子どもには教育上の不利が生じること、さらにこれらのことを根拠に支援の必要性が指摘され、実際、貧困家族への学費補助や家計管理(「やりくり」)の助言といった支援が整いつつある。そして、家族の重い教育費負担は、日本の場合、教育への少ない公費支出と表裏の関係にあることが、しばしば指摘されてきた。いわゆる教育費の「家族依存」である。また、これらの指摘を待つまでもなく、子どもの教育に多くのお金がかかることは、日本で子育てをする者ならば誰もが知る所与の条件、あるいは「常識」といってもよいかもしれない。

このように貧困家族の子どもの教育費の問題をとらえることは、先の「常識」を動かしがたいものとみなす限り、見当違いだとは思わない。しかし「経済的困窮を基底において貧困を把握する」という問題意識からは、物足りなさや危うさを感じる。貧困家族に学費を免除・給付・貸与することや教育費捻出の「やりくり」をコーチすることは、たしかに「お金の問題」にかかわる支援ではあるが、その家族の経済的困窮への手当ではないからである。貧困家族への学費補助は、当然、日々の生活費を増やすものではない。また、貧困家族が「やりくり」によって教育費をひねり出すことは、場合によっては他の支出が減る（困窮が悪化する）可能性もはらんでいる。そこで、本書の第Ⅱ部「教育と『お金』」（第5章、第6章、第7章）では、これまでの子どもの貧困と教育費をめぐる議論をふまえながら、その先にある論点、たとえば、教育費負担の貧困家族の家計全体への影響、教育費の家族依存とコインの裏表の関係にある「教育の市場化」の今、さらに教育費の家族依存の構造を支える人々の意識などを考えてみたい。このことは子どもの教育費についての「ニッポンの常識」を問い直す作業でもある。

4　楽観論と悲観論の狭間に立つ——本書の基本姿勢

本書では、サブタイトルにあるように子どもの貧困に対して「教育に何ができるか」という問いをおいた。この問いに対して「子どもの貧困ブーム」のメインストリームからは、きっと肯定的かつ楽観的な回答がかえってくるだろう。「教育こそが問題解決の有望な手段である」と。けれども、本書はそのようなメッセージに、もろ手をあげて賛同はしていない。このことは前節を読んでいただければわかると思う。

ひょっとすると、前節までを読み、本書は「教育には何もできない」「むしろ有害ですらある」といった否定的で悲観的な答えを出そうとしていると受け止めている方もいるかもしれない。しかしそれは違う。「教育に何ができるか」を前に、本書は楽観論と悲観論のいずれにも与《くみ》しない。より正確にいうとこの二つの狭間に立とうとしている。こうした立ち位置を最もわかりやすく示しているのが、第Ⅲ部「教える・学ぶの『現場』から」（第8章、第9章、第10章、第11章、第12章）である。第Ⅲ部は子どもの貧困と向き合う人々、たとえば教員、学校ソーシャルワーカー、学習支援にかかわる人々がいる「現場」からの報告で構成されている。

第Ⅲ部の各章の舞台となる、子どもの貧困と向き合う「現場」はジレンマに満ちあふれている。それは当然のことで、貧困家族で生まれ育つ子どもへの教育支援は、貧困に対して教育が及ぼす正負二つの作用、教育の意義や主体の二重性、包摂と排除という社会政策の二面性といった、様々な矛盾の中におかれているためである。

ジレンマに対する人間の対処のあり方はいくつかあるが、その一つはどちらかを選び、片方を拒否することである。本書の議論に絡めていえば、先にいった楽観論と悲観論、どちらかの立場に身をおくという選択となる。二つ目はジレンマから逃げる、すなわち支援の「現場」から撤退することである。三つ目は、ジレンマを引き受け「現場」に踏みとどまることである。これらの選択肢の中で、問題解決に向けて最も建設的な（そしてタフな）ものは三つ目であろう。第二の選択は論外だが、第一の選択のまずさも明らかである。楽観論が生む「毒」をみないようにすることは「臭いものにはふた」にしかならないし、悲観論に同調し楽観論を拒否すると困難を抱えた子どもたちを前に立ちすくむしかない。

第Ⅲ部の各「現場」もそうであるが、実際のところ、子どもの貧困と向き合う「現場」にいる人々の多くは、ジレンマを引き受けるという選択をしているのではないか。でなければ、ある種のプライドをもって「現場」に居続けることはできないはずだからである。あるソーシャルワークの教本によると、ジレンマを引き受けることこそが、ソーシャルワークの本領、すなわち社会福祉の現場のプロとして最も重要な任務だという（Jordan訳書1992)。子どもの貧困と向き合う「現場」の格闘は「教育に何ができるか」という問いを前に、とるべき構えを教えてくれる。私たちは教育を「魔法の杖《つえ》」とみなさない。が、決して教育をあきらめない。これが本書の基本姿勢である。

注

1 貧困の量的把握（貧困率の推計）は、貧困研究の基礎的な研究課題の一つであり、現在まで、数多くの研究者らが断続的に貧困率の推計を試みてきた。これらの結果のとりまとめ（橘木他 2006）を参照すると、戦後日本には常にそれなりの量の貧困層が存在していたことがわかる。また「戦後70年」を通貫し、貧困問題の動向を整理している近年の研究としては、その量に焦点をあてた橋本健二の著作（橋本 2018）とその質に焦点をあてた岩田正美の著作（2017）をあげておく。さらに、貧困の中にある子どもを取り上げた研究としては、ＳＳＭ調査（社会階層と社会移動全国調査）の１９６５年（昭和40年）分のデータを使った仁平典宏の分析を参照されたい。仁平によれば、高度経済成長期の最中の当時、子どものいる家族が貧困に陥るリスクは、夫、すなわち主たる稼ぎ手の勤め先が大企業か、中小企業かによって大きく異なっていた（前者の貧困率はゼロに近く、後者のそれは20％を超えていた）という（仁平 2010)。「子どもの貧困ブーム」の中では時に、１９６０～１９８０年代の状況について、「貧困はなかった」「好景気と企業福祉を核とする『日本型生活保障システム』により誰もが貧困から守られていた」「近年、それらの条件が失われたが故に貧困問題が発生した」といった認識が語られることがあるが、こうした認識は「神話」である。

2 ２００８年は「子どもの貧困元年」（浅井 2017）と呼ばれることもある。武川正吾は、このタイミングで子どもの貧困への関心が一気に高まった背景には、２０００年代前後から人々の間に広がりつつあった格差・貧困問題への気づきや不満、そして国際機関・経済協力開発機構ＯＥＣＤのレポートという外圧（日本は子どもの貧困問題がきわめて深刻な国であると指摘した２００６年『対日経済審査報告』）があったと指摘する（武川 2017）。

3　Cinii articlesで２０１９年2月21日に実施した検索の結果によれば、２０１８年の「子どもの貧困」記事件数は１２３件であり、２０１７年の２０９件から大幅に減少している。このことから「子ども貧困ブーム」は終息しつつあるといえるのかどうかは現時点ではわからない。その判断のためには、２０１９年以降の動向をみる必要があることに加え、２０１９年2月検索の２０１８年分の数値はCinii articlesの性質上、「確定値」として受け止められないからである。Cinii articlesの新しい年次の（検索時に近い年次の）データは、情報登録や登録情報の修正作業が未完であるがゆえに完全なものではない。これが図1に２０１８年の数値を記載しなかった理由である。

4　「子どもの貧困ブーム」をけん引する論者の言説をふりかえると、教育機会の平等と社会経済的開発の実現というロジックは、貧困問題や子どもの貧困に対する世の関心を惹起《じゃっき》するための「方便」として戦略的に使われてきた側面があることがわかる。たとえば「ブーム」の火付け役の一つとなった書籍『子どもの貧困――日本の不公平を考える』（阿部 2008）の「あとがき」では、貧困問題に常につきまとい、問題解決の合意形成の障害となる自己責任論的な問題理解を回避しやすい子どもの貧困を足がかりにし、貧困問題（大人の貧困）の解決を徐々に進めていくという見通しが語られている。また、本文中で参照した日本財団のチームの書籍（日本財団子どもの貧困対策チーム 2016）の「はじめに」では、世の人々に子どもの現実を他者の問題ではなく、自分にその悪影響が跳ね返ってくる問題（「ジブンゴト」）として捉えてほしいという問題意識が明記されている。このような戦略が成立するのは、日本では、教育を経済的、社会的、個人的な救い（Salvation）を導くものとみなす「教育の福音（Education Gospel）」イデオロギーが、人々の間で広く共有されているためである（広田 2015、Grubb and Lazerson 2004）。このことは、公教育による人材育成の重要性を訴える「教育は国家百年の大計」、また教育を足がかりにした個人の成功（立身出世）を称賛する「末は博士か大臣か」といった言葉が、明治から現在に至るまで人口に膾炙《かいしゃ》し続けてきたことを想起すればよい。阿部らの戦略は、対策をめぐる国民的合意の現時点での到達点である『子供の貧困対策に関する大綱』（「教育の福音」イデオロギーにもとづく問題認識が明瞭に示されている）をみれば、奏功したといえる。ただし、一方でこのような戦略は「教育の福音」イデオロギーを強化し、貧困の中にある子どもの現実に対する独特の認識枠組みの形成を助長した・していることも忘れてはならない。

5　「〈教育〉化」は、「ソーシャルインクルージョン」「ワークファースト」「アクティベーション」といったスローガンの下、経済的資源の給付（所得再分配）に代わり教育や訓練（就労支援や教育支援）が重視されつつある、

20世紀後半以降の欧米の社会保障のトレンドをめぐる仁平典宏の論文（2015）から拝借した言葉である。

6 近現代社会における、教育達成をめぐる競争の仕組み（業績主義・能力主義／メリトクラシー）の「実際」について、あるいは教育と社会経済的な平等の関係についての教育社会学の研究蓄積をコンパクトにまとめたものとしてA・H・ハルゼーらによる論集（Halsey 他訳書 2005）をあげておく。

引用・参考文献

阿部彩（2008）『子どもの貧困――日本の不公平を考える』岩波新書

荒井一博（2002）『教育の経済学・入門――公共心の教育はなぜ必要か』勁草書房

浅井春夫（2017）『「子どもの貧困」解決への道――実践と政策からのアプローチ』自治体研究社

Dewey, John. (1916). *Democracy and Education: An Introduction to the Philosophy of Education*, the Macmillan Company.（松野安男訳（1975）『民主主義と教育（上）』岩波文庫）

Grubb, W. Noton and Lazerson, Marvin. (2004). *The Education Gospel; The Economic Power of Schooling*, Harvard University Press.

Halsey, A. H., Lauder, H., Brown, P., Wells, P. S. (1997). *Education: Culture,Economy, and Society*, Oxford University Press.（住田正樹・秋永雄一・吉本圭一編訳（2005）『教育社会学――第三のソリューション』九州大学出版会）

橋本健二（2018）『新・日本の階級社会』講談社現代新書

広田輝幸（2015）『教育は何をなすべきか――能力・職業・市民』岩波書店

堀尾輝久（1992）『現代教育の思想と構造』岩波書店

岩田正美（2017）『貧困の戦後史――貧困の「かたち」はどう変わったのか』筑摩書房

Jordan, Bill. (1984). *Invitation to Social Work*, Martin Robertson and Co Ltd.（山本隆監訳（1992）『英国の福祉――ソーシャルワークにおけるジレンマの克服と展望』啓文社）

内閣府（2014）「子供の貧困対策に関する大綱――全ての子供たちが夢と希望を持って成長していける社会の実現を目指して」（www8.cao.go.jp/kodomonohinkon/pdf/taikou.pdf,2018.10.1）

仁平典宏（2010）「三丁目の逆光／四丁目の夕闇――性別役割分業家族の布置と貧困層」橋本健二編著『家族と格差の戦後史――一九六〇年代日本のリアリティ』青弓社

仁平典宏（2015）「〈教育〉化する社会保障と社会的排除――ワークフェア・人的資本・統治性」『教育社会学研究』第96集
日本財団子どもの貧困対策チーム（2016）『徹底調査　子供の貧困が日本を滅ぼす――社会的損失40兆円の衝撃』文春新書
Sen, Amartya. (1999). *Development as Freedom*, Oxford University Press.（石塚雅彦訳（2000）『自由と経済開発』日本経済新聞社）
橘木俊詔・浦川邦夫（2006）『日本の貧困研究』東京大学出版会
武川正吾（2017）「いまなぜ、子どもの貧困か」『世界』２０１７年2月号、岩波書店

第Ⅰ部

〈教育〉化する「子どもの貧困」政策の再検討

第1章

「子どもの貧困」再考

──「教育」を中心とする「子どもの貧困対策」のゆくえ

…堅田香緒里

1　はじめに――問いの所在

（1）「子どもの貧困」という問題構成

「子どもの貧困」という問題構成が広く人口に膾炙《かいしゃ》したのは、2000年代以降のことであろう。「子どもの貧困」をめぐる議論が活発化するにつれ、貧困状態にある子どもが抱える諸問題（の一部）がたしかに可視化され、社会問題化されていった▼1。そしてそれは、すぐに政策的課題としても位置づけられるようになり、「子どもの貧困」を冠した法律ができるまでに至った。これにより、「子どもの貧困」の問題は、解決する／したのであろうか。本稿では、こうした問題意識に基づき、第一に「子どもの貧困」という問題構成がはらみうる諸問題について明らかにし、そのうえで第二に、そうした問題構成に後押しされる形で成立した一連の子どもの貧困対策の含意について検討したい。

さて、「子どもの貧困」ブームが起きるずっと以前より、「子どもの貧困」をめぐる先駆的な研究を牽引《けんいん》してきた松本伊智朗は、このような「子どもの貧困」という用語の広がりを歓迎しつつも、それが独り歩きし、貧困一般と切り離されて理解されてしまうことへの危惧を表明している（松本 2013:5）。「子どもの貧困」は、「貧困の一側面であり、子どもの貧困の緩和・解決を目指す政策と実践は、広く反貧困政策・実践の一部である」のだ、と。しかしながら、松本は他方で、「子どもの負う不利の解明と提起」が貧困への「社会的関心」を高めるのに貢献することを否定しない（*ibid*.:5）。こうした姿勢は、『子どもの貧困』という新書を通して、この問題の社会的認知度を高めることに最も貢献したであろう阿部彩にも共通している。彼女もまた、「子どもの貧困」は日本社会が抱える貧困問題の一角に過ぎないことに言及しながら、それでもなお「子どもの貧困」に焦点を絞って議論を展開している（阿部 2008）。

このような松本や阿部の議論からは、まずは「子どもの貧困」を入り口とすることで、貧困問題への社会的関心を切り開き、そのうえでいずれは貧困一般への社会的対策を牽引していくような役割を「子どもの貧困」という問題構成が担ってくれるだろう、と期待していることが読み取れる。このように、「子どもの貧困」を、貧困問題の「入口」として「戦略的に」位置づけるという手法は、日本に固有のものというよりはむしろ「お馴染みの」ものだと言えるかもしれない▼2。では、なぜ「子ども」なのか。

（2）なぜ「子ども」の貧困なのか

「子どもの貧困」という問題構成は、貧困を「社会問題」化しようとする際、あるいは対貧困政策への社会的合意を引き出そうとする際、しばしば「戦略的に」用いられてきたと述べた。このことはなによりも、とりわけ近代以降「子ども」という存在が「一人前の市民」とは区別される存在として認識されてきたことに関わっている。こうした「子ども」の特殊性は、子どもに対するなんらかの社会的な支援への社会的合意の調達を容易にする少なくとも二つの理由を提供してきたと言える。

第一に、子どもに対する支援は、社会投資的な意味をもつと考えられてきた。「子ども」という存在は、「一人前の市民」とは区別されてきたが、しかしそれは同時に、将来「一人前の市民」になり、社会に貢献する主体となることを期待される存在でもあった。近代国家がおしなべて公教育を制度化してきたのもこのためである。教育には社会投資的な意味合いがあり、子どもの「健全育成」を通して社会に貢献してくれる「一人前の市民」を養成することで、将来的にそのコストを回収できるというわけである。こうした論調は、子どもの貧困をめぐる議論においても散見される。

たとえば山野良一は、子どもの貧困解決において最も重要なのは「しんどい思いをする子どもたちを減らすこと」だとしながら、同時に、「社会投資的な視点」をもつことの重要性を指摘している（山野 2014: 245）。ここで「社会投資的な視点」とは、「貧困であることの影響は、当該の子どもだけの問題に終わらないことと、将来的に社会全体のコストを上昇させてしまうことをあわせて考えるべき」だということを意味している（*ibid.*: 246）。短期的にはコストのように見える子どもへの社会的な支援も、「子どもの発達や学力を促進し、情緒的な安定をもたらし、きちんと働ける将来のタックスペイヤーを増やすことにつながる」という意味で、長期的にはコストの最小化に寄与し得る、というわけだ（*ibid.*: 251、傍点筆者）。端的に言って、子どもへの支援＝投資は、将来的な「見返り」を期待できる、あるいは少なくとも将来的な「負担／コスト」の最小化を期待できるというのである▼3。こうした主張は、子どもに対する支援を正当化する〈積極的な理由〉であると言えよう。

第二に、子どもは「一人前の市民」ではないため、一般的な意味での責任主体にはなり得ない。このため、「大人」に期待されるような責任能力を大人と同等に問うことはできないと考えられてきた。端的に言えば、「子どもに罪はない」のである。たとえば阿部彩は、「子どもの貧困」に焦点化する理由として「貧困対策を提唱する際に常に生じる『自己責任論』との緊張が、子どもの貧困に特化すれば、それほど強く生じない」ことを挙げている（阿部 2008: 247）。つまり、「子どもの貧困」に特化することで、「大人の貧困」を論じる際にしばしば寄せられる「自己責任論」を避けることができ、貧困に対する社会的な取り組みについての社会的合意を取り付けやすくなる、というわけだ。これは、子どもに対する支援を正当化する〈消極的な理由〉であると言えよう。

以上のような理由から、「子どもの貧困」という問題構成が――貧困対策をできるだけすみやかに引き出そうという「良心」に基づいて――「戦略的に」用いられてきたわけだが、以下では、この「子どもの貧困」という問いの設定それ自体がどのような意味を持ち得るか、少し考えてみたい。

（3）「子どもの貧困」という問いの設定が不可視化するもの

「子どもの貧困」という問題構成は、子どもの貧困と、非－子ども、つまり大人の貧困を区別し、同じ貧困状態にある人間集団を（大人か子どもかで）分割するものである。当たり前だが、そうした分割は、一方への支援を正当化しながら、他方への支援を脱正当化するようなロジックとして機能してしまいかねない。「子どもに対する支援は、将来的な『見返り』が期待できるから行うべきだ」という言明（社会投資的な視点）は、「大人に対する支援は、将来的な『見返り』があまり期待できないからすべきでない」という言明と表裏一体であるし、「子どもには責任を問えないので社会的に支援をすべきだ」という言明（自己責任論の回避）は、「大人の貧困は自己責任であり、ゆえに社会的支援は不要である」という言明と表裏一体である。

しかし、とりわけ近代以降、児童労働は原則的に禁じられ、「子ども」と名指されることは「自立した経済主体」とはみなされないことと同義であった（だからこそ、自己責任を問われることがないのである）。とするならば、「子ども」は一般に、独立した生計をもたないという意味でおよそみな「貧困」だと言えよう。そのように考えると、現実に存在しているのは、「子どもの貧困」なのではなく、「貧困な大人」と共に生活を送る子ども（貧困家庭で育つ子ども）や、扶養義務を果たせる「大人」の親族がいない子ども（施設で育つ子ども）等がいるだけなのだ。「子どもの貧困」という問いの設定自体が、それが現実にはその子どもの親や親族等の「大人」の貧困の問題であるということを不可視化してしまうのではないだろうか。

「子どもの貧困」を論じる者の多くは、「戦略的に」そのようにしているのであって、貧困一般の問題を軽視しているわけではないということは先に述べた。しかし、そうした問題設定がむしろ「大人の貧困」を含む貧困一般を不可視化してしまうとしたら、その「戦略」は果たして有効である／あったと言えるのだろうか。こうした問題意識を背景に、本稿では、第一に、「子どもの貧困」という（戦略的な）社会問題化によって現実に導入された一連の「子どもの貧困対策」の中身を概観する（2節）。第二に、一連の「対策」の政策的含意について検討し、それらが「教育の支援」に偏重していること、それゆえ現実には子どもの貧困の解消にほとんど寄与し得ないことを論じる（3節）。第三に、「子どもの貧困」という「戦略的な」問題構成が、そうした政策に帰結せざるを得ないこと、それゆえ、子どもの貧困の解消を真に志向するのであれば、「子どもの貧困」という問いの立て方は望ましくないことを論じる（4節）。

2 「子どもの貧困対策」は何を「貧困」と捉え、どのようにそれを解消しようとしているか

（1）政策的イシューとなった「子どもの貧困」

「子どもの貧困」に焦点化するという戦略は、短期的にみれば一見「効果的」であるように思われるかもしれない。子どもの親や家族等を含む「大人の貧困」への言及を避け、「子どもの貧困」に限定して論じることで、（子どもの）貧困対策導入に対する社会的合意はずっと得られやすくなり、（子どもの）貧困へ

の政策的対応を速やかに引き出し得るという面もあるだろう。じじつ、日本でも「子どもの貧困」をめぐる議論の高まりを受け、２０１０年代に入って「子どもの貧困」への政策的対応が明文化されるようになっていく。２０１３年６月には「子どもの貧困対策の推進に関する法律」（以下、「子どもの貧困対策推進法」）が成立し、２０１４年１月に施行されている。これを受け、２０１４年８月には「子供の貧困対策に関する大綱」（以下、「大綱」）も閣議決定された。

このように、確かに日本において、「子どもの貧困」が政策的イシューとして位置づけられ、これを冠した法律ができるまでに至ったことは事実である。そもそも、２０１３年に子どもの貧困対策推進法が成立するまで、日本には「貧困」という言葉を含む法律は一つもなかったことを考えると、これは大きな一歩だと言うこともできるのかもしれない。しかし、やはりこれは貧困一般を対象とする政策ではなく、あくまでも「子どもの貧困」という特殊な貧困のみを対象とした政策に過ぎないということ、「子どもの」という冠つきであったからこそ「貧困」という用語が法律に組み込まれ得たということ、これらの意味を、私たちはもう少し慎重に考える必要があるのではないだろうか。以下では、第一に、一連の「子どもの貧困対策」における「貧困」とは何を意味するのかを明らかにし（2項）、第二に、子どもの貧困「対策」の内容を概観する（3項）。

（2）「子どもの貧困対策」における「貧困」とは

先述のように、日本で「貧困」という語が法の名前に初めて組み込まれたのは「子どもの貧困対策」においてであった。では、ここでいう「貧困」は何を意味するのだろうか。実は、「子どもの貧困対策推進法」においては、特にその内容を規定していない。というのも、この法それ自体は「理念法」に過ぎず、具体的／実践的な内容をほとんど伴っていないからである。そこで本稿では、「大綱」内に示された「子供の貧困に関する指標」を参照してみたい。指標とは、貧困を測定する際のモノサシのことである。そこで、指標として挙げられているものをみれば、「子どもの貧困」をどのような問題として認識しているのかが具体的に理解されるのではないかと考えられる。

「大綱」に示された「子供の貧困に関する指標」を概観すると、進学率や中退率、奨学金利用率やスクールカウンセラーおよびスクールソーシャルワーカーの配置率等、そのほとんどが「教育」や「学校」に関わるものであることがわかる▼4。これら一連の指標で測定しようとしているのは、主に子どもと「教育」機関との関わりなのである。要するに、ここで「子どもの貧困」とは、貧困家庭の子どもが十分に教育機関にアクセスできないこと、あるいは貧困状態にある子どもの教育的不利として問題化されているのである。この背景には、「教育を通して貧困脱却をはかる」といった一般的な〈物語〉の存在を指摘することができる。貧困家庭の子どもの教育機関へのアクセスを保障することで、貧困当事者としての子どもが「能力」を高め（＝人的資本としての質を高め）、その結果、安定した職業に就いて、将来的には貧困から脱却し得る（＝階層上昇を果たす）、という――先の社会投資的な議論とも結びついて展開される――〈物語〉である。じじつ、今日の一連の「子どもの貧困対策」は、教育機会の保障を最も重視するようなものとなっている。次にその内容を概観してみよう。

（3）「子どもの貧困対策推進法」および「大綱」の概要

そもそも「子どもの貧困対策推進法」とは、「子どもの貧困」に対するどのような対策を謳《うた》ったものなのだろうか。第一条に、法の目的が記されているので確認してみよう。

「子どもの将来がその生まれ育った環境によって左右されることのないよう、貧困の状況にある子どもが健やかに育成される環境を整備するとともに、教育の機会均等を図るため、子どもの貧困対策に関し、基本理念を定め、国等の責務を明らかにし、及び子どもの貧困対策の基本となる事項を定めることにより、子どもの貧困対策を総合的に推進する」（第1条）

ここに示されているように、「子どもの貧困対策推進法」自体は、貧困状態にある子どもやその家族に対する具体的な支援（金銭給付やサービス給付）を保障するものではない。それはむしろ、「子どもの貧困対策」の「基本理念」や「基本となる事項」を定める、いわば理念法として位置づけられている。この法律でいう「子どもの貧困対策」には、①教育の支援、②生活の支援、③保護者に対する就労の支援、④経済的支援、⑤調査研究が含まれているが、これらの支援内容は政府が別に定める「大綱」の中で具体的に示されることになっている（第8条）。なお、これらの施策は都道府県が主体として担うことを期待されており、各都道府県には、「大綱」を勘案して「子どもの貧困対策についての計画」（以下、「計画」）を策定する努力義務が課されている▼5（第9条）。

このように、「子どもの貧困対策推進法」には、確かに、子どもの貧困に対する責任の所在が「国」にあることが示されており（第1条）、その責任を貧困当事者である子どもには帰せない（自己責任を問わない）ことが明記されてはいる。しかし、注意しておかなければならないのは、同法は、子どもの貧困対策推進に向けた「計画」の策定を義務づける法律であって、子どもの貧困をダイレクトに解消するような具体的な給付や施策の導入を約束するものではない、ということである。このため、ここで中央政府の役割は地方自治体における計画の「後方支援」にとどまっており、この法の成立が実際に子どもの貧困解消に結びつくかどうかは、各自治体における具体的な「計画」とその取り組みに委ねられていると言えよう。

では、都道府県が「計画」を策定する際に勘案すべきとされる「大綱」には具体的にどのようなことが記されているのだろうか。「大綱」に定められている10項目の「基本的な方針」を確認してみよう。

①貧困の世代間連鎖の解消と積極的な人材育成を目指す
②子供に視点を置いて、切れ目のない施策の実施等に配慮する
③子供の貧困の実態を踏まえて対策を推進する
④子供の貧困に関する指標を設定し、その改善に向けて取り組む
⑤教育の支援では、『学校』を子供の貧困対策のプラットフォームと位置付けて総合的に対策を推進するとともに、教育費負担の軽減を図る
⑥生活の支援では、貧困の状況が社会的孤立を深刻化させることのないよう配慮して対策を推進する
⑦保護者の就労支援では、家庭で家族が接する時間を確保することや、保護者が働く姿を子供に示すことなどの教育的な意義にも配慮する
⑧経済的支援に関する施策は、世帯の生活を下支えするものとして位置付けて確保する
⑨官公民の連携等によって子供の貧困対策を国民運動として展開する
⑩当面今後5年間の重点施策を掲げ、中長期的な課題も視野に入れて継続的に取り組む

これら「大綱」の「基本的な方針」からは何が読み取れるだろうか。まず、その筆頭に挙げられている

のは、①「貧困の世代間連鎖の解消と積極的な人材育成を目指す」である。ここからは、第一に、「大綱」は子どもの貧困そのものの解消というよりはむしろ、貧困の「世代間連鎖」の解消を重視していること、第二に、子どもを将来の「人材」として、すなわち人的資本としてみなしていることがうかがえる。これらの含意については後でまた考えてみたい。続く②③④と⑩の項目は、「子どもの貧困」に限らずこうした問題への対策においてごく基本的で一般的な実践的内容であろう。⑥⑦も、生活／就労の支援に関する常識的な内容にとどまっている。他方、⑤「教育の支援」では、「学校」が「子供の貧困対策のプラットフォーム」（傍点筆者）として位置づけられており、子どもの貧困対策において「教育」や「学校」に期待される役割の大きいことがうかがえる。また⑨では、子どもの貧困への取り組みは、「官」や「公」等の公的責任のみにおいて行われるものではなく、「民」との連携によって「国民運動」として行われるものであることが記されている。そしてなにより目を引くのが、⑧「経済的支援」である。貧困の解消において最も重要であるはずの「経済的支援」が、各種支援に関する項目中、最後尾に位置づけられているのだ。そのうえ、その内容も具体性を欠いたものになっており、基本方針の下部に位置づけられた「中項目」をみても▼6、その内容は既存制度の活用や若干の拡充にとどまっており、子どもの貧困解消に効果的な税制や社会保障制度の抜本的な改革の必要性等については示されないままである。

以上、「子どもの貧困対策推進法」および「大綱」の内容について概観してきたが、それはおよそ以下の三点にまとめることができよう。第一に、「子どもの貧困」が教育や学校との関連で捉えられており、それゆえ、貧困解消策においてはなによりも「教育の支援」に大きな比重が置かれているということである。第二に、第一の点とも関わって、ここで問題にされているのは実際には子どもの「貧困」それ自体というよりは貧困の「世代間連鎖」だということである。第三に、子どもの「貧困」対策と謳いながら、貧困の解消に即自的効果をもつはずの経済的支援の拡充には消極的だということである。以下では、これら一連の「子どもの貧困対策」の持ち得る政策的含意を検討していきたい。

3 「子どもの貧困対策」の含意

（1）「教育」を中心とする「子どもの貧困対策」の含意

先述したように、一連の「子どもの貧困対策」において、「子どもの貧困」は（困窮状態それ自体というよりはむしろ）教育や学校との関連で捉えられており、それゆえ、貧困解消策においてはなによりも「教育の支援」に大きな比重が置かれていた。このような、教育の支援を通して「子どもの貧困」を解消しようというアプローチは、以下の二つの考え方に分節化して理解することができる。第一に、貧困家庭の子どもであるか非貧困家庭の子どもであるかによって教育の「機会」に格差や不平等があるならばそれを是正すべきである、という考え方、そして第二に、貧困家庭の子どもであっても教育の「機会」さえ保障すれば、当事者である子どもが教育を通してその「能力」を高め、その結果、安定した職業に就いて、将来的には貧困から脱却しうる、という考え方である。これらの考え方が貧困の「解消」において現実にどのような意味を持ち得るのか、順に検討してみよう。

まずは第一点について。貧困家庭に育つ子どもは、そうでない子どもに比べて、教育機会が剝奪されがちであることは従来より指摘されてきたし、それは容認できる事態ではない、といった感覚や規範もまた、ある程度共有されてきた。現行の「子どもの貧困対策」の主要なメニューが教育に関するものであるのも、このような教育「機会」の「不平等」や「格差」を容認できないものとみなすような素朴な考え方に裏づけられているという側面もあるだろう。確かに、そもそも日本では教育費――とりわけ高等教育の費用――の私的負担の割合が突出して高く、それが低所得世帯にとって大きな家計負担となり得ること、それゆえ低所得世帯の子どもにとっては教育へのアクセスが実質的には制限されてしまっていることは事実であり、社会課題の一つである。その意味では、教育費の無償化や減免、給付型奨学金等の施策の充実が、子どものいる低所得世帯の家計負担の軽減にとって（実際には、非低所得世帯にとっても）重要であることは否定しようがない。

しかし、このような「機会」の平等に焦点化するアプローチは、常に「どこまでの機会の保障か」という問題▼7にぶつからざるを得ないだろう。また、より重要な問題として、それが「結果」としての貧困の解消にどれほどの効果を持ちうるのか、ということも問われなければならない。

そこで続いて第二点について。このようなアプローチを徹底すれば、貧困家庭の子どもにも「公平な競争」のための（教育の）「機会の平等」を与えることもあるかもしれない。しかしそれは他方で、平等な「機会」を与えられた子どもたちが、「公平な競争」の「結果」陥りうる貧困やそのリスクについては、やむを得ないものとして容認しうる――それは「公平な」競争の結果に過ぎないのだから、と。これは、能力主義とも容易に結びつくようなアプローチである。少し具体的に考えてみよう。ミクロレベルでは、ある個人が教育を通して「能力」を獲得できることもあるけれど、できないこともあるだろう。また、仮に「能力」を獲得し、労働力商品としての質を高めることができたとしても、もしも肝心な労働市場における需要が不十分であれば、結局「労働力予備軍」のままとなり貧困状態を脱却できない可能性は残る。さらに、仮に、ある個人が教育を通して「能力」を獲得し、安定した高所得の仕事に就けたとしても、もしも労働市場における需要が不十分であれば、必ず別の個人が「労働力予備軍」として貧困状態にとどまらざるを得ないことになり、その意味では、マクロレベルでも貧困が解消しないことになる。

結局のところ、教育の支援を通して「機会」を保障し、貧困当事者の子ども個人の「能力」を高め（=人的資本としての質を高め）たところで、ミクロレベルでもマクロレベルでも貧困は解消しないのである。とすると、問われるべきは、「にもかかわらず、なぜ、教育の支援に偏重しているのか」である。

（2）背景にあるのは「貧困の世代的再生産」の考え方

ここで改めて「子どもの貧困対策推進法」の第二条をみてみよう。そこには、「子どもの貧困対策は、子ども等に対する教育の支援、生活の支援、就労の支援、経済的支援等の施策を、子どもの将来がその生まれ育った環境によって左右されることのない社会を実現することを旨として講ずることにより、推進されなければならない」と記されている（傍点筆者）。ここから理解できるのは、この法が特に問題にしているのは、「子どもの将来がその生まれ育った環境によって左右され」てしまうことである、ということだ。その背景には、「貧困家庭に生まれ育った子どもは将来、成人後にも貧困に陥りやすい」、つまり親世代の貧困が子ども世代に移転するという「貧困の世代的再生産▼8」への大きな危惧がある。

しかし、貧困の解消という点からみると、「貧困の世代的再生産」（のみ）に光を当てることにはいくつかの問題がある。第一に、これは至極単純かつ当たり前のことだが、問題を「貧困」そのものではなく、「貧困の世代的再生産」とすることで、貧困家庭に育つ子どもの現在の貧困／困窮状態から目を背けさせてしまう、という点である。このため、実際に採用され得る施策についても、貧困の「再生産」――将来的に貧困状態を脱却できないこと――を防ぐことが重視され、子どもの現在の貧困の解消に対しては消極的なものとならざるを得ない。これは、子どもの将来への投資を重視するような、先の社会投資的アプローチと親和的な問題設定であるといえよう。

第二に、「貧困の世代的再生産」という視点が「教育の機会の平等」論と結びつくとき、それは、貧困当事者のふるまいに焦点化した貧困の「個人主義」的理解を促進してしまう、という点である。先述したように、「教育の支援を通して、将来的に貧困脱却をはかる」というアプローチは、その程度をはかる指標として「進学率」を用いることが多い。「進学するか、しないか」という個人のふるまいに焦点化することで、進学「先」である学校そのものを問う視点を埒外《らちがい》に置いてしまうような、典型的な個人主義的指標である。この場合、十分な学業を達成できなかった子どもが、その後、困窮状態を脱却できなかったとしても、それはその「個人」の選好ないし能力の問題であると処理されてしまいかねない。つまり、その個人をめぐる「貧困の世代的再生産」が、自己責任の文脈で語られ得るということだ。

他方で、それは同時に、子どもの学業達成の程度や学歴を測定することを通して、そうしたモノサシの正当化に貢献してしまってもいる――学業達成の程度や学歴に意味があるのだ、というように。こうしたアプローチは、そもそも「学校」それ自体が、学歴や能力主義を肯定し、階層の不平等を再生産する装置であること、この社会が能力や学歴によって人を序列化する学歴社会であること、そして学歴がその後の就労の機会や条件を左右し得るということ、等の社会的・構造的側面を不問に付してしまう。

このように、総じて「貧困の世代的再生産」という問題設定は、貧困の個人主義的理解を通して、貧困の個人責任論と親和的にならざるを得ないのである▼9。

（3）目指しているのは「貧困」そのものの解消ではない

以上、今日の「子どもの貧困対策」は総じて、「貧困」それ自体ではなく、「貧困の世代的再生産」を問題とみなし、「教育」を通してこれを解消するために「教育の支援」に重きを置いているということ、そしてそれは問題の個人化に貢献しているということ、を確認してきた。このため、その当然の帰結として、一連の施策においては、貧困そのものの解消に直接的・即自的効果をもつはずの経済的支援には消極的な意味づけしか与えられていないのである。そもそも所得再分配を伴う経済的支援を効果的に行うには、中央政府の責任が重要になってくるが、現行の「子どもの貧困対策」において中央政府の責任はごくミニマムなものにとどまり、各地方自治体および「民」への期待が高いことも確認してきた通りである。これらのことから、一連の「子どもの貧困対策」は、子どもの（現在の）「貧困」に対する「社会的」支援としては不十分であり、貧困の解消にはほとんど寄与し得ないと言えよう。

もちろん、「教育」を通した貧困対策が、貧困そのものを解消できないとしても、「貧困の世代的再生産」の解消には成功する、ということはあり得る。しかし、先にみたように、「教育の支援」という方策は、子ども個人や、その「学力」に働きかけようとすることで、図らずも／否が応でも、貧困およびその世代的再生産の問題を「個人化」してもきた。皮肉にも、「教育」や「学習」の支援を拡張すればするほど、そうした「支援」を受けてもなお「自立」できない者、貧困を脱却できない者の自己責任がますます強調され得る、ということである――これだけ「支援＝投資」したにもかかわらず、それでも貧困脱却できないとすれば、それはもうあなたの能力ないし努力の不足――自己責任――に帰すことができるだろう、と。そしてそれは、単にそうした自己責任論に貢献しかねないばかりか、「貧困」および「貧困の世代的再生産」の解消における社会的責任を免罪するための装置としても機能してしまいかねないのである。

4 おわりに――「子どもの貧困」という問題構成の「問題」

以上、日本における一連の「子どもの貧困対策」の政策的含意を考えてきた。1節では、「子どもの」という冠つきで貧困が論じられてきたことの背景には、第一に、社会投資的アプローチとの親和性、第二に、自己責任論との緊張の回避、の二点があるということ、そしてこれらの理由から、「子どもの貧困」という問題設定が、貧困に対する社会的支援をすみやかに引き出すために「戦略的」に用いられてきたことを述べた。しかし、ここまで検討してきたように、実際にはそうした戦略によって導入された一連の「子どもの貧困対策」では、貧困は解消し得ないどころか、貧困の解消をめぐる社会的責任も不問に付され得る。まとめよう。

◆一連の「子どもの貧困対策」は、規範的にも実質的にも「社会投資」ですらない

「教育」を中心とする「子どもの貧困対策」は、現在の貧困の解消に寄与しないばかりか、将来の貧困ないし「貧困の世代的再生産」の解消にも寄与し得ない。つまり、社会投資にもなり得ないのである。だから、「教育」を中心とした一連の「子どもの貧困対策」を「社会投資アプローチ」として捉え、これを批判するだけでは、重要な問題を見落とし、問題の根幹を見誤ることになる。

まず、よく知られているように、日本は教育への支出・投資が最も少ない国の一つである。とりわけ就

学前教育段階および高等教育段階における教育費の私費負担の割合は、ＯＥＣＤ諸国の中でトップレベルであり、そもそも教育一般への「社会投資」は最小化されてきた▼10。つまり実質的に社会投資にすらなっていないのである。そのような構造を変革しないまま、低所得世帯の子どもを対象に付け焼刃の「学習支援」を提供したところで、一体どれほどの貧困解消の効果が見込めるというのだろう。

では、仮に教育に対する支出・投資が大幅に強化されたとして、それは貧困状態にある子どもへの「社会投資」と言えるのだろうか。３節で確認してきたように、貧困家庭の子どもに対して「教育の支援」をするのは、それが「社会投資」的な意味をもつからでは必ずしもない。むしろ、「教育」の機会を保障することで問題を個人化／自己責任化し、貧困およびその世代的再生産の解消における社会的責任を曖昧にし得る。このように考えると、「教育」を中心とした「子どもの貧困対策」は、規範的にも実質的にも社会投資に必ずしもなっていないと言えよう。

貧しい子どもに「教育」を提供し——規律訓練し——「包摂」していくという手法は、近年の社会投資的アプローチにおいてお馴染みのもの▼11だが、日本における一連の「子どもの貧困対策」を見るかぎり、これをそうしたアプローチに連なるものとして理解することは誤りであろう。それは、教育を通した「包摂」を目指しているのではなく、むしろ、（子どもの）貧困問題を教育の機会の問題に巧妙にすり替えることで、「貧困」それ自体を不可視化する装置となっているのではないか。かつてジグムント・バウマンは、福祉国家のワークフェア型再編が「究極に目指している」ことは、「『労働力予備軍』を積極的活動へ戻す」ことや、「貧しい人々の運命を改善」し「苦境を緩和すること」などではなく、貧しい人々を「取り除くこと」すなわち「削除する」か「公的問題のアジェンダから貧しい人々を消去させる」ことであると喝破した（バウマン 2002: 268-269）。日本における「子どもの貧困対策」も、このようなバウマンの指摘に照らすとよく理解できる。そもそも一連の「子どもの貧困対策」が「究極に目指してい」たのは、「教育」を通して貧困から脱却させることや、貧困状態の子どもの苦境を緩和すること等ではなく、「貧困」を公的問題のアジェンダから「消去する」ことにあったと言えるのではないか。だからこそ、そこで「貧困」は経済的な困窮としてではなく「教育上の不利」として読み替えられ、貧困ではなくその「世代的再生産」に焦点が当てられてきたのである。そうして、貧困そのものは公的アジェンダからするりと抜き取られていく。

◆一連の「子どもの貧困対策」は、子どもの「新たな自己責任」を召喚してしまう

一連の「子どもの貧困対策」は、貧困そのものの解消を目指していないばかりか、貧困の「自己責任論」に加担している。本章1節でも確認してきたように、「子どもの貧困」という問題設定は、大人の貧困に付随しがちな自己責任論との衝突を避け、貧困への社会的対応を速やかに引き出すために「戦略的に」採用されたという側面があった。しかし、それは二つの意味で好ましくない結果を導き得る。

第一に、言うまでもないことだが、それは「大人の貧困」の自己責任について等閑視してしまう。これにより、「大人の貧困」に対する社会的な対応を脱正当化しうる。そしてそのことは、現実に存在するのは「子どもの貧困」なのではなく、「貧困な大人」と暮らす子どもであるということを考えるとき、結局のところ、「子どもの貧困」の解決にも寄与しないであろう。

第二に、この「戦略」はむしろ、皮肉にも、自己責任論を避けるどころか、新たな自己責任論——子どもについても「自己責任」を問うような議論——を召喚すらしかねない。この点は、第一の点以上に根源的な問題である。3節で論じたように、「教育」や「学習」の支援を中心とする貧困対策は、子ども個人

や、その学力に働きかけることを通して、「貧困の世代的再生産」の問題を個人化し得る。それは、そうした支援を受けてもなお貧困を脱却できない者の自己責任をますます強調し、同時にその社会的責任を曖昧にもしかねないのである。

◆貧困の「社会的」解消に向けて

では、貧困の問題を「個人化」してしまいがちなアプローチに抗い、あらためて貧困を（個人の問題ではなく）「社会問題」として認識し、社会的に解決していくためには、どのようなアプローチが求められるだろうか。なによりも重要なのは、貧困ないし生活困窮の解消において一義的に有効なのは、教育ではなく経済給付である、というシンプルな点を再確認しておくことである。そのためには、「貧困の世代的再生産」ではなく、現在の「貧困」を正しく問題化していくことが重要となる。

そうだとするならば、「子どもの貧困」を貧困一般から切り離し、「貧困の世代的再生産」を媒介に議論することはあまり得策ではないだろう。求められているのは、「子どもの貧困」に焦点化することで、「大人の貧困」に対して寄せられがちな「自己責任論」との緊張を避けることではなく（じじつそれは不可能なのだから）、むしろそうした分断自体を問い直し、貧困の自己責任論そのものに対峙し、その社会的責任を明確化していくこと、そしてコストパフォーマンスの観点ではなく、生存権の観点から貧困への社会的対応を改めて考えていくことではないだろうか。

＊本稿は、２０１５年から２０１６年にかけて行われた「貧困と子ども・学力研究委員会」（教育文化総合研究所）での議論、とくに金井利之さんと伊藤書佳さんとの刺激的な議論にその多くを負っている。記して謝意を示したい。なお、本稿の内容は、同研究会の議論をまとめた報告書に収められている堅田（2017b）と一部重複していることをお断りしておく。

注

1　文字通り『子どもの貧困』というタイトルの阿部彩の本が出版された２００８年は、「子どもの貧困」に関する議論が活発化し、子どもの貧困が「発見」されたという意味で「子どもの貧困元年」とも呼ばれる（阿部 2014: i）。

2　たとえばイギリスでは古くから、貧困を「社会問題」化し、それへの社会的な対応／施策を引き出すために、「子どもの貧困」という問題構成が戦略的に用いられてきた。イギリス国内で貧困問題に取り組む民間団体の中で、最もよく知られているのもＣＰＡＧ（Child Poverty Action Group：子どもの貧困アクショングループ）という、「子どもの貧困」を冠した慈善グループである。なお、１９６５年に設立された同団体は、今日でも、貧困に関する様々な問題に関する最大の圧力団体の一つとして非常に大きな社会的影響力をもっている。

3　注意すべきは、ここで「子どもの貧困」への取り組みは、子どものウェルビーイングや生存権の観点からではなく、コストパフォーマンスの観点から正当化されているということである。

4　25項目にわたる「子供の貧困に関する指標」を具体的に列挙すると、「生活保護世帯に属する子供の高等学校等進学率」「生活保護世帯に属する子供の高等学校等中退率」「生活保護世帯に属する子供の大学等進学率」「生活保護世帯に属する子供の就職率」「児童養護施設の子供の進学率及び就職率」「ひとり親家庭の子供の就園率（保育所・幼稚園）」「ひとり親家庭の子供の進学率及び就職率」「スクールソーシャルワーカーの配置人数及びスクールカウンセラーの配置率」「就学援助制度に関する周知状況」「日本学生支援機構の奨学金の貸与基準を満たす希望者のうち、奨学金の貸与を認められた者の割合（無利子・有利子）」「ひとり親家庭の親の就業率」「子供の貧困率」「子供がいる現役世帯のうち大人が一人の貧困率」となっている。なお、その後の改定で、新たに「朝食を食べない児童・生徒の割合」「ひとり親家庭で養育費を受け取っていない子供の割合」等の指標が加えられることになった。

5　現在、すべての都道府県で「計画」は策定済みである。

6　具体的には、児童扶養手当の公的年金との併給調整に関する見直し、ひとり親家庭の支援施策についての調査・研究の実施に向けた検討、母子福祉資金貸付金等の父子家庭への拡大、教育扶助の支給方法、生活保護世帯の子供の進学時の支援、養育費の確保に関する支援等が「経済的支援」に関する中項目として挙げられている。

7　この問題に、ここではこれ以上深く立ち入らないが、ごく簡単に触れておきたい。たとえば、仮に、高等教育も含むすべての教育費が無償であったとしても、それ以外の学業関連費が保障されない場合、修学旅行や給食のための費用の負担は貧困家庭に重くのしかかるであろう。また、学校外の学びの機会における不平等も残り続ける。貧困家庭に育つ子どもは、家庭内に安心・集中して学ぶための環境が整っていないかもしれないし、家計補助のためのアルバイトや家事を担う等のためにそもそも学ぶための時間が確保できないかもしれない。他方で、非貧困家庭の子どもには、家庭内で集中して学ぶための環境が整えられ、かつさらなる学びのため、塾や家庭教師等へのアクセスが親から保障してもらえるかもしれない。このようなことを考えるとき、単純に教育費を無償にするだけでは、学びの「機会」が平等に保障されているとは言えなくなってくる。つまり、どこまで保障したら「機会」の平等を達成したといえるのか、何をもって「公平な競争」のための「機会の平等」だと言えるのか、このような点は常に論争的であらざるを得ないのである。

8　「貧困の世代的再生産」は、しばしば「貧困の（世代間）連鎖」とも呼ばれるが（たとえば「大綱」の基本方針等）、松本伊智朗は、この「連鎖」という言葉のもつ宿命論的含意が、なぜ親世代の貧困が子ども世代に移転するのかという社会的過程への理解を困難にしてしまう、という理由から「貧困の連鎖」という言葉の使用に警鐘を鳴らしている（松本 2013:9）。本稿でも、松本のこうした問題意識にならい、一般により広く浸透しているであろう「貧困の連鎖」という用語は用いず、「貧困の世代的再生産」を用いる。

9　実際、「貧困の世代的再生産」という論点は、伝統的に、「アンダークラス」論や「貧困の文化」論等の、貧困問題において公的責任を問うというよりはむしろ、自己責任を追及し、「犠牲者を非難する（blaming the victim）」アプローチにおいて多く提起されてきたことは、決して偶然ではない。

10　詳しくは、本書第7章を参照のこと。

11　イギリスのニューレイバー以降の諸政策はその典型と言えるが、その詳細については原（2012）を参照のこと。

引用・参考文献

浅井春夫・松本伊智朗・湯澤直美編（2008）『子どもの貧困――子ども時代のしあわせ平等のために』明石書店
阿部彩（2008）『子どもの貧困――日本の不公平を考える』岩波新書
阿部彩（2014）『子どもの貧困II――解決策を考える』岩波新書
バウマン、ジグムント著（2002）『政治の発見』中道寿一訳、日本経済評論社
原伸子（2012）「福祉国家の変容と子どもの貧困――労働のフレキシビリティとケア」『大原社会問題研究所雑誌』649巻
堅田香緒里（2017a）「対貧困政策の新自由主義的再編――再生産領域における『自立支援』の諸相」『経済社会とジェンダー』（日本フェミニスト経済学会誌）第2巻
堅田香緒里（2017b）「〈物語〉の政策効果――社会保障政策の側から」『貧困と子ども・学力研究委員会報告書』教育文化総合研究所
松本伊智朗（2013）「教育は子どもの貧困対策の切り札か？――特集の趣旨と論点」『貧困研究』vol.11、明石書店
西村貴直（2016）「『子どもの貧困』問題の再検討」『関東学院大学人文学会紀要』135巻
山野良一（2014）『子どもに貧困を押し付ける国・日本』光文社新書
湯澤直美（2013）「『子どもの貧困対策の推進に関する法律』の制定経緯と今後の課題」『貧困研究』vol.11、明石書店

第2章

生活保護世帯の子どもへの教育支援

──教育Learn＋福祉welfare＝ラーンフェアLearnfare

…桜井啓太

はじめに

近年の貧困研究の成果もあり、貧困世帯が教育面においても著しく不利な状況におかれていることは明らかになった。ただ現在の政策は、貧困そのものに対処するというよりは、彼らの教育上の不利を埋めることを優先しているようにもみえる▼1。そのような批判を抱えつつも、貧困層に教育機会を確保し、学習権を保障する取り組みは、それ自体望ましいことではないかとの指摘もある。このように貧困世帯に教育的なアプローチで対策をすることは、可能性といくつかの問題をはらんでいる。そこで本稿では、貧困世帯を対象に教育支援を進める日本とアメリカの政策を取り上げ、そこでの「教育と福祉の関係」を再考することを目的とする。

本稿の構成は次の通りである。まず、生活保護（困窮）世帯に対して教育サービスを行う日本の学習支援事業を紹介し、その経緯と事業の多様性を確認する（1節）。続く2節では、日本の学習支援事業とは異なる取り組み、福祉世帯の児童が通学しなければ福祉給付をカットするという、就学強制的なウィスコンシン州（アメリカ）Learnfare Programを取り上げる。さらに教育と福祉の連携について、「ラーンフェア」という概念を用いて分析する。3節では、ラーンフェアに関するいくつかの批判の中からその意義と問題点を探り、最後に、排除をうまない教育と福祉のあり方、その条件について考察する（4節）。

1 生活保護（困窮）世帯へ向けた学習支援

日本においては、生活保護／生活困窮世帯の子どもを対象に、学習の機会を設けて支援する「学習支援事業」▼2が2000年代後半から展開している。「子どもの貧困」、とりわけ「貧困（生活保護）の世代間連鎖」が注目され（道中 2009; 保坂・池谷 2015）、2005年以降の「自立支援のプログラム化」（桜井啓太 2017）の中で、子どもの自立支援のための教育サービスの提供（学習支援）が一挙に進展した。

厚労省のホームページによると、「生活困窮世帯の子どもの学習支援：子どもの明るい未来をサポート。子どもの学習支援をはじめ、日常的な生活習慣、仲間と出会い活動ができる居場所づくり、進学に関する支援、高校進学者の中退防止に関する支援等、子どもと保護者の双方に必要な支援を行います」とある▼3。この学習支援事業が国で最初に予算化されたのが2009年7月であった。子どもの貧困対策の一環として、生活保護自立支援プログラム「子どもの健全育成支援事業」が創設、国庫補助の対象となった（11年に「社会的な居場所づくり支援事業」に再編）。釧路市の冬月荘や埼玉県のアスポートなどの先駆的事業が注目を浴び、事業の全国展開を推進する役割を果たした。当初は生活保護予算内の国の補助事業であったが、15年度からは生活困窮者自立支援法における「学習支援事業（任意事業）」として法定化されている（18年度から「子どもの学習・生活支援事業」に改称）。事業の対象も生活保護世帯だけでなく、生活保護を利用していない生活困窮世帯の子どもも対象となっている。

学習支援事業を実施している自治体は年々増加しており、10年度にはわずか35自治体であったが、15年度には、301自治体（全自治体の33％）に増え、18年度536自治体（同59％）と、すでに全国の半数以上の自治体で実施されている。事業の運営方法は、直営型22・4％、委託型58・1％、その他19・4％と「委託型」が多く、委託先の内訳は、NPO法人41・5％、社協18・4％、社団法人・財団法人17・0％、社会福祉法人（社協以外）11・8％、学習塾9・8％、その他19・9％となっている。事業内容は、学習支援型96・0％、居場所の提供型52・6％、訪問支援40・3％、高校中退防止のための支援38・6％、親に対する養育支援46・1％、その他15・2％（複数回答。いずれも17年度）▼4であり、大学生ボランティアやNPO職員等が生活困窮世帯の子どもに直接勉強を教える「学習支援型」が一般的である。ただし、居場所機能の提供や困窮家庭へのアウトリーチの取り組みに代表されるように、学習のサポートに限らず、生活習慣の改善、居場所づくり、進学支援、中退防止、子どもや保護者へのアウトリーチといった、「学習支援」という用語におさまらない多様な実践が繰り広げられている。

以上から、日本の学習支援事業の特徴は、生活困窮世帯の子どもの学力向上や居場所の提供を行う支援型のアプローチであると言える。一方で、貧困世帯への教育的アプローチの政策は、必ずしも日本のような形態をとるとは限らない。次節では、福祉受給世帯の子どもの就学を強制するアメリカ・ウィスコンシン州の例を取り上げる。

2　ラーンフェア（Learnfare）とは？

（1）アメリカ・ウィスコンシン州のLearnfare Program

1980年代後半、アメリカ・ウィスコンシン州でLearnfare Programが始まった（木下 2007：85-86）。当時のトミー・トンプソン州知事は、福祉受給者に対して「愛のムチTough Love」を強調し、労働を義務づけ、違反すれば制裁を加えるワークフェア（workfare）政策を推進していた。彼は、同じ発想を福祉受給世帯の子どもにも適用した。アメリカでは、福祉受給世帯の児童の中退や長期欠席、職業への移行の失敗、若年妊娠、福祉依存が大きな社会問題となり、学校からのドロップアウトや長期欠席は義務を果たしていないと強い批判があった。Learnfare Programは、学齢期の児童（13～19歳。のちに6～12歳も拡大）をもつ福祉給付（AFDC：要保護児童扶助。現在はTANF：貧困世帯一時給付に移行）受給世帯を対象に、児童が登校しない場合、福祉給付をカットするという政策である（新井 2003）。

プログラムは、10代の児童がいるAFDC世帯を対象に、6か月ごとに福祉事務所の調査が実施され、出席状況がチェックされる。児童が10日以上の無断欠席（または学校を中退）していた場合に適用となり、福祉事務所は毎月、学校にプログラム適用児童の出席状況照会（モニタリング）を行う。さらに1か月に2回以上の無断欠席が確認された場合、制裁（sanction：福祉給付の減額）が加えられる。ウィスコンシン州最大の都市ミルウォーキーでは、1988～89年にかけてAFDC世帯の47・6％がプログラムの適用対象となり、そのうち12・5％の世帯に制裁が加えられた（Corbett et al. 1989）。

Learnfare Programは当然のように賛否両論ある。制裁によって親に就学義務を意識させて子どもを「学校に戻した」ことの成果を強調する立場（Corbett et al. 1989）があれば、福祉給付の減額をちらつかせて不登校児を復学させる手法自体への強い反発もあった（Gowens 1991）▼5。プログラムの評価も見解が分かれている。ウィスコンシン大学ミルウォーキー校の雇用訓練研究所が、実験群と対照群に分けて効果検証を行ったところ、高校生の出席率に有意な改善は見られず、それどころかプログラムによって福祉給付がカットされた生徒のほぼ半数（47％）が1年後には完全に学校からいなくなっていたことを報告している（Pawasarat et al. 1992）。一方、ディーは、無作為抽出による10地域での実験結果を分析し、ミルウォーキーを除く他の9地域では入学率や出席率を上昇させていることから、ミルウォーキーにおいても適切な制度設計と運用で、Learnfare Programは効果が期待できると主張する（Dee 2011）。

プログラムの評価は分かれているが、ウィスコンシン州の福祉改革はクリントン政権の福祉改革にも大きな影響を与え、トミー・トンプソンはのちにブッシュ政権下の合衆国保健福祉局長官を務めている。同州が発祥のLearnfare Programは、その後アメリカ全土に広がり、児童の通学状況を福祉給付の要件とする「school requirements（就学要件）」を取り入れた州は、2016年時点アメリカ全土で37州にのぼる▼6。

（2）福祉世帯への教育的アプローチ

日本の学習支援事業とアメリカのLearnfare Programを例にして、福祉受給世帯に対する教育支援に関する政策をみてきた。日本の学習支援事業は、子どもに対する「支援の提供」であり、アメリカのように、「就学義務を設けて、制裁（懲罰）を加える」政策と一緒に論じることに違和感があるかもしれない。しかしこのこと自体は、教育と福祉の連携のあらわれ方の違いにすぎない。ウィスコンシンの試みも、福祉世帯の児童の通学継続や復学という教育達成が目的で、福祉給付のカットは手段であった。

福祉受給世帯の子どもを対象に、教育的アプローチを行う政策一般を、「教育／学習（Learn）」と「福祉（welfare）」を組み合わせて、ここでは「ラーンフェアLearnfare」と呼ぶ。この言葉は、ウィスコンシン州（Learnfare Program）において最初に考案されたが、もともとは就労（work）と福祉（welfare）による複合語

「ワークフェアworkfare」から派生している。ペックによれば、ワークフェアとは就労強制的な福祉政策を指す場合もあるが、職業訓練や求職相談、職業斡旋などの人的資本投資や広義の労働市場参加をも含んだ概念である（Peck 2001）▼7。その点ではラーンフェアは、広義のワークフェアの一部と言える▼8。

近代国家において教育に期待される主要な役割、「子どもを労働者（市民）へ仕立てあげる」という機能を、福祉受給世帯に限定して適用する政策、これを分析するために、この概念（ラーンフェア）を用いることは、従来のワークフェア研究による知見を応用できるというメリットがある。なお本稿では、ウィスコンシン州のLearnfare Programと区別するために、概念レベルで使用する場合、「ラーンフェア」とカタカナ語で表記する。

（3）ハード／ソフトなラーンフェア（ラーンフェアの分類）

ウィスコンシン大学マディソン校で州の福祉改革にもかかわったコルベットは、ラーンフェアを「ハードなラーンフェア」（"Hard" Learnfare）と「ソフトなラーンフェア」（"Soft" Learnfare）に分類する。「ハードなラーンフェア」は、就学義務違反により福祉受給の減額・廃止などの制裁（懲罰）を課す政策群である。一方、「ソフトなラーンフェア」は、福祉受給世帯の学齢期の児童をターゲットとし、学校での態度や行動を変えることで、学校→職業への移行を改善するといった支援アプローチを指す。ハードなラーンフェアは、貧困とは個人の責任であり、モチベーションの低下による福祉依存の悪化を危険視する（ゆえに福祉受給の制裁措置を支持する）。ソフトなラーンフェアは、貧困は環境によるもので、不十分な教育システムや幼少期の貧困経験、限定された就業機会、コミュニティの衰退をあげ、福祉給付を維持したままでも支援サービスや適切な介入があれば福祉依存は改善できるとする（Corbett 1995a）。この2類型に従えば、ウ

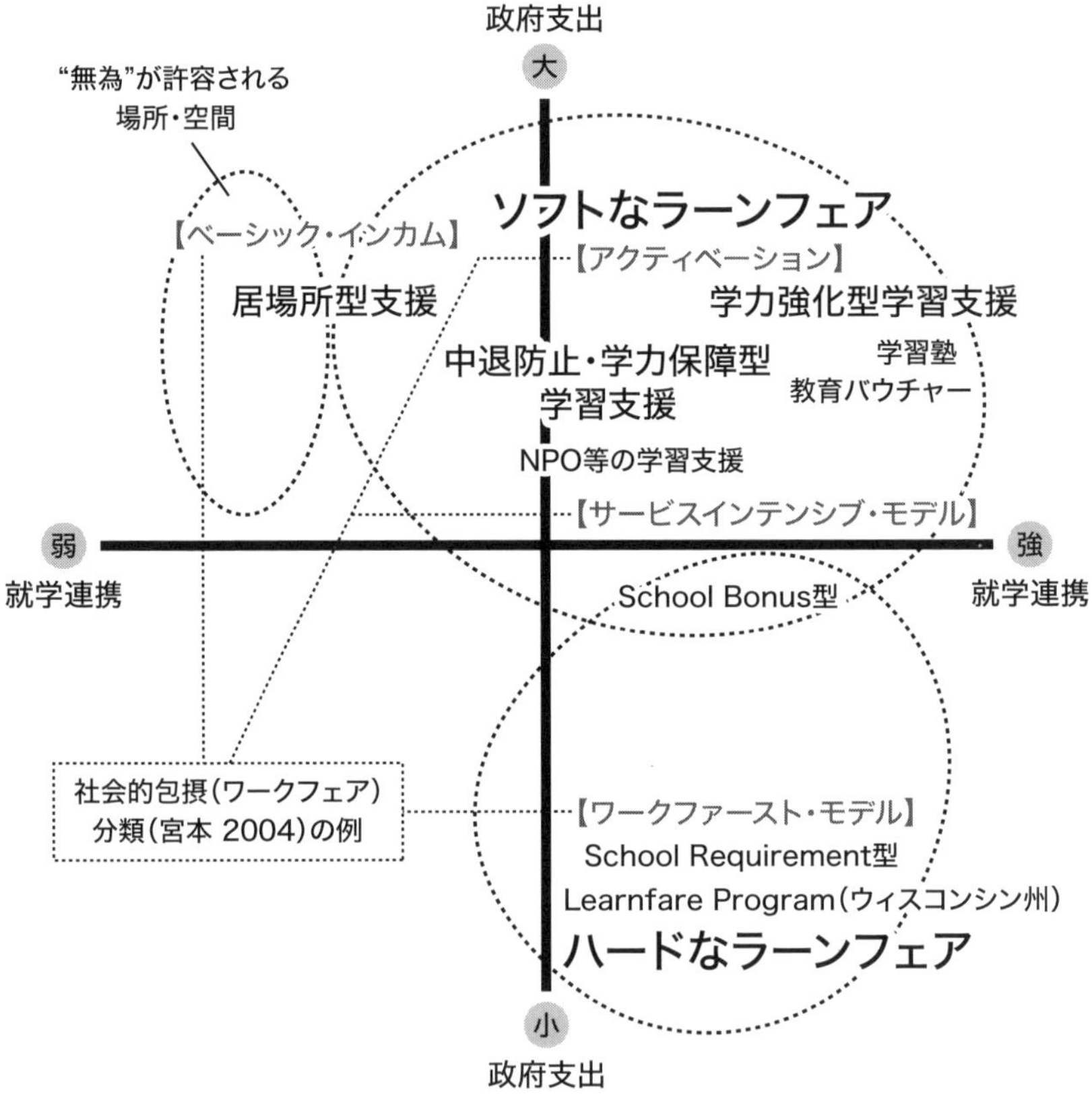

図1　ラーンフェアの類型

注:「就学」とは学校教育だけでなく、学校外教育も含む。
出所:宮本(2004)の「図 社会的包摂のための諸戦略」を参考に筆者作成。

ィスコンシン州のLearnfare Programはハードなラーンフェアであり▼9、日本の学習支援事業は、福祉受給者や生活困窮世帯の子どもに学習支援サービスを提供するソフトなラーンフェアと整理できる。

国際比較によりワークフェア政策を体系的に整理した宮本（2004）は、就労を義務化し懲罰的な側面をもつ「ワークファースト・モデル（就労第一型）」と、職業訓練や教育、カウンセリング（意欲喚起）によって労働市場への再参入を目指す「サービスインテンシブ・モデル（サービス重視型）」に分類した（のちに宮本は「サービスインテンシブ・モデル」の対象範囲に、社会参加や地域の居場所づくりなども組み込み、さらに広義の「アクティベーション（活性化）」として再定義している）。先のハード／ソフトの区別と同様に、前者は福祉受給者の責務を強調し、後者は能力開発に重点をおく。

宮本のワークフェア分類を基にして、ラーンフェアを分類したものが図1である。縦軸に政府支出の大小を、横軸に就学義務の強弱（学力や能力開発志向の強度であり、塾などの学校外教育も含む）をとっている。第一象限には学習支援事業、教育バウチャーなどの政策があたる。学習支援は、中退防止や学力保障（補償）を目的とする場合と、学習塾等が主体となって進学支援を目指す学力強化型に分けている。教育バウチャーは、既存の学習塾などを活用する点で政府支出が少なく、すでに市場化されていることからより就学志向と親和的な位置にある。

第二象限に入るのが居場所支援である。あくまで復学がゴールで、「居場所」を学校に戻すための中間ステップとみなす場合は第一象限に近い。一方で、貧困層の子どもに学力や学校から距離をおいたオルタナティブな場所を提供する場合は第一象限から離れる。なお、宮本の社会的包摂（／ワークフェア）の分類枠組みにおいては、第二象限はベーシックインカムが位置し、就労と所得保障の分離という脱生産主義的な発想に基づく領域である。

第三象限、第四象限は制裁／罰則が適用される仕組みであり、ウィスコンシン州のLearnfare Programは第四象限にあたる。ただし、就学要件（School Requirements）の付与にあたってフリースクールやホームエデュケーションを認める場合があり、これを考慮して第三象限に一部がかかっている。また、「違反すれば制裁」とは逆に「遵守すれば割り増し」というSchool Bonusの場合、第一象限の近くに位置する。

なお、前記の分類はあくまで理念型であり、実際の事業はどれかの類型にあてはめて単純化して説明できるものではない。勉強を教えたり成績をあげることが、子どもの承認や肯定感の向上につながることもあり、居場所支援のきっかけやツールとして「学習」が用いられることも多い。学習支援事業の紹介でも触れたように、一つの事業が「居場所」と「学習支援」の両方の機能を有している場合もあり、実態を一つに括ることができるほうが稀《まれ》であろう。

3　いくつかの批判

（1）教育の充実と福祉の削減

就学要件を課し、制裁をあたえるハードなラーンフェアと異なり、日本の学習支援事業は、プログラムへの参加の有無により福祉給付に制裁が加えられることはない。あくまで参加は任意であり、サービス重視型と言える。しかし、日本の生活保護自立支援プログラムは「プログラムの取組状況が不十分であったり、参加自体を拒否する場合においては保護の変更、停止又は廃止も考慮する」としており、かねてからワークフェア的側面が指摘されている（布川 2009：133-136）。就労義務が就学義務にまで拡大したアメリカの例を考えれば、今後「要件化 requirement」するおそれが全くないとは言えない。

個別の給付要件ではなく、予算規模でみるとまた違った示唆が得られる。ウィスコンシン州の例に戻ろう。Learnfare Program が導入された１９８７年、トミー・トンプソン州知事は「cut and invest（削減と投資）」を唱えて、ＡＦＤＣの給付水準を６％削減し、代わりに就労のためのサービスや就労している低所得世帯への支援を充実することを表明した。福祉給付の保障額を削減することで充実したのは、就労体験や職業訓練などの支援、就労自立世帯への保育サービスや低所得世帯の医療支援（メディケイド）の拡充、若年家庭への自立支援プログラムの強化であった（Corbett 1995a）。全体の福祉給付予算を削減し、削減額の一部を支援サービスの充実へと振り分けたのがウィスコンシンの福祉改革であり、この観点からみると、単純に第四象限だけでなく、ソフトとハードなラーンフェアの複合体であった。

日本はどうか。学習支援事業を法定化した生活困窮者自立支援法の成立（２０１３年）は、厳格化に大きく舵をきった生活保護法改正と並行して進められ、同時に過去最大の生活扶助基準の引き下げが行われた。２０１３年から15年までの３年間の扶助基準引き下げは平均６・５％・最大10％、年６７０億円削減と過去に類をみない規模であり、母子世帯の98％が引き下げの影響を受けた。給付水準の引き下げはそれにとどまらず、13年12月には期末一時扶助の見直し（年70億円削減）、15年７月には住宅扶助の見直し（年１９０億円削減）、15年11月には冬季加算の見直し（年30億円削減）と続いている（削減額はいずれも国費ベース）。さらに、18年10月から再度、３年間の生活扶助基準引き下げが実施されている。

給付削減と対照的なのが学習支援事業の予算拡充である。同事業の国予算は15年度19億円→16年度33億円→17年度35億円→18年度47億円と順調に伸びている（図２）。生活困窮者自立支援制度の複数ある事業の中でこのような拡充は学習支援事業のみである。予算上は同規模の住居確保給付金（必須事業）や、任意

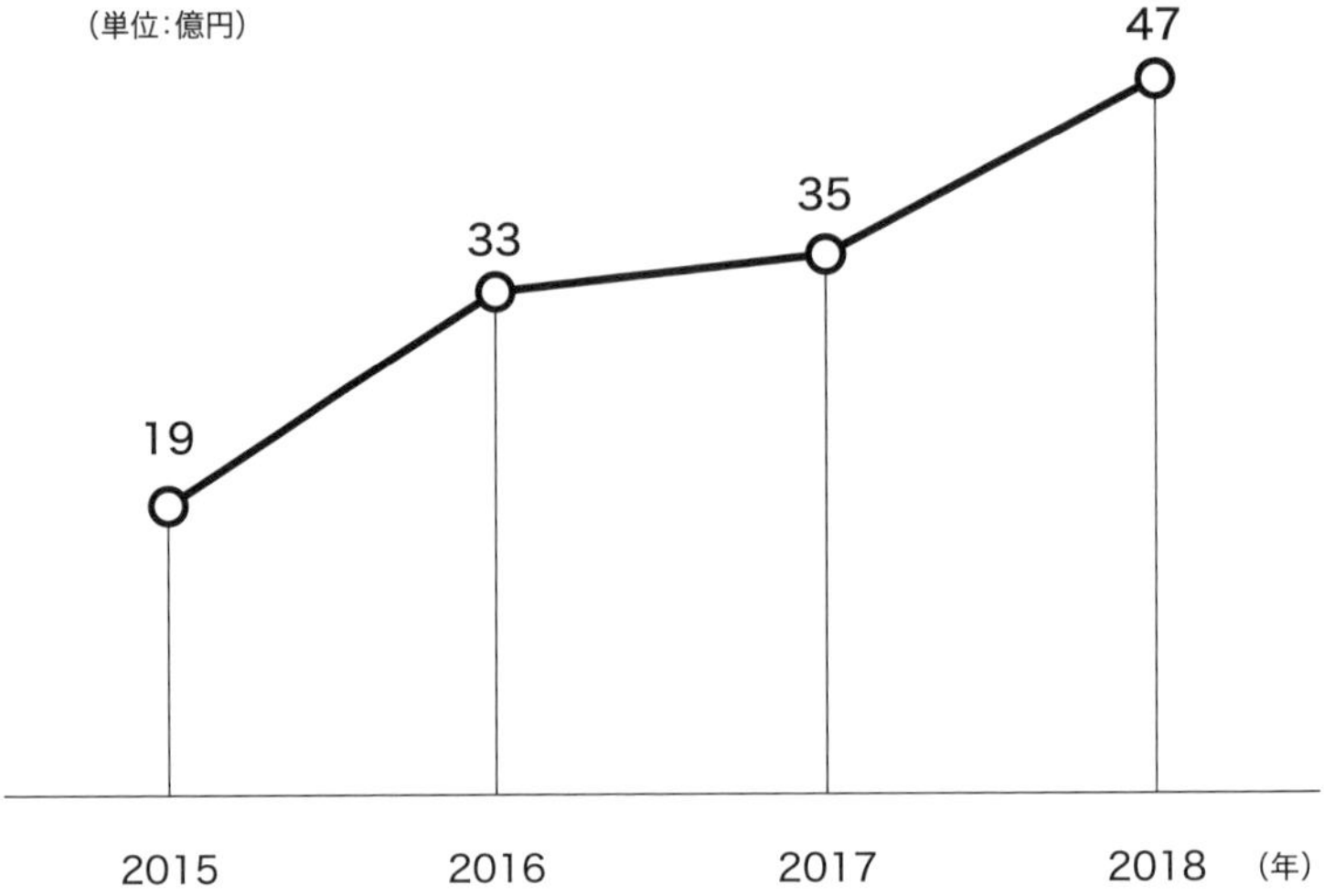

図2　学習支援事業国予算の推移（筆者作成）

事業の家計相談支援事業・一時生活支援事業らの予算額は15年度以降ほぼ横ばいである。また、学習支援事業と同種の事業である文科省の地域未来塾などについてもこのような予算拡充はみられない。

ただし、学習支援事業も毎年順調に増加しているわけではない。17年度の厚生労働省の概算要求は前年度比4億円増の37億円であったが、決定したのは要求額から2億円減の35億円であった。しかし、18年度の概算要求は47億円と前年度比12億円増であったものの、この年は満額回答の47億円が決定された。それはなぜか。背景にあるのは18年10月からの生活保護（生活扶助）の再引き下げである。以下は18年度予算編成時の新聞記事である。

「厚生労働省は、来年度からの生活保護受給額の生活費相当分に関し、減額幅を最大5％にとどめる調整に入った。2～3年かけて段階的に実施する方針。厚労省は最大13％減の見直し案を示しているが、与党や有識者から大幅減額に対する批判が出ていることに配慮した。ただし、厚労省は保護費の減額分を、生活保護に至る直前の状態にある生活困窮者の支援拡充に充てる方針。受給額の減額を抑えると生活困窮者向けの予算が減ることも踏まえ、年末の予算編成で最終決定する」（毎日新聞 2017）▼10

記事の傍線部の記述に注目してほしい。「生活保護の予算減額が小幅に終われば、その分生活困窮者向けの予算が減る」。つまり福祉給付による予算削減と教育支援の充実のための予算増は引き替えであり、生活保障と教育支援がトレードオフなのである。18年度の学習支援事業の予算拡充は、２０１８年から20年にかけて実施される戦後2番目の規模の生活扶助基準引き下げ（平均１・６%、最大５%減額）、および母子加算の最大2割削減等といった福祉給付の大幅な抑制（年１６０億円削減）と引き替え関係にある。仮に、記事のとおり当初想定されていた最大13%の生活扶助引き下げを強行していた場合、学習支援事業の予算はさらに潤沢であった可能性はある。このように、生活困窮世帯の子どもに対する学習支援事業の年々の拡大は、生活保護受給世帯の生活費を削ることで生み出されている。

個々の世帯の福祉給付に就学要件化がなされていないという点で、ウィスコンシンの例と異なる日本であるが、福祉給付の予算を削減して教育支援（サービス）に必要な予算を確保するという点では非常によく似た構造である。日本の「福祉における教育支援の強調」は十分にアメリカ的と言える。

（2）支援の拡大と規範の強化

似ているのは予算の捻出方法だけではない。福祉受給世帯を対象としたワークフェアやラーンフェアは、対象を次々に拡大する特徴をもつ（桜井啓太 2017：190）。ウィスコンシン州のLearnfare Programは当初、

13〜19歳を対象にしていたが、のちに6〜12歳も加えて学齢期の児童全体に拡大した。図3‐aは、生活保護の就労自立支援プログラム（ワークフェア）の対象が、次第に拡大していった経緯を示している。当初は「就労意欲が高く、就労阻害要因がない者」として、意欲や健康面に問題のない者を対象にしていたプログラムは、徐々に範囲を拡大し、最終的には「意欲が低く、生活習慣に基本的な課題のある者」までもその射程に取り込むこととなる。これと同じことがいま、学習支援事業に起きている。

学習支援事業は、創設当初、高校への進学支援を目標に中学3年生を主なターゲットにしていた。しかし早期段階からの支援の重要性が指摘され、対象を中学生全般に拡げた。次に中退防止の観点から高校生、高校世代（中退者や中卒者含む）に拡大し、現在は小学生にまで拡大している（図3‐b）。取組内容も拡充を続け、学習支援→居場所の提供→個別相談、家庭訪問（親の養育相談含む）→学校・教育委員会との情報共有へと多岐に拡がる。

２０１８年の生活困窮者自立支援法の改正では、学習支援のみならず、生活習慣・育成環境の改善に関する助言等も強化するとして、事業名称を「子どもの学習・生活支援事業」（傍点部追加）へと変えた。従来の支援に加えて、日々の学習習慣の習慣づけや、生活習慣の形成・改善、親への養育支援、進路選択支援までも幅広く扱うことができる▼11。

学習支援事業が、高校進学という学歴だけでなく、心理面、対人面、思考面などにも配慮するようになった経緯を松村（2016）は肯定的に評価している。一方、堅田（2017）は、自立支援サービスの充実（拡張）は、その両義性に目を向ける必要があると指摘する。学習支援が強化されるほど、教育や学力による選抜の仕組みに貧困層を取り込むことになり、「単にテストの点が悪い」だけでなく、生活習慣、学習環境、親のしつけまで問題視され、改善の対象となっていく。

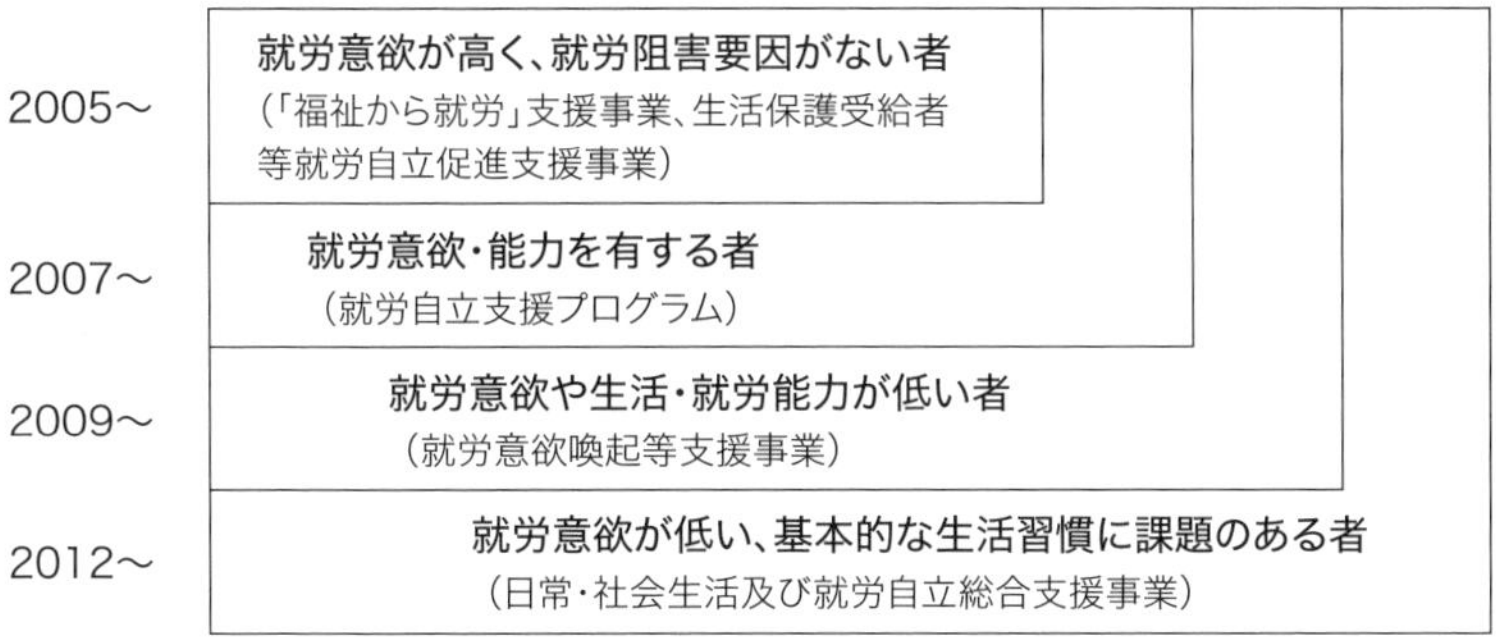

2005〜	就労意欲が高く、就労阻害要因がない者 (「福祉から就労」支援事業、生活保護受給者等就労自立促進支援事業)
2007〜	就労意欲・能力を有する者 (就労自立支援プログラム)
2009〜	就労意欲や生活・就労能力が低い者 (就労意欲喚起等支援事業)
2012〜	就労意欲が低い、基本的な生活習慣に課題のある者 (日常・社会生活及び就労自立総合支援事業)

図３-a　拡大する就労支援の射程（桜井 2017：190）

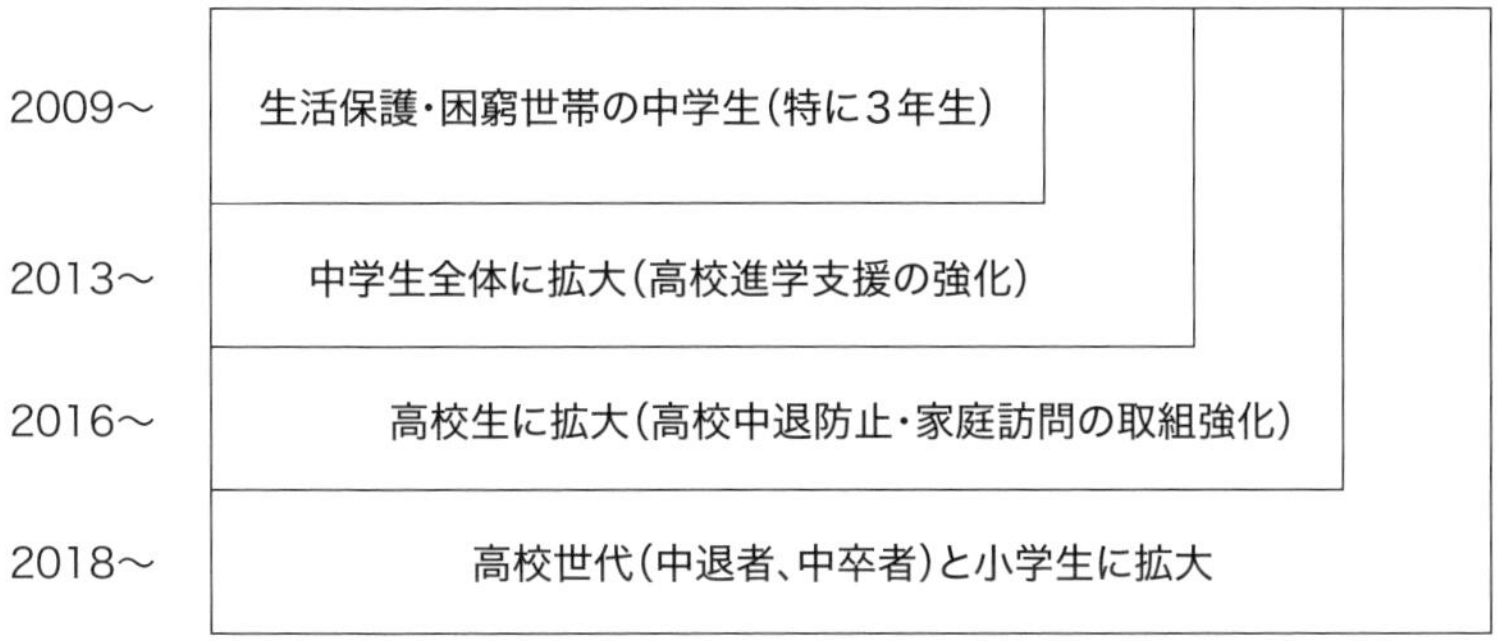

2009〜	生活保護・困窮世帯の中学生(特に3年生)
2013〜	中学生全体に拡大(高校進学支援の強化)
2016〜	高校生に拡大(高校中退防止・家庭訪問の取組強化)
2018〜	高校世代(中退者、中卒者)と小学生に拡大

図３-b　拡大する学習支援の射程（筆者作成）

原（2018）は、イギリスの保育サービスの市場化と子どもの貧困対策について分析した論考の中で、子どもの貧困対策が、従来のワークフェア政策による「就労規範の強調」に加えて、保育政策の強化によって「子育て規範の強調」につながっており、これにより二重に追い詰められるのは、ひとり親世帯の母親であると指摘する。「ひとり親は一方で責任ある市民として市場に参加して世帯の所得を稼ぐとともに、他方では責任ある母親として子どもの保育の責任を求められる」（原 2018）。支援の拡充が、潜在的な規範の強化に転じて、それを達成できない層を精神的にさらに追い詰めるという重要な指摘である。

（3）社会的投資論

ラーンフェアの根底には「社会的投資」という考え方がある。「社会的投資とは、福祉を『投資』と捉え、①一人ひとりが潜在能力を発揮できる条件を整え、個人がリスク回避する可能性を高め、②社会（とりわけ就労）への参加を促すことで、社会的排除や貧困の解消を目指す」と三浦は定義している（三浦 2018：vii）。

しかし、投資というからには見返り（リターン：費用対効果）を求める（原 2012）。近年、「子どもの貧困」において頻出するJ・ヘックマンの「認知／非認知能力」と「就学前教育の強調」はその最たるものである（阿部 2014など）。見返りを求める介入は早ければ早いほど効果がある（将来の便益が大きい）。反面、投資というのは見返りがなければ撤退しなければならない。効果の少ないものにカネを費やすのは資源の無駄であり、その資源を他に回した方が割にあう。そのため投資論は意図していなくとも、しばしば福祉給付の削減を理論的に後押しする。ソフトなラーンフェアとハードなラーンフェアは、単に投資の効果を強調するか、はたまた資源の無駄を強調するかの違いとも言える▼12。

ウィスコンシン州のLearnfare政策のスローガンの一つは「break the cycle of poverty（貧困の連鎖を断つ）」であり、日本の子どもの貧困対策でたびたび用いられる標語の原型がここにみえる。重視されているのは「いまここにある貧困をなくす」のではなく、「貧困が連鎖しないこと」「将来貧困に陥らないこと（福祉を利用しないこと）」であり、支援はそのために提供される。子どもを将来の労働者として育てあげるという文脈において、はじめて子どもは社会の重要な資産であり守られるべき存在とされる。

イギリスの貧困研究者リスターは、「第三の道」に代表される社会的投資パラダイムに対抗して、子どもを権利主体とした理論を展開する。国連総会の児童フォーラムの宣言「あなた方は、私を〝未来〟だと呼ぶが、私たちは〝いま〟ここにいるのです」をひいて、「貧困の連鎖を断つ」（将来の労働人材の確保）のではなく▼13、一人の権利主体である「子ども－市民」として尊重され、いまここにある貧困を解決することを求めている（Lister 2004）。

日本の生活保護制度は、学習支援事業以前から露骨に投資戦略を取っていて、たとえば生活保護世帯の高校就学のための学用品、授業料等を支給する高等学校等就学費▼14は、教育扶助ではなく生業扶助に分類されている。生業扶助とは、その名のとおり「生業（生計のための職業）」に必要な資金や技能の習得費用を支給する扶助である。生活保護世帯の子どもが高校に進学することは学習権の確保ではなく、将来の自立、生業のための訓練なのである。

大学進学においてはより一層露骨である。生活保護制度は大学生への保護を認めず、進学した子どもの生活保護の適用を除外する。これを世帯分離という。２０１８年度から生活保護世帯の子どもの大学進学支援策が導入されたが、その内容は、当事者や支援者らが主張していた世帯分離の廃止ではなく、入学時に10万円（自宅外生の場合30万円）を渡すというものであった。わずかばかりの進学支援はしても生活保障は断固として行わない。近年の生活保護制度の傾向を如実にあらわす政策と言える（桜井啓太 2018）。

（4）教育と学校を疑わない

ワークフェアに対する根本的な批判の一つに「劣悪な労働市場への投げ返しになる」という指摘がある（埋橋 2007）。劣悪でブラックな労働が横行する中、ワークフェアはそこから落ちた人びとを再訓練して再びその場所へと送り返す役割をもつ。投げ返す方法（自立支援）が精緻化する一方で、「労働（市場）」自体の問題には言及しない▼15。

社会的包摂を考える際に、包摂の先である「社会」、「労働」、そして「学校」というのはしばしば不変で所与の条件とされる。たとえば末富は、自身の編著『子どもの貧困対策と教育支援』の中で、子どもの貧困対策における学校の役割を、単純な学力向上政策ではなく「学校生活への包摂が実は一番大事である」という阿部彩の指摘を引いて、「学校生活」の側面を強調している（末富 2017）。学校の意義を学力向上だけにとどめない点において深く同意するものの、包摂の先である「学校生活」自体を問いなおすことも同時に必要である（松本 2013）。

ニューレイバー型の社会的排除／包摂は「何が（誰が）排除しているか」は不問のまま、「現に排除が起こっていること」だけを強調して、当事者の再統合という包摂を促す（Byrne 1999=2010）。しかしこれは「いじめられっ子に武道を教える」という発想とたいして変わりがない。排除された個人を強化して送り出す行為だけを包摂と呼ぶならば、そこには包摂の先、社会の側（いじめていた側）の責任への言及が欠けている。また、ウィスコンシン州のLearnfare Programの検証が示すように、無理に学校へ行かせたとしても、当人をめぐる周囲の状況が変わっていないのであれば、結局長続きしない。

社会的投資論と従来型の学校社会への統合による問題解決の典型として、日本財団 子どもの貧困対策チームのレポートがある（日本財団 子供の貧困対策チーム 2016）。『子供の貧困が日本を滅ぼす――社会的損失40兆円の衝撃』というそのセンセーショナルな書名からわかるように、全編が投資と社会的損失の観点で編まれている。その損失推計は「現状放置シナリオ」（貧困世帯の子どもの進学率、中退率が現状のまま）と「改善シナリオ」（高校進学率・中退率が非貧困世帯並みに改善、大学等進学率が22％上昇）から比較され、子どもの貧困を放置すれば、①大卒は半減し、中卒は四倍増。②非正社員や無業者が一割増加。③一人当たり生涯所得が1600万円減少。④一人当たり財政収入が600万円減少（税収や社会保険料収入が減少し、社会保障給付が増加）。⑤所得が40兆円超、そして財政収入が16兆円失われるとされる。

レポートでは、対応策としてヘックマンの非認知的能力や社会的相続が重要な概念として登場する。中卒よりも高卒が、高卒よりも大卒が無批判に「善きもの」とされており、教育がもつ選別機能や再生産機能、そしてそのような学校や教育を有している社会自体の問題は顧慮されない。吉川は、このような非大卒を排除し大卒層を優遇する政策や社会のまなざしを「大卒層だけをみている社会」と呼び、そのいびつさを指摘している（吉川 2018）。

4 排除をうまないラーンフェアはありうるか

ここまで教育と福祉の融合語であるラーンフェアという概念を用いて、日本で現在進行している教育と福祉の関係について検討した。単なる分類や問題提起に終わっている箇所も多いが、教育と福祉の関係を問い直すうえで、ワークフェア研究の蓄積を応用する方法は今後も有効と考えられる。最後に、教育と福祉の関係概念であるラーンフェアが（できうる限り）排除をうまない条件について考察する。

（1）何を変容させるか（個人か／社会（学校）か）

なにより重要なのは、包摂や変容を個人や世帯だけに押しつけずに、社会の変容可能性を問うことである。ラーンフェアは既存の学校、教育システムを疑わずに、それ（教育）を通じた社会参入を促す仕組みである。「学校生活に戻すことが重要」とだけ言いおいてしまえば、常に適応できない個人のみが焦点化され、彼らは支援が必要な存在とみなされる。むしろ、貧困者を排除している学校的なもの、それを支える価値観にメスを入れなければならない。それは「個人を変える」でも、「個人を社会に戻す」でもなく、「社会を変える」可能性であり、もちろん容易なものではない（学校化・学校中心主義・学歴社会を支える学力や教育という価値そのものの批判的検討、相対的低下など）。

今の社会は、自分たちは何一つ譲らずに、排除された個人に「もっとうまくやれよ」と自己変革を求める。悲惨な場所だから逃げ出したのに、その先で待ちうけていたのは「悲惨な場所に戻れるタフな主体に鍛えあげる」支援という名のサービスである（ブラックな労働があふれる中で、エンプロイアビリティ（雇われやすさ）を強調する行為と似ている）。子どもにとって、学校を拒否することはいつだって命がけであるが、学校の側は何も変わらず、彼ら／彼女らが学校でサバイブするために必要な機会を設けて、再チャレンジできる支援メニューを用意する。学校に行かないことを法律で認めるという提案も、結局それは「逃げた先を学校にしてやる」ということでしかない▼16。財布の紐を国家に握られている貧者はさらに逃げ場がない。一人ひとりを大切にする個別の支援が、しばしば包摂の名を借りた排除に転ずる危険性について、私たちは自覚的であるべきである。

（2）教育と福祉の分離

ラーン（ワーク）フェアは、社会的排除を解決する主要な手段として、教育を用いて個人を矯正・再訓練する。〈教育〉による階層上昇を貧困解決の主要な手段とすることは、一見すると弱者に寄り添っているようにみえて、実際には〝やる気があるとみなした〟対象者を選別してすくいとって、「成功した私たち」と同じ生き方を求める行為でもある。仁平は、〈教育〉をその主要な手段とすることこそが問題であり、ワークフェアが排除につながるのは、生存の無条件性が否定され、就労や〈教育〉からの個人の自立（自律）可能性が失われるからであるという。そのうえで、充分な所得保障と、就労・教育的な営為をそれぞれ自律させることを提案する（仁平 2015）。「教育と福祉を連携させる」とは逆のベクトル、むしろ「教育と福祉（生の保障）を分離させる」仕組み。この自律（あるいは切り離し）が担保されるための最低限の条件として、教育支援の取捨選択が当事者に委ねられ、「拒否できる自由」が確保されていることが肝要である。

高田は、ワークフェアやアクティベーションが問題なのは、個人の自由と尊厳がなにより尊重されるべき現代社会において、自己決定が尊重されないからである、という（高田 2015）。ウィスコンシンのように福祉給付を人質に参加を強制するものはもちろんのこと、日本の学習支援事業も生活保護の切り下げと同時に進められており、「生の保障」が守られているとは言いがたい。教育支援の強調は、充分な所得保障のうえに積み上がるものでなければ、いつだって選別と排除につながる。

私たちは社会の中で生活している以上、必ず社会の価値観や規範と無縁ではいられない。支援の拡大は規範の強化につながり福祉受給者を苦しめるおそれをもつ。当人の主体性や意思を尊重することは大事であるが、「主体をつくりだす」ことこそが〈教育〉の本質であることを考えれば、それは「拒否できる自由」を封じ込める営為でもある。

個人を問題化し、人的資本アプローチをもとに能力開発を目指すワークフェア（社会的投資）国家において、〈教育〉は無類の強さを誇る。自己責任の文脈から子どもだけを隔離し、学習権や教育機会の確保を金科玉条に掲げて、一人ひとりの主体としての権利論を展開してみたところで、ワークフェア（work は役に立つ、作用するという意味でもある）が支配的な社会においては、結局は有用性（役に立つのか／立たないのか）が顔を出す。ラーンフェアも基本的にはワークフェアと同じ枠組みにあり（「労働者」の前に〝未来の〟があるかないかの差）、個人への投資であろうと社会への投資であろうと、有用性で判断している点に違いはない。そして、何が有用であるかの価値判断を決めるのはつねに権力の側である。

どこにいても何をしてもどんな道を選んだとしても、責任というのは有限で、存在までは決して否定されない。生きることは肯定されている。生の無条件性を否定しないというのは、このことに他ならない。そして、生きるためには少々のカネがいり、存在するためには場所がいる。ケイパビリティの考え方は、その根本に選ばない自由（拒否しても殺されない自由）が確保されて、ようやくスタートラインに立つ。人格の発達と成長を司る〈教育〉の圧倒的な力にあまりに無自覚的な昨今であるからこそ、貧困と教育、教育と福祉のあり方について原理的な場所から問い続ける必要がある。

付言

本稿は紙幅の都合もあり、分析を深められなかった点も多い。たとえば、個々の世帯の福祉給付に就学が要件化されるハードなラーンフェアがなぜアメリカで発展し、日本ではサービス重視型の戦略が取られるようになったかという背景の分析や、学習支援の亜種とも言える「居場所」が脱生産主義的・脱学校的な価値観をもちうる可能性についての考察などである。これらについては今後の課題としたい。

注

1 日本の「子どもの貧困対策」が教育支援に偏っている点は第1章を参照。

2 ここでは「生活保護・生活困窮者」の学習支援事業を取り上げているが、国の施策では「学習支援」が乱立状態にある。「教育支援も生活保護世帯などの子ども自身の学び（学力補充など）への学習支援（生活困窮者自立支援法・厚労省）や地域住民などの協力による学習支援（地域未来塾・文科省）、その他にも放課後子供教室における学習支援の充実事業（文科省）、土曜日の学習支援の実施（文科省）、児童養護施設等で暮らす子供への学習支援（厚労省）、ひとり親家庭の子どもの生活・学習支援（厚労省）などの事業が次々に作られた」（青砥 2017: 48）。

3 厚生労働省ホームページ：http://www.mhlw.go.jp/stf/seisakunitsuite/bunya/0000073432.html［最終確認日：２０１８年６月３日］

4 厚生労働省社会・援護局地域福祉課生活困窮者自立支援室「生活困窮者自立支援制度事業実施状況調査の結果について」を参照。

5 Gowenの主張は、そのタイトル「Workfare, Learnfare-Unfair!」（ワークフェアもラーンフェアも、アンフェアだ！）に凝縮されている。

6 OPRE Report 2017（L.Giannarelli et al. 2017: 122-123,128-129）参照。なお、報告書では、制裁ではなくインセンティブ（何らかの追加給付など）を付与する場合"School Bonuses"と呼び、区別している。

7 アクティベーションと呼ばれる北欧諸国を中心に実施される福祉政策もその一つである。論者によっては、ワークフェアとアクティベーションの関係を逆に捉えて、広義のアクティベーションに（狭義の）ワークフェアが含まれると整理している場合もある。用語の概念整理は三浦・濱田（2012）が詳しい。

8 ゆえにわざわざラーンフェアと名づけずともワークフェア思想の中に〈教育〉はしっかりと組み込まれている（仁平 2015）。また、桜井智恵子は、学習支援事業を子ども版ワークフェアと呼び、その背景にある個人の自立原理を指摘している（桜井智 2017）。

9 Corbett（1995b）は、世帯の特性、福祉依存傾向（受給期間など）に応じて、ラーンフェアを使い分けることを提案している。依存傾向が強い世帯にはハードなラーンフェアが必要であるが、福祉依存の傾向が強くない世帯に対しては、ソフトなラーンフェアや仕事への移行（School-to-jobs transition）が有効としている。

10 毎日新聞「厚労省 生活保護、減額を最大５％に 批判配慮、幅を縮小」２０１７年12月15日。記事URL：https://mainichi.jp/articles/20171215/k00/00m/040/169000c［最終確認日：２０１８年６月３日］

11　厚生労働省は、このために約17億円の予算をさらに追加要望している（19年度概算要求：子どもの生活習慣・環境の改善等に関する取組の強化）。

　また、国は、学習支援事業に対する国庫負担（補助）基準に加算制度（「高校世代・小学生支援加算」「家庭訪問加算」「教育連携加算」）を設けて、支援実績に応じて補助金を配分することでインセンティブをつけている。

12　ただし、先にあげた三浦は、社会的投資を、個人の人的資本への投資に留めず、社会関係資本への投資にまで拡張すること、また補償を削減しないことが肝要であると主張している。ワークフェアが支配的な現状で、見返り（リターン）の判断基準を拡張・多様化することで、得るものを拡げようとするアクティベーション的な戦略と言える（三浦 2018）。

13　１節で引用した学習支援事業の厚生労働省ホームページの解説は「子どもの明るい〝未来〟をサポート」であった。

14　「高等学校等就学費」の創設は２００５年であるが、同年は母子加算全廃が決められた年でもある（母子加算はのちの民主党政権下で復活。しかし、２０１８年度より最大２割削減）。生活保障の後退と教育支援の充実の萌芽はすでにあった。

15　劣悪な労働市場を問題とする「労働規制・ディーセントワーク論」など、労働自体をディーセント（公正）なものに変えていく主張も存在する（雇用のあり方研究会ほか 2011）。

16　「（多様な）教育機会確保法」をめぐる、フリースクール・不登校運動の分裂が示唆的である（山下 2015）。

引用・参考文献

青砥恭（2017）「揺らぐ公共空間と孤立する若者たち」『貧困研究』vol.19、明石書店、39〜55頁

阿部彩（2014）『子どもの貧困Ⅱ――解決策を考える』岩波書店

新井光吉（2003）「アメリカ型勤労福祉制度の成果と限界」『經濟學研究』69(3/4)、九州大学、271〜311頁

Byrne, D. (2005). *Social exclusion*. Second Edition, Berkshire: Open University Press.（深井英喜・梶村泰久訳（2010）『社会的排除とは何か』こぶし書房）

Corbett, T., Deloya, J., Manning, W., & Uhr, L. (1989). Learnfare: the Wisconsin experience. *Focus*, 12(2), 1-10.

Corbett, T. (1995a). Welfare reform in Wisconsin: The rhetoric and the reality., in Norris, D. F., & Thompson, L. (eds.),

The politics of welfare reform. Sage Publications, Inc., 19-54.
Corbett, T. (1995b). Why welfare is still so hard to reform. *Welfare reform: Can government promote parental self-sufficiency while ensuring the well-being of children,* 1-16.
Dee, T. S. (2011). Conditional cash penalties in education: Evidence from the Learnfare experiment. *Economics of Education Review,* 30(5), 924-937.
保坂渉・池谷孝司（2015）『子どもの貧困連鎖』新潮文庫
布川日佐史（2009）『生活保護の論点――最低基準・稼働能力・自立支援プログラム』山吹書店
Gowens, P. (1991). Welfare, Learnfare-Unfair! A Letter to My Governor. *Ms. (September-October),* 90-91.
Giannarelli, L., Heffernan, C., Minton, S., Thompson, M., & Stevens, K. (2017). Welfare Rules Databook: State TANF Policies as of July 2016.
原伸子（2012）「福祉国家の変容と子どもの貧困――労働のフレキシビリティとケア」『大原社会問題研究所雑誌』No.649、30～46頁
原伸子（2018）「福祉国家の変容とケアの市場化――イギリスにおける保育政策の展開とジェンダー」『社会政策』9(3)、44～61頁
堅田香緒里（2017）「対貧困政策の新自由主義的再編――再生産領域における『自立支援』の諸相」『経済社会とジェンダー』（日本フェミニスト経済学会誌）第2巻、19～30頁
木下武徳（2007）『アメリカ福祉の民間化』日本経済評論社
雇用のあり方研究会ほか編（2011）『ディーセント・ワークと新福祉国家構想――人間らしい労働と生活を実現するために』旬報社
吉川徹（2018）『日本の分断――切り離される非大卒若者《レッグス》たち』光文社新書
Lister, R. (2004). The third way's social investment state., in Lewis, J. & Surender, R. (Eds.), *Welfare State Change: Towards a Third Way?,* OCP Oxford. 157-181.
松本伊智朗（2013）「教育は子どもの貧困対策の切り札か?」『貧困研究』vol.11、明石書店、4～9頁
松村智史（2016）「貧困世帯の子どもの学習支援事業の成り立ちと福祉・教育政策上の位置づけの変化――行政審議、国家審理および新聞報道から」『社会福祉学』57(2)、43～56頁
三浦まり・濱田江里子（2012）「能力開発国家への道――ワークフェア／アクティベーションによる福祉国家の再

編」『上智法學論集』56(2・3)、1～35頁

三浦まり編（2018）『社会への投資――〈個人〉を支える〈つながり〉を築く』岩波書店

宮本太郎・小沢修司・武川正吾（2004）「座談会 ワークフェアとベーシック・インカム――福祉国家における新しい対立軸」『海外社会保障研究』No.147、3～18頁

道中隆（2009）『生活保護と日本型ワーキングプア――貧困の固定化と世代間継承』ミネルヴァ書房

日本財団 子供の貧困対策チーム（2016）『徹底調査 子供の貧困が日本を滅ぼす――社会的損失40兆円の衝撃』文春新書

仁平典宏（2015）「〈教育〉化する社会保障と社会的排除――ワークフェア・人的資本・統治性」『教育社会学研究』第96集、175～196頁

Pawasarat, J., Quinn, L. M., & Stetzer, F. (1992). *Evaluation of the impact of Wisconsin's Learnfare experiment on the school attendance of teenagers receiving Aid to Families with Dependent Children*. Employment and Training Institute, University of Wisconsin-Milwaukee.

Peck, J. (2001). *Workfare States*. Guilford Publications.

桜井智恵子（2017）「『自立した個人』という福祉国家の原理的課題――『子どもの貧困』対策としてのワークフェア子ども版：学習支援を問う」『人間福祉学研究』10(1)、関西学院大学、53～65頁

桜井啓太（2017）『〈自立支援〉の社会保障を問う――生活保護・最低賃金・ワーキングプア』法律文化社

桜井啓太（2018）「生活保護と大学進学――生活保護世帯の大学生等生活実態調査（堺市）から」『貧困研究』vol.20、明石書店、89～100頁

末冨芳編（2017）『子どもの貧困対策と教育支援――より良い政策・連携・協働のために』明石書店

高田一夫（2015）「日本の積極的労働市場政策」『社会政策』7(1)、126～136頁

埋橋孝文編（2007）『ワークフェア――排除から包摂へ？』法律文化社

山下耕平（2015）「多様な教育機会確保法案の論点」『地方自治職員研修』48(10)、20～22頁

第3章

障害のある子どもの貧困と教育

…丸山啓史

1　子どもの障害と貧困

障害と貧困を安易に関係づけることは危険である。貧困こそが障害を生むとされ、発達障害等の原因が養育環境に求められることは、親の責任を追及する風潮につながる。また、個人の心身の機能の障害を貧困の原因とみなすことは、社会に存在する構造的問題の隠蔽をもたらす。

しかし、障害と貧困の関係性を無視することも危険である。子どもの育ちにおける貧困の否定的影響から目を背けてしまうと、貧困の問題性や、貧困を生む社会の問題性を見逃すことになりかねない。また、障害と貧困の重なり合いが意識されなければ、障害児者や家族が直面する困難が「障害」という観点だけでとらえられてしまい、「貧困」という観点からの問題理解がなされないかもしれない（藤原 2010）。障害と貧困の関係性を正しく把握することでこそ、障害児者や家族にとって必要な施策等が明らかになるはずである。

障害の原因を貧困に求めようとする考え方は危険であるが、貧困が子どもの発達に否定的影響を及ぼす傾向▼1は直視しなければならない。また、貧困が子どもの障害の固定化や重度化をもたらす危険性にも目を向ける必要がある。藤原（2009）は、「バリアフリー住宅に居住し、生活スキルを高めている子どもがいる反面、住宅事情により、在宅時は車いすが使用できず、仰臥の姿勢で過ごしている子どもがいる」という実態や、「最先端の医療を求め、遠隔地の病院を受診する子どもがいる一方、通院しての治療や検査もままならない子どもがいる」という状況を紹介しつつ、「貧困を背景に、必要な療育や教育へのアクセスが遮断されることで、子どもの生きる力や発達の可能性は阻害され、潜在的能力は抑制される」と指摘していた（144頁）。また、阿部（2014）は、「貧困世帯においては、子どもに発達障害・知的障害があっても放置されてしまう可能性が高い」（168頁）と述べつつ、「貧困層の家庭」においては子どもの発達障害や知的障害の「影響がより大きく表れてしまう可能性」（59頁）に言及している。

子どもの障害と貧困の関係性には、子どもの障害が貧困のリスクを高めるという側面もある。丸山（2011a）が示すように、放課後や休日に子どものケアを担ったり、病院や療育機関に子どもを通わせたりすることによって、障害のある子どもの母親は就労を制約されることが少なくない▼2。そのことは、障害のある子どもがいる家庭の経済状況に負の影響を与えがちである（江尻 2014）。

「子どもの貧困」を考えるうえでは、そうした関係性を視野に入れながら、「障害のある子どもの貧困」に着目する必要がある。しかし、「子どもの貧困」をめぐる日本の政策をみると、障害のある子どもへの関心は薄い。２０１４年８月に閣議決定された「子供の貧困対策に関する大綱」においても、障害のある子どもについての直接的な言及はほとんどない▼3。「子どもの貧困と教育」については、「障害のある子どもの貧困と教育」に目を向けることの必要性そのものが、まず強調されなければならない。

2　障害のある子どもと貧困対策

（1）教育に傾斜した貧困対策の問題性

「障害のある子どもの貧困」という観点からすると、教育について何を問うべきだろうか。「障害のある子どもの貧困」に関して、何が教育に求められるのだろうか。

このことについて、最初に見ておかなければならないのは、近年の日本における貧困対策の中での教育の位置づけであろう。湯澤（2017）も指摘するように、「対策の主要な柱として教育支援を重視している点」が、「子どもの貧困対策の特徴」になっているのである（17頁）。２０１３年に成立した生活困窮者自立支援法では、「生活困窮者である子どもに対し学習の援助を行う事業」が規定されている。また、「子供の貧困対策に関する大綱」をみると、学校が「子供の貧困対策のプラットフォーム」と位置づけられ、「教育の支援」に関しては「学校教育における学力保障」や「地域による学習支援」が「当面の重点施策」として挙げられている。そうした政策においては、子どもが教育を受けて就労することによって貧困を逃れていくという道筋が想定されていると言えよう。

しかし、そのような道筋を現実のものにすることは、現在の日本において、必ずしも容易ではない。子どもに障害がある場合には、とりわけ困難である。藤原（2010）も、「定位家族の貧困を解消するために、自身が就労所得を上げ、貧困から脱け出すということが現実的には極めて難しいのが障害児者の実態である」と述べ、「総じて、障害をもつ子どもは、貧困から脱け出すために働くことや、親世帯の貧困から離れるために自立をする、その過程にも不利がある」と指摘している（75頁）。教育に傾斜した貧困対策は、障害のある子どもにとっては特に相性の悪いものなのである▼4。

ただし、注意が必要なのは、軽度知的障害等の子どもについては、就労による「自立」が政策的に重視されていることである。特別支援学校の教育をみても、「キャリア教育」が政策的に強調され、特に高等部において、就労の準備に偏った教育が推進されている。福祉施設ではなく企業等において就労することに価値が置かれ、学校に職場の環境を再現するようなことがされており、長期間に及ぶ職場実習が広がっている。また、清掃や接客などについての技能検定が学校教育に導入されてきており、清掃等の作業が学校生活の大きな部分を占める実態がみられる。

就労による「自立」をめざす教育に障害のある子どもが包摂されてしまうことも、やはり問題をはらむ▼5。貧困対策において就労による「自立」が重視され、そのための手段として教育がとらえられるならば、就労に向けた準備に教育が偏り、学校教育の内容が幅の広さを失ってしまう。1947年に成立した教育基本法において「教育の目的」として掲げられた「人格の完成」などは、後景に退くことになりかねない。教育に傾斜した貧困対策は、教育のあり方を歪める危険性をもつ。

（2）「社会的投資論」の問題性

貧困対策において教育を重視する政策と親和的なものとして、「社会的投資論」にも目を向けておく必要があるだろう。貧困対策等を「投資」ととらえる「社会的投資論」は、将来的な税収増や経済成長といった「見返り」に目を向けるものであり、「見返り」につながる教育の役割を重視する性格をもつ。ヨーロッパでは1990年代から社会的投資戦略が広がってきたとされ、日本においても貧困問題等に関わって「社会への投資」が語られるようになっている（三浦編 2018）。

「子どもの貧困」の解決をめざす議論の中にも、「社会的投資論」は存在してきた。たとえば、岩重(2011)は、「早期支援のコストベネフィット」などに関する調査結果が英国政府の幼児教育政策に影響を及ぼしたことに言及しながら、「今、これだけお金をかけても、将来にこれだけの見返りがあるということを、このような調査を通じて、科学的に実証していく必要がある」(33頁)と述べている。また、阿部(2014)は、「子どもの貧困に対する政策は、短期的には社会への見返りはないかもしれない。しかし、長期的にみれば、これらの政策は、その恩恵を受けた子どもの所得が上がり、税金や社会保険料を支払い、GDPに貢献するようになるので、ペイするのである。すなわち、子どもの貧困対策は『投資』なのである」(96頁)と論じている。

このような「社会的投資論」と教育とを結びつけるものとして、近年の日本において注目されてきたのは、経済学者であるヘックマンの議論である。ヘックマン(2015)は、米国における就学前教育プロジェクトから得られた研究結果などに言及しながら、「幼少期に投資を集中」(35頁)させることの意義を説いている。ヘックマンは、「幼少期の教育に介入すること」によって「学校教育を推進し、犯罪率を低下させ、労働者の生産効率を向上させ、十代での妊娠を少なくできる」と述べ、そうした介入は「生徒と教師の比率見直し、職業訓練、犯罪者更生プログラム、成人に読み書きを教える成人教育プログラム、授業料減免、警察にかかる費用など、従来の公共政策で議論の焦点となってきた成長後の対策よりも経済的・社会的影響がはるかに大きい」と述べる(12頁)。そして、「恵まれない子供の幼少期の生活を改善すること」について、「経済効率や労働力の生産性を高めるうえで、単純な再配分よりもはるかに効果的である」と論じている(40頁)。

こうしたヘックマンの論は、「子どもの貧困」をめぐる日本の議論にも影響を与えてきた。たとえば、小林（2016）は、「教育投資の収益率」についてのヘックマンの論などに言及しながら、「子どもの貧困対策に投じられる費用と、その後に得られる便益を比較しても、投資対効果は非常に大きい」（181頁）と論じている。また、中村（2017）は、「ヘックマンの知見、すなわち乳幼児期の教育とケアがその後の人生に大きな影響を与え、貧困削減の効果があり、かつ将来の社会保障費の軽減や租税負担力も高めるという知見は、日本にもあてはまることがわかっている」（44頁）として、「保育所保育が子どもの貧困予防だけでなく社会保障の投資効果を高めること」（46頁）を主張している。

このような「社会的投資論」は、貧困対策に消極的・否定的な人びとを説得するうえでは意味があるのかもしれない。しかし、丸山（2016）は、「子どもの貧困への対策を『投資』と呼ぶこと」を批判する中で、「財政的な視点からみれば『出費』でしかなかったとしても、子どもの貧困の解決に向けた施策は進められなければなりません」と述べ、「本筋から外れた主張が繰り返される」ことで「大切な本筋が見失われてしまう」ことへの強い危惧を表明している（113頁）。子どもの権利に立脚しない「社会的投資論」は、子どもの権利保障という本筋を見失わせ、権利意識や権利主張を萎縮させる危険性をもつ。

また、「社会的投資論」は、「見返り」が大きいとされる施策を後押しするかもしれないが、「見返り」が乏しいとされる施策を後回しにしかねない。「社会的投資論」は、「見返り」が少ないとみなされた施策を拡充する根拠にならないばかりか、少なくとも論理的には、そうした施策の抑制を正当化する傾向を有する。そして、「社会への投資」をめぐる議論において「人材育成」が重視されていることを考えるならば、「社会的投資論」が障害のある子どもの教育や福祉を軽視する可能性は否めない。「社会的投資論」の発想のもとでは、障害のある子どもが切り捨てられてしまう恐れがある。

もちろん、「障害のある子どもの貧困」への対策や障害のある子どもの教育が社会的な「見返り」を生まないということではない。それでも、「社会的投資論」は、障害のある子どもを「投資」の対象から排除していく性格を免れないのではないだろうか。軽度知的障害等の子どもについては就労による「自立」が政策的に強調され、障害の重い子どもの教育への関心が相対的に低調である近年の状況をみても、そうした懸念を払拭《ふっしょく》することは難しい。

障害のある子どもの権利保障という観点からすると、「社会的投資論」は見過ごせない問題性を帯びているのである。

3 子どもと家族の困難の軽減

（1）経済的理由による教育機会の制約の解消

貧困対策の中で教育を「投資」ととらえることには問題性がある。また、教育によって「障害のある子どもの貧困」を解消できると考えることは危険である。しかし、「障害のある子どもの貧困」について、教育が果たすべき役割がないわけではないし、教育の場において取り組まれるべきことはある。障害のある子どもの社会的不利を軽減していくために、教育のあり方を問わなければならない。

考えるべきことの一つは、家庭の経済状況を理由とする教育機会の制約をなくしていくことだろう。丸山ら（2014）は、中学校から特別支援学校高等部に進学する子どもについて、家庭の経済的困難がその進路選択に影響している例があることを示している。子どもが高等学校に通うと保護者が負担する費用が相対的に高くなるために、経済的理由で特別支援学校高等部に進学することになる子どもがいるのである。

特別支援学校高等部の教育が高等学校等の教育に劣るということではないが、子どもの生活や発達にとっての望ましさではなく、経済的理由によって子どもの教育の場が決められてしまうことは問題である▼6。

障害のある子どもの乳幼児期においても、経済的理由による教育機会の制約は起こり得る。障害のある子どもの場合、幼稚園や保育所とは別に児童発達支援事業所等に通って専門的な療育を受けることが少なくないが、そのためには保護者の付き添いが必要になることが多い。また、親子通園（母子通園）ではなく、子どもだけが療育施設で過ごす形態であっても、その時間の長さは保育所に比べて短いのが一般的である。そのため、子どもを療育に通わせようとすると、保護者の就労が困難になる（丸山 2011b）。逆に言えば、保護者が就労しようとすると、保護者が子どもの療育を断念することになりかねない。実際に、岡田（2013）は、「療育を受けないで保育園に通い、そして就学させる親が増えている」という「ある親の会に所属する方」からの話について、「療育は母（父）子通園が必要なことが多く、共働き家庭ではなかなか参加しにくいということだった」と述べている（50頁）。障害のある子どもが療育に通えない理由は一様ではないものの、経済的理由によって就労の優先を余儀なくされる保護者も少なからずいると考えられる。家庭の状況にかかわらず、子どもに必要な保育・教育・療育が保障されるような仕組みの確立が求められよう。

（2）教員・学校による支援

障害のある子どもと家族が抱える困難の軽減を考えるうえでは、教員・学校による支援も軽視できない。子どもと保護者の困難を認識し、支援の必要性を感じた教員は、実際に様々な支援を行っている。丸山ら（2014）が示すように、特別支援学校においても、教員が衣類や靴などの貸与・提供を行っている例は少なからずあり、諸費用を教員が立て替えている例もある。また、衣服・体操服・エプロン等の洗濯、衣服の修繕、入浴やシャワーの援助、爪切りや散髪、起床の援助、朝食の援助、水筒の洗浄、通院の付き添いなど、多様な支援が教員によって行われている。

そのような支援は、障害のない子どもに対しても行われる場合があるだろうが、障害のある子どもに対してはより広く行われている可能性がある。子どもに障害があり、身のまわりのことをする能力に制約があると、子どもの生活に関して教員に求められる役割が相対的に大きくなると考えられるのである。そのような意味でも、「障害のある子どもの貧困と教育」については、日常の中で教員・学校が行っている支援に着目することが重要になる。

もっとも、教員・学校が応急処置的な支援をしたからといって、障害のある子どもと家族の困難が根本的に解決するわけではない。「子どもの貧困」や、それに関係する諸困難は、多岐にわたる制度的・政策的な対応を軸に解決されなければならないものであろう。しかし、教員・学校による支援は、子どもと家族の困難を軽減し得るものであり、制度・政策に問題がある中でも可能な工夫・対応として大切である。現状において行われている支援は、教員の個人的な努力に依拠するところが大きいが、組織的・社会的な対応のあり方の検討が求められる。また、教員・学校が支援を進めながら、その経験を社会的に共有し、制度的・政策的な対応の必要性や方向性を明らかにしていくことも必要であろう。

なお、そうしたことのためにも重要であるのが、「障害のある子どもの貧困」への教員の気づきである。窪田ら（2014）は、子どもと家族の生活実態についての特別支援学校教員の認識を調査する中で、「教員によって、実態の把握の度合にかなりの幅があること」（37頁）を示している。そして、そうした状況の背景には、教員の「感度」の違いだけでなく、子どもや保護者についての情報の制約があると考えられる（丸山 2017）。家庭に関する情報の収集や共有のあり方を検討しつつ、「障害のある子どもの貧困」への教員の気づきを促進する方策を探究することが課題であろう。

（3）学校の「福祉的機能」の充実

学校がもつ「福祉的機能」を充実させていくことも、障害のある子どもと家族の生活を支えるために必要とされることである。

特別支援学校についていえば、田部（2011）や河合（2015）なども注目しているように、寄宿舎の役割が重要である。特別支援学校（盲学校・聾学校・養護学校）は校区が広く、遠距離からの通学は困難なことがあるため、学校に寄宿舎が設けられてきた。そして、寄宿舎は、「通学困難」に対応するだけでなく、教育的な役割や福祉的な役割を担ってきた。近年、特別支援学校の数が増え、スクールバスによる通学がなされる中で、遠距離を理由とする「通学困難」は減少しているが、「家庭事情」による入舎は増加している（小野川 2013 など）。

一方で、狭義の「通学困難」の減少を背景に、政策的には寄宿舎の統廃合が進められてきている。また、家族との生活や地域社会での生活の重視が、寄宿舎に対する否定的な見方を助長する傾向もみられる（丸山 2018c）。そうした流れは、障害のある子どもと家族が抱える困難の実態からすると、大きな問題をはらんでいる。特別支援学校の寄宿舎がもつ積極的意義について、社会的な共通理解を広げていかなければならない。

また、障害のない子どもの教育にも共通することとしては、学校給食の充実が課題である▼7。小池（2015）は、小学校の特別支援学級に在籍する「貧困が背景にある子どもたち」の事例を報告する中で、

「食事を十分に取っていない児童が目に付き、また極端な偏食となっているケースも多い」（38頁）と述べ、給食の重要性に繰り返し言及している。村山（2018）が示すように、家庭の経済状況によって子どもの食生活には格差が存在するのが現状であるが、学校給食はその格差を縮小させることができる。子どもの生活と発達を支える給食の実施は、学校の大切な役割であろう▼8。

4 母親の就労保障

（1） 母親の就労と学校教育

子どもと家族が抱える困難の軽減と同時に求められるのは、子どもが貧困に陥るリスクを減らすことである。

母親の就労が世帯所得に与える影響を軽視できないことを考えると（室住 2015）、母親の就労と子どもの教育を両立可能なものにしていくことは、「障害のある子どもの貧困」を解決していくうえでも重要な課題だと言えよう。現在の学校のあり方は、障害のある子どもの母親の就労に困難を生じさせることが少なくない。

通学を考えても、一人で登下校することができない子どもについては、保護者が付き添わなければならないことが多い。通学の援助は、障害のある子どもの母親の就労を制約する要因になっている。子どもが特別支援学校にスクールバスで通う場合でも、スクールバスの乗降場所と自宅の間の送迎が求められるため、スクールバスの送迎時間が母親の就労を左右してしまう（小木曽 2014 など）。そして、医療的ケアを必要とする特別支援学校在籍児については、スクールバスによる通学が保障されていない中で、保護者が子どもの送迎をしている実態がある（河合 2015）。

また、PTA活動など、学校に関わる保護者の役割も、母親の就労との間に葛藤を引き起こしがちである。就労しながらPTA活動を担うことが母親の負担になることは多く、特別支援学校のPTA会長をしなければならなくなって仕事を辞めた母親の例が語られることもある（丸山 2018b）。一つの学級・学校の在籍児数が少ない特別支援学校においては、PTA活動の中で一人の保護者に求められる役割が大きくなる傾向があると考えられる。また、障害のある子どもにきょうだいがいる場合には、特別支援学校と小学校の両方で保護者がPTA活動に参加するといったことがある。そして、保護者・母親の役割が増えることは、母親の就労を制約する可能性がある。PTA活動などを縮小させることが望ましい解決策だとは限らないが、そうした問題に目を向けることは必要であろう。

保護者が多くの役割を担うことを前提にした学校教育のあり方については、見直しが求められる。

（2）母親の就労と「社会教育」

障害のある子どもの母親の就労にとっては、学校教育以外の教育的活動も重要である。制度的には社会福祉の領域に区分されるものを含め、そうした「社会教育」は、障害のある子どもたちの生活と発達に寄与するだけでなく、保護者の就労を支える役割をもつ。

代表的なものの一つは、小学生を主な対象とする学童保育（放課後児童クラブ）である。近年、学童保育に通う障害のある子どもは急速に増え続けている。厚生労働省（2017）によれば、2017年5月には3万6493人の障害のある子どもが学童保育に通っているとされ、その人数は全登録児童数の3・1％

である。ただし、学童保育において障害のある子どもを受けとめるための条件整備は未だ十分ではなく、障害のある子どもの学童保育への参加が保障されているとは言えない。また、特別支援学校に在籍する子どもの学童保育への参加はあまり進んでいない疑いがあり、従来であれば「障害児」とみなされなかったような子どもが「障害児」と認定されるようになったことが障害のある子どもの登録児童数を引き上げている可能性が高い（丸山 2013）。障害のある子どもの学童保育への受け入れと、そのための条件整備は、さらに進められなければならない。

また、障害のある子どもの放課後・休日のための事業としては、放課後等デイサービスが重要である。放課後等デイサービスは、児童福祉法に基づくものであり、小学校・中学校・高等学校や特別支援学校などに就学している障害のある子どもを対象にしている。2012年に制度が発足して以降、全国的に事業所が急増してきた。2018年4月の時点で、事業所数は1万2000か所を超えており、放課後等デイサービスに通う子どもの人数は約19万4000人に及んでいる。しかし、厚生労働省は、「家族の就労支援」としての放課後等デイサービスの活用を排除するような通知を2016年に出し、国の費用支出の抑制を図っている（丸山 2018a）。また、放課後等デイサービスの目的としては「訓練」が制度的に強調されていることなどを背景に、保護者の就労保障という役割を放課後等デイサービスに認めようとしない事業所の存在が目立つようになっている（丸山 2015）。そうした動向は、「障害のある子どもの貧困」という観点からみても、懸念されるものである。放課後等デイサービスが保護者の就労を支えなければ、重い障害のある子どもの母親が就労することは非常に困難になってしまう。保護者の就労保障を放課後等デイサービスの役割として明確に位置づけ、その役割を十分に担い得るものとして放課後等デイサービスを発展させていくことが必要であろう。

（3）母親の就労保障をめぐる問題

障害のある子どもの母親の就労にとって、学校教育のあり方や「社会教育」の整備状況は重要な意味をもつ。しかし、それらだけに関心を集中させるべきではない。正規雇用で就労しようとすると長時間労働を求められてしまうことなど、雇用をめぐる諸問題の存在を忘れてはならない。また、父親ではなく母親が子どものケアを主に担うことが多い現状に対しても、批判の目を向ける必要がある。

そして、母親の就労を単純に推し進めることの問題性にも注意しなければならない。子育てをしている親が就労することは、子どもと家族の生活から時間的余裕を奪うかもしれない。また、就労しない生活を選ぼうとする親の思いや、子育てに多くの力を注ごうとする親の思いも、尊重されるべきものである。「障害のある子どもを育てていても働ける」という社会が求められるのであって、「障害のある子どもを育てていても働け」と迫る社会が求められているわけではない。

母親の就労を肯定するだけでは、劣悪な雇用のもとでの就労を母親に強いることになりかねない。非正規雇用で働く女性が多いこと、非正規雇用における賃金の水準が低いことなどは、意識を向けておくべき問題である。共働き世帯においても「子どもの貧困」が少なくない現実も、認識しておく必要がある（室住 2015）。

ただし、そうしたことは、子どもに障害があることで母親の就労が制約される事態を容認する理由にはならない。重要なことは、母親の就労をめぐる多様な問題や課題を見落とすことなく、広い視野をもちながら母親の就労保障を追求していくことであろう。

おわりに

障害児者と家族の諸困難の背景には、家族依存の問題がある。親をはじめとする家族が多くの役割を担わなければ、障害児者の暮らしが成り立ちにくい状況が存在するのである。障害のある子どもの教育に関しても、費用負担だけでなく、通学の援助や学校への協力など、様々な役割が家族に期待されがちである。そのため、貧困等によって家族が困難を抱えると、子どもの教育が保障されにくくなる。また、家族が子どもの教育を保障しようとすると、母親の就労や生活が制約されかねない。こうした家族依存の状況は、克服されるべきものであろう。

しかし、日本における政策の流れは、家族依存からの脱却に逆行している。2012年に民主党政権のもとで成立した社会保障制度改革推進法は、「自助・共助」を重視し、「家族相互及び国民相互の助け合い」を制度改革の基本に位置づけるものになっている。また、2006年に「改正」された教育基本法は、「父母その他の保護者は、子の教育について第一義的責任を有する」という文言を含んでおり▼9、家庭の責任を重視する政策につながっている（木村 2017 など）。そして、自民党が2012年に発表した日本国憲法改憲草案は、「家族は、互いに助け合わなければならない」という内容を憲法に加えようとするものであり、家族依存を強化する政策の流れを象徴している。

障害のある子どもと家族の困難を解消していくためには、そうした流れの転換が必要である。「障害のある子どもの貧困と教育」についても、一つひとつの具体的な課題に取り組むことと合わせて、家族依存の構造を批判的に問い直すことが求められる。

注

1　このことについて、山野（2008）、菅原（2016）、パットナム（2017）は、米国における研究の知見をまとめている。

2　障害のある子どものケアに関係して、父親の就労が制約されることもある。しかし、現在の日本において、障害のある子どものケアを中心的に担っているのは多くの場合に母親であり、そのケアに関係して就労が大幅に制約されやすいのは母親である。そのため、本章では、父親や「保護者」ではなく、母親の就労に焦点を当てる。

3　「特別支援教育について、特別支援教育就学奨励費等を通じて、障害のある児童生徒等への支援の充実を図る」とは書かれているが、それは従来からの施策が記されているにすぎない。

4　教育を貧困対策の軸とすること自体に問題性があるが、教育に傾斜した貧困対策の「もっともらしさ」は、障害のある子どもをほとんど視野に入れないことによって保たれているのかもしれない。

5　企業等において就労したからといって、障害のある人が貧困を免れることができるとは限らない現実も、忘れられてはならない。

6　内閣府が公表している「平成28年度子供の貧困の状況と子供の貧困対策の実施状況」の「高等学校等進学率」の欄において、特別支援学校高等部への進学率をみると、「全世帯」では1・9％であるのに対し、「生活保護世帯」では7・2％に及んでいる。このような実態が生じる理由は明らかではないが、まずは実態を認識し、背景にある問題を探る必要がある。

7　ただし、学校給食が保護者の費用負担に結びつくことは問題であり、学校給食の無料化が追求されなければならない（鳫 2016）。

8　学童保育や放課後等デイサービスの中での給食の実施も、今後において検討されるべきであろう。数少ないとはいえ、学校の夏休みに学童保育で給食を実施している例はある（鳫 2018）。

9　2016年には児童福祉法が「改正」され、「児童の保護者は、児童を心身ともに健やかに育成することについて第一義的責任を負う」という規定が加えられている。

引用・参考文献

阿部彩（2014）『子どもの貧困Ⅱ――解決策を考える』岩波新書

江尻桂子（2014）「障害児の母親における就労の現状と課題――国内外の研究動向と展望」『特殊教育学研究』第51巻第5号、431～440頁

藤原里佐（2009）「障害児とその家族の貧困」子どもの貧困白書編集委員会編『子どもの貧困白書』明石書店、144～146頁

藤原里佐（2010）「障害児者の貧困をどうとらえるか――重なり合う困難という視点から」『貧困研究』vol.5、明石書店、69～77頁

鳫咲子（2016）『給食費未納――子どもの貧困と食生活格差』光文社新書

鳫咲子（2108）「学校給食と子どもの貧困」阿部彩・村山伸子・可知悠子・鳫咲子編著『子どもの貧困と食格差――お腹いっぱい食べさせたい』大月書店、89～119頁

ヘックマン、ジェームズ・J（2015）『幼児教育の経済学』古草秀子訳、東洋経済新報社

岩重佳治（2011）「現地調査から学ぶイギリスの子どもの貧困対策」、「なくそう！子どもの貧困」全国ネットワーク編『イギリスに学ぶ子どもの貧困解決』かもがわ出版、11～35頁

河合隆平（2015）「障害のある子どもの生活・養育困難と特別支援学校の教育・福祉的機能」『障害者問題研究』第42巻第4号、2～9頁

木村涼子（2017）『家庭教育は誰のもの？――家庭教育支援法はなぜ問題か』岩波ブックレット

小林庸平（2016）「貧困対策で子どもはどう変わるのか」日本財団子どもの貧困対策チーム『徹底調査 子供の貧困が日本を滅ぼす――社会的損失40兆円の衝撃』文春新書、149～182頁

小池えり子（2015）「小学校特別支援学級で困難をかかえる家庭と向き合う」『障害者問題研究』第42巻第4号、34～39頁

厚生労働省（2017）「平成29年（２０１７年）放課後児童健全育成事業（放課後児童クラブ）の実施状況」

窪田知子・丸山啓史・河合隆平・田中智子・越野和之（2014）「障害児家族の生活・養育困難に対する教員の認識――特別支援学校教員へのインタビュー調査から」『滋賀大学教育学部紀要：教育科学』第63号、31～38頁

丸山啓史（2011a）「障害児を育てる母親の就労に影響を与える要因」『京都教育大学紀要』No.118、81～90頁

丸山啓史（2011b）「障害のある乳幼児を育てる母親の就労をめぐる問題――母親へのインタビュー調査から」『障害

者問題研究』第39巻第3号、192～199頁
丸山啓史（2013）「学童保育における障害児の受け入れの実態――大阪府および京都府の市町村対象調査から」『SNEジャーナル』第19巻、93～108頁
丸山啓史（2015）「障害児の放課後等デイサービス事業所における保護者の就労支援の位置づけ」『京都教育大学紀要』No.127、77～91頁
丸山啓史（2016）『私たちと発達保障――実践、生活、学びのために』全障研出版部
丸山啓史（2017）「『障害のある子どもの貧困と学校教育』をめぐる研究の課題」『SNEジャーナル』第23巻、40～52頁
丸山啓史（2018a）「障害者福祉と学校教育の連携――放課後等デイサービスに焦点を当てて」『社会保障研究』第2巻第4号、512～524頁
丸山啓史（2018b）「障害のある子どもの母親の就労と学校に関わる保護者の役割との葛藤」『特別支援教育臨床実践センター年報』第7号、19～29頁
丸山啓史（2018c）「障害児の学校教育――動向と課題」『総合リハビリテーション』第46巻第4号、313～317頁
丸山啓史・窪田知子・河合隆平・越野和之・田中智子（2014）「障害児家族の生活・養育困難と特別支援学校教員の対応」『京都教育大学紀要』No.124、29～44頁
三浦まり編（2018）『社会への投資――〈個人〉を支える〈つながり〉を築く』岩波書店
村山伸子（2018）「子どもの食格差と栄養」阿部彩・村山伸子・可知悠子・鳫咲子編著『子どもの貧困と食格差――お腹いっぱい食べさせたい』大月書店、27～48頁
室住眞麻子（2015）「子どもの貧困と母親の就業」埋橋孝文・矢野裕俊編著『子どもの貧困／不利／困難を考えるI――理論的アプローチと各国の取組み』ミネルヴァ書房、143～165頁
中村強士（2017）「乳幼児期の貧困とソーシャルワーク」末冨芳編著『子どもの貧困対策と教育支援――より良い政策・連携・協働のために』明石書店、39～63頁
小木曽由佳（2014）「知的障害児の母親のワーク・ライフ・バランス――就労継続の分岐点と活用資源」『女性労働研究』58号、154～169頁
岡田徹也（2013）「特別支援学校と放課後活動の地域連携――語りあうなかで見えてくる子どもの願い」『障害者問題研究』第41巻第2号、48～53頁

小野川文子（2013）「特別支援学校の寄宿舎教育に関する研究の動向と課題」『特殊教育学研究』第50巻第5号、451〜461頁
パットナム、ロバート・D（2017）『われらの子ども――米国における機会格差の拡大』柴内康文訳、創元社
菅原ますみ（2016）「子どもの発達と貧困――低所得層の家族・生育環境と子どもへの影響」秋田喜代美・小西祐馬・菅原ますみ編著『貧困と保育――社会と福祉につなぎ、希望をつむぐ』かもがわ出版、195〜220頁
田部知江子（2011）「障がいのある子どもたち」日本弁護士連合会編『日弁連 子どもの貧困レポート――弁護士が歩いて書いた報告書』明石書店、130〜133頁
山野良一（2008）『子どもの最貧国・日本――学力・心身・社会におよぶ諸影響』光文社新書
湯澤直美（2017）「子どもの貧困対策の行方と家族主義の克服」松本伊智朗編『「子どもの貧困」を問いなおす――家族・ジェンダーの視点から』法律文化社、11〜34頁

第4章

外国につながる子どもの貧困と教育

…新藤 慶

はじめに

本章に与えられたテーマは、「外国につながる子どもの貧困と教育」である。ここでは、基本的には、「外国籍の子ども」を対象とする。しかし、「外国籍の子ども」に関わって論じられる問題は、「外国籍の子ども」だけが抱えるわけではない。たとえば、文部科学省が全国の公立小学校・中学校・高等学校・義務教育学校・中等教育学校・特別支援学校を対象に行っている「日本語指導が必要な児童生徒の受入状況等に関する調査」をみると、2016年度のデータで、「日本語指導が必要な外国籍の児童生徒数」は3万4335人であるが、「日本語指導が必要な日本国籍の児童生徒数」も9612人と公表されている。「日本語指導が必要な日本国籍の児童生徒」について同調査では、「帰国児童生徒のほかに日本国籍を含む重国籍の場合や、保護者の国際結婚により家庭内言語が日本語以外である者なども含まれる」▼1と説明している。このように日本国籍ではあっても、言語・文化的な面で外国へのつながりをもち、学校教育や日常生活の面で不利益を被る子どもたちも含めて「外国につながる子ども」と総称するようになっている。この意味で、本章では「外国につながる子ども」を表題に掲げた。

さらに、ここで指摘した「日本国籍だが日本語指導が必要な外国につながる子ども」のほかに、「外国籍だが日本語指導が不要な外国につながる子ども」の存在も見落とせない。その代表的な存在は、「オールドカマー」と称される、戦中から戦後まもなくの時期から、現在の日本の領土に暮らす韓国籍・朝鮮籍の人々の流れを汲む子どもである▼2。かれらの大半は日本生まれ、日本育ちであり、日本語が第一言語となっている。「外国籍＝日本語が不得手」という捉え方には収まらない、こうした「外国につながる子ども」の存在も認識しておく必要がある。

また、本書で対象とする「教育」の領域には、一条校以外のものも含まれうる。本章の関心にひきつければ、朝鮮学校やブラジル人学校など、特定のエスニシティをもつ子どもを主な教育対象としている「外国人学校」や「エスニック・スクール」などと呼ばれる学校がある。これらの学校の中には、「各種学校」（学校教育法第134条）としての認可を受けているところもある。ただし、各種学校としての認可を受けていても、一条校に比べた場合の財政的な支援は乏しい。さらに、各種学校としての認可を受けていない学校は、学習塾などと同じ扱いになり、公的な支援はまったく受けていない。さらには、「学校」という形態をとっていないが、地域の集会所等で、日本語教室や学習相談などを行うＮＰＯなどの活動もある。

さて、「外国につながる子どもの貧困と教育」を扱った研究は、まだまだ途上の段階である。この中には、先行研究や各種調査から制度的・社会的な問題を指摘するもの（宮島 2013; 田中 2017; 山野 2017）や、学校か学校以外かを問わず、教育支援の現場から問題を提起するもの（野元 2009; 小倉 2016; 鈴木・原 2015; 髙橋 2017）などがある。しかし、これらの研究は「外国につながる子どもの貧困」をテーマとしながらも、「外国」「子ども」「貧困」の3つの要素のうち、2つしか取り上げられていないことがほとんどである。つまり、「外国につながる子ども」の問題か「子どもの貧困」の問題、あるいは「外国人の貧困」の問題としての議論にとどまっているということである。

このことは、日本に限ったことではない。アメリカの経済学者であるＧ・Ｊ・ボルハス（G.J.Borjas）も、「その国の子どもと移民の子どもの貧困の違いについては、ほとんど研究されてこなかった」と指摘している（Borjas 2011: 248）。つまり、「外国につながる子どもの貧困」は、「子どもの貧困」一般の枠組で捉えられてきたと言える。その大きな理由として、「外国につながる子どもの貧困」の実態把握があまり進んでいないことがある。

そこで本章では、日本でも比較的データの蓄積があるブラジル国籍の子どもの貧困を確認した後、そのほかの国籍の子どもも含めて外国につながる子どもの貧困の状況をおさえる。さらに、アメリカの研究から外国につながる子どもの貧困の実態や社会への適応状況を把握し、外国につながる子どもの貧困と教育において今後検討すべき課題を提示したい。

1　日本に暮らすブラジル国籍の子どもの貧困状況

(1) ブラジル国籍の子どもの貧困状況

日本における外国につながる子どもの貧困の実態を把握できるデータは、ほとんどないのが実情である。その中でブラジル国籍を中心とするいわゆるニューカマーについては、いくつかのデータが紹介されている。

山野良一は、2007年に静岡県の外国人住民に対して実施された調査のデータを分析している。そこでは、税込の世帯年収の中央値は300万円に近いこと、回答者の約7割は子どもまたは孫がいて平均世帯人数は約3・4人であること、2007年の国民生活基礎調査における一人あたりの貧困ライン（税込127万円）をもとに3・4人の貧困ラインを算出すると270万円となること、これと世帯年収中央値が300万円付近であることを考えると半数かそれに近い割合の外国人の子どもが貧困状況にあると推算できること、が指摘されている（山野 2017: 82）。また、宮島喬は、やはり静岡県の外国人を対象に2009年に行われた調査から、世帯年収の中央値を270万円程度、相対的貧困率を35％程度と推計し

表１　公立学校のブラジル人児童生徒の保護者の世帯年収

	200万円未満	200万円〜	400万円〜	600万円〜	800万円〜	N（人）	平均（万円）
大泉	16.7	62.5	16.7	4.2	−	24	317.1
豊橋	22.5	56.2	20.2	1.1	−	89	299.8
浜松	24.4	48.7	24.4	1.3	1.3	78	313.3
合計	22.5	53.9	21.5	1.6	0.5	191	307.4

p =.805　注：1）不明・無回答を除く。　2）単位＝%。　出所：新藤・菅原（2009: 22）より引用。

ている（宮島 2013: 8-9）。

一方、筆者らが、１９９９〜２００７年にかけて、群馬県大泉町・愛知県豊橋市・静岡県浜松市の公立小中学校に子どもを通わせるブラジル国籍とペルー国籍の保護者を対象に行った調査では、表1の通り、やはり平均世帯年収は約３００万円となっていた。また、２０１６年に筆者らが行った調査で群馬県大泉町の公立小中学校に子どもを通わせるブラジル国籍の保護者13人から得られたデータでは、平均年収は税込３４６・２万円となっている。先行調査のデータに比べれば若干高くなってはいるが、約8割が共働き家庭であることを考えれば、かなり厳しい経済水準だと言える。

（2）ブラジル人学校・不就学とブラジル国籍の子どもの貧困

ブラジル国籍の子どもに関わってくる問題として、ブラジル人学校の問題がある。ブラジル人学校などの外国人学校は、特定のエスニシティをもつ子どもの教育を中心とした学校で、その国の教育制度に則ってカリキュラム編成がなされていることが多い。

ブラジル人学校については、２０１３年時点で72校存在（山ノ内 2014: 45）し、そのうち39校がブラジル教育省の認可校となっている▼3。ブラジルでは日本と同じ9年間の義務教育制度を設けているが、義務教育期間中にも留年制度を設けている。そのため、日本の学校に通っても、ブラジル帰国後に年齢相当の学年に配属されるとは限らない。しかし、ブラジル教育省認可校に通えば、ブラジルへの帰国後も連続して学校教育を受けられる可能性が高まる▼4。

ブラジル教育省認可校のうち12校が各種学校となっているが（志水 2014a: 12）、これら以外のブラジル人学校は学習塾と同じ扱いで、公的な補助金は存在しない。また、ブラジル教育省の認可校であったとしても、カリキュラム上の接続があるだけで、ブラジル政府から公的な補助金が受けられるわけではない。そのため、学校の運営費は子どもの授業料が基本となる。その結果、ブラジル人学校の授業料は、一人あたり月2～4万円程度となっている▼5。さらに、昼の弁当代や、登下校のスクールバス代などが加わることもある（濱田・菊地 2009: 37-8）。

さらに、不就学の問題もある。文科省が２００６年に全国のブラジル人集住地域12か所で行った外国籍児童生徒の不就学実態調査では、公立学校に通う者が60・９％、ブラジル人学校に通う者が20・５％、不就学は１・１％で、残りは帰国・転居などであった▼6。不就学により教育の機会を得られない場合は、将来の貧困を招く恐れがある。その根本には、文部科学省が日本国憲法第26条の規定をもって外国籍の子どもには義務教育が適用されないとの判断を示していることがある。ただし、子どもの権利条約や国際人権規約ではすべての子どもに対する義務的な初等教育の機会の保障を求めており、早急な対応が求められる。

ただし、不就学の確認は、もともとその地域に居住していることを行政が把握している者に限定される。自治体に届け出ずに別の地域から転入した場合、転入先の自治体はそういった外国籍の子どもがいることを把握できない。その部分も見積もると、ブラジル国籍の学齢期の子どもの約1割が不就学状況にあるとの推計もある（坂本ほか 2014）。看過できない問題である。

また、ブラジル国籍の子どもの2割程度はブラジル人学校に通っているが、ブラジル人学校の費用は、ブラジル国籍の家庭にとって余裕のあるものとは言えない。濱田・菊地（2010）は、２００１〜２００８年にかけて群馬県・静岡県・愛知県のブラジル人学校10校を対象とした調査から、保護者の世帯年収についてデータをまとめている。平均世帯年収をみると、２００６年調査は３３６・66万円、２００８年調査は３４０・72万円だと報告している（濱田・菊地 2010: 65）。２００１年調査については平均世帯年収が算出されていないが、便宜的に各カテゴリーの中央値をもとに計算してみると▼7、３１１・４万円となる。２０１０年の国勢調査のデータに基づくと、ブラジル国籍の母をもつ子どものうち、母子世帯に暮らす者は全体の６・７％、ブラジル国籍の父をもつ子どものうち、父子世帯に暮らす者は全体の０・７％にとどまっている（高谷ほか 2015: 41）。そのため、ひとり親世帯は限られており、大半は両親が働いた結果としての世帯年収だと捉えられる。つまり、前項でみた公立学校の保護者と所得水準はほとんど変わらず、所得が多いから私立のブラジル人学校に通わせているということでは決してない。ブラジル人学校に子どもを通わせることは、ブラジル国籍の世帯にとって大きな負担となっている。

こうして、日本とブラジルとの間の教育制度の不連続性と、ブラジル人学校という教育機関に対する日伯双方の公的な支援の不十分さとが、ブラジル人学校に通う子どもや不就学状況に置かれた子どもに、新たな貧困状況をもたらす可能性がある。

2　日本に暮らす外国につながる子ども全体の貧困状況

それでは、他のエスニシティの子どもの貧困状況はどうなっているのだろうか。まず、日本に暮らす外国につながる子ども（18歳未満）の数をみると、**表2**に示したとおりである▼8。もっとも多いのは「中国」で全体の30・6％であり、以下、「ブラジル」（15・7％）、「韓国・朝鮮」（15・2％）、「フィリピン」（11・7％）と続く。韓国・朝鮮はすべての世代をあわせた全在留者数の比率（22・0％）からすると子どもの割合はやや少なく、逆にブラジルは、かなり子どもの割合が多い（全在留者に占めるブラジル国籍者の比率は7・8％）ことがうかがえる。

このことをふまえ、ここでは生活保護受給世帯の状況をみてみる。生活保護の「被保護者調査」では、生活保護受給世帯に暮らす外国人の子どもの数は公表されていない。そこで、次善の策として、世帯類型別のデータのうち、確実に子どもが存在する「母子」に限ってその状況を確認する▼9。

まず、2015年度の外国籍生活保護受給世帯のうち、母子世帯は7022世帯となっており、全体（4万4965世帯）の約15・6％となっている。この年度の全生活保護受給世帯（160万2551世帯）のうち、母子世帯は9万9726世帯であったことから、全体では母子世帯の割合は約6・2％である。つまり、外国籍生活保護受給世帯では、母子世帯の割合が高く、外国籍家庭では、母子世帯になることが貧困につながりやすいことを示している▼10。

表２　国籍別にみた18歳未満の外国人数（2015年）

国籍	総数	韓国・朝鮮	中国	フィリピン	ベトナム	カンボジア	アメリカ合衆国	ブラジル	ブラジル以外の中南米	その他
人数（人）	232,913	35,451	71,157	27,350	7,996	468	4,416	36,495	13,340	36,276
割合（%）	100.0	15.2	30.6	11.7	3.4	0.2	1.9	15.7	5.7	15.6

出所：法務省「在留外国人統計（2015年12月末）」より作成。

表３　世帯主の国籍別にみた外国籍生活保護受給母子世帯に暮らす18歳未満の子どもの数（推計）

国籍	総数	韓国・朝鮮	中国	フィリピン	ベトナム	カンボジア	アメリカ合衆国	ブラジル	ブラジル以外の中南米	その他
人数（人）	11,465	2,076	1,010	5,664	359	28	32	678	527	1,046
割合（%）	100.0	18.1	8.8	49.4	3.1	0.2	0.3	5.9	5.0	9.1
表２の人数に占める割合（%）	4.9	5.9	1.4	20.7	4.5	6.0	0.7	1.9	4.3	2.9

出所：厚生労働省「平成27年度　被保護者調査」より作成。

さらに、「被保護者調査」では、これらの母子世帯が何人の世帯を形成しているかを「2人世帯」～「6人以上世帯」にわけて、その世帯数をまとめている。そこで、「2人世帯」には「1人の子ども」、「3人世帯」には「2人の子ども」……、「6人以上世帯」には「5人の子ども」がいると仮定して、これらの生活保護受給母子世帯に暮らす子ども（18歳未満）の人数を推計したものが**表3**である。これをみると、約1万1500人の外国籍の子どもが、生活保護受給母子世帯に暮らしていることがわかる。

そこで、**表3**では、**表2**に掲げた子どもの数を分母として、こうした生活保護受給母子世帯に暮らしている子どもの割合に近似する値を算出した。これをみると、全体では少なくとも4・9％の外国籍の子どもが生活保護受給母子世帯で生

表4　母親の国籍別にみた日本人父との間に暮らす子ども数と、その国籍の母親のもとで暮らす子どもに占める割合（2010年国勢調査）

国籍	総数	韓国・朝鮮	中国	フィリピン	ベトナム	タイ	アメリカ合衆国	ブラジル	ペルー	その他
その国籍の母親と日本人父の元で暮らす子ども数（人）	214,658	34,403	48,468	80,766	11,017	1,786	1,779	4,533	1,417	30,487
その国籍の母親と暮らす子どもに占める割合（%）	51.7	39.9	53.4	80.7	28.1	84.2	46.6	11.9	12.1	47.2

注：1）父は全年齢、母は55歳未満。　2）子どもは、ひとり親世帯は20歳未満、それ以外は20歳以上の子どもも含む。　3）被保護者調査にあった「カンボジア」「ブラジル以外の中南米」は掲載がないので、代わりに、髙谷らが掲げている「タイ」と「ペルー」を載せている。
出所：髙谷ほか（2015: 41）より作成。

活していることがわかる。同様の方式で、２０１５年度の生活保護受給母子世帯に暮らす18歳未満の子ども全体を推計すると17万２３９７人となる。２０１５年の国勢調査で18歳未満の子どもの数の総計は１９４９万４０９３人であるので、これを分母とすると、生活保護受給母子世帯に暮らす子どもの割合は０・９％である。これと比べると、外国籍の子どもが生活保護受給母子世帯に暮らす割合は相当高いことがわかる。

加えて、国籍別にみると、フィリピン国籍の子どもは20・7％が生活保護受給母子世帯に暮らしていることとなり、突出して割合が高いことがわかる。

髙谷ほか（2015）では、２０１０年の国勢調査に基づいて、外国籍の親と子どもからなる世帯の状況について分析がなされている。これをもとに作成した**表4**をみると、フィリピン国籍の母のもとで暮らす子どもの80・7％は日本国籍の父となっており、いわゆる国際結婚の家庭が多いことがわかる。このことから、離婚等によって母子世帯になった際に、子どもが深刻な貧困状況に陥りやすいという状況が推測できる。父はそのまま日本社会に溶け込むが、母子は日本社会で生きる術を確保することが難しく、経済的な面での困難を生じることになるのだろう。その点で言えば、被保護者調査にデータがないので詳細は不明だが、タイ国籍の母をもつ子どもの場合、84・2％が日本国籍の父となっていることは無視できない。安定的な家庭が築かれれば問題はないわけだが、家庭の紐帯がほころんでしまうと、タイ国籍の母子の場合も、フィリピン国籍の母子の場合と同様か、それ以上の貧困リスクを抱えるものと想像される。

3　アメリカにおける外国につながる子どもの貧困に関する知見

一方、海外の状況に目を転じると、先のボルハスは、アメリカにおける外国につながる子どもを3種類にわけている。すなわち、「両親のうち一人が移民である子ども」「両親とも移民であり、自身も外国生まれである子ども」、そして「両親は移民であるが、本人はアメリカ生まれである子ども」である。これら少なくとも一人の移民の親をもつ子どもの割合は、1994年には17・5％であったものが、2009年には23・2％まで増加していること、ただしそのうち約8割はアメリカ生まれとなっていることを指摘している。

さらに、1994～2009年のアメリカのデータから、「両親が移民で外国生まれの子ども」の貧困率がもっとも高く約25～45％で推移していること、次に貧困率が高いのは「両親が移民でアメリカ生まれの子ども」で、その割合が20％台前半から30％台前半で推移していること、これは「アメリカ生まれの両

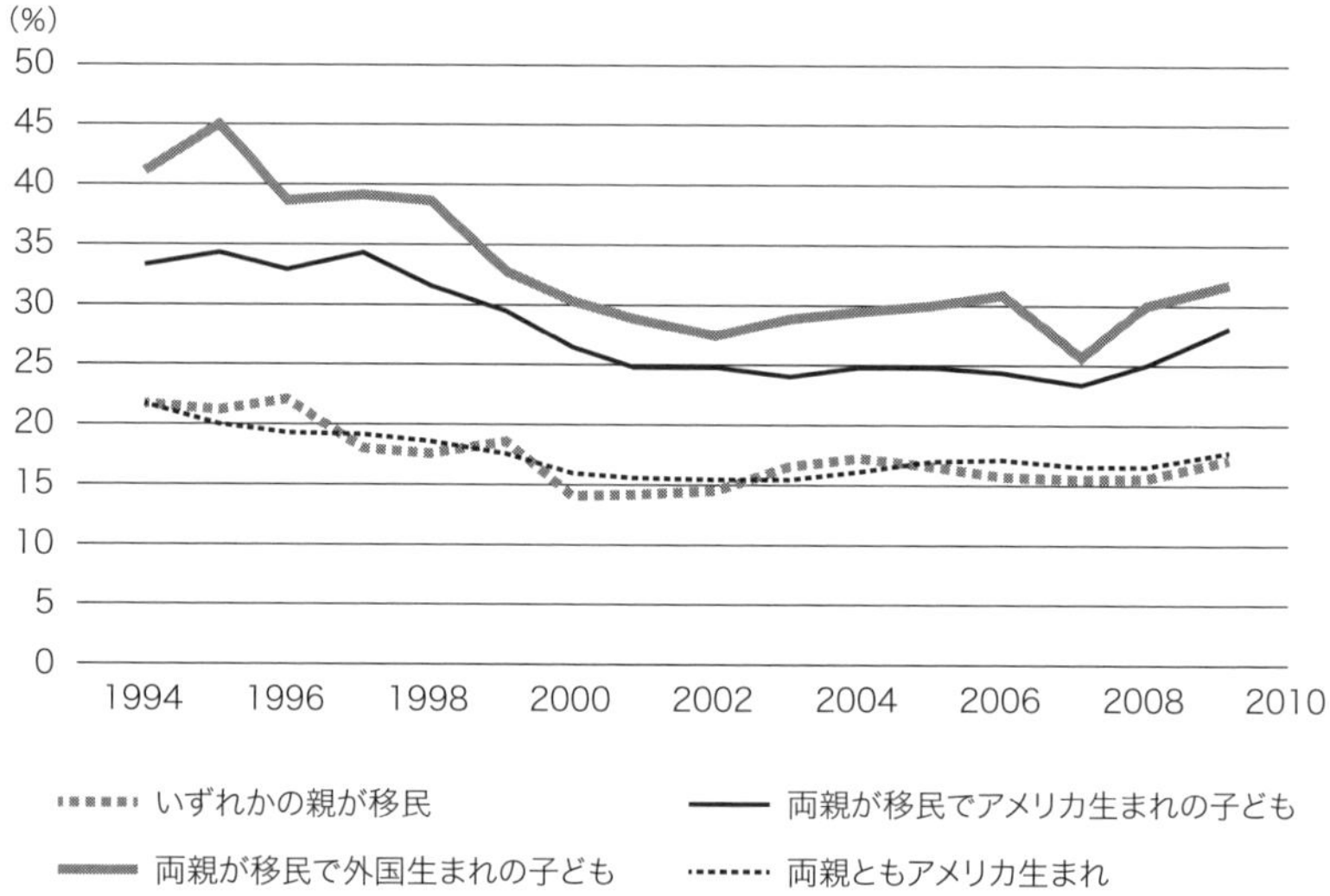

図1　アメリカの子どもの貧困率の推移（1994～2009年）

出所：Borjas（2011: 251）より引用。

親のもとで暮らす子ども」の貧困率と10～20ポイント程度の開きがあることを指摘している（図1）。また、イギリス・スコットランドの2002～2005年のデータでは、白人家庭の子どもの貧困率は推定24％であるのに対し、エスニック・マイノリティの家庭の子どもの貧困率は推定42％だったと報告されている（Forbes and Sime 2016: 4）。

ただし、ボルハスが注意を促すように、「いずれかの親が移民」（Mixed parents）という場合は、「両親ともアメリカ生まれ」（Native parents）である場合と、貧困率はほとんど変わっていない。外国につながる子どもの貧困を考える場合、「外国人の親が1人なのか2人なのか」「本人がその国の生まれなのかどうか」という点に着目することが重要だと言える。

このことを日本の状況に敷衍《ふえん》すれば、前節でみたフィリピン国籍の母やタイ国籍の母の家庭など、日本国籍の父と外国籍の母の家庭であれ

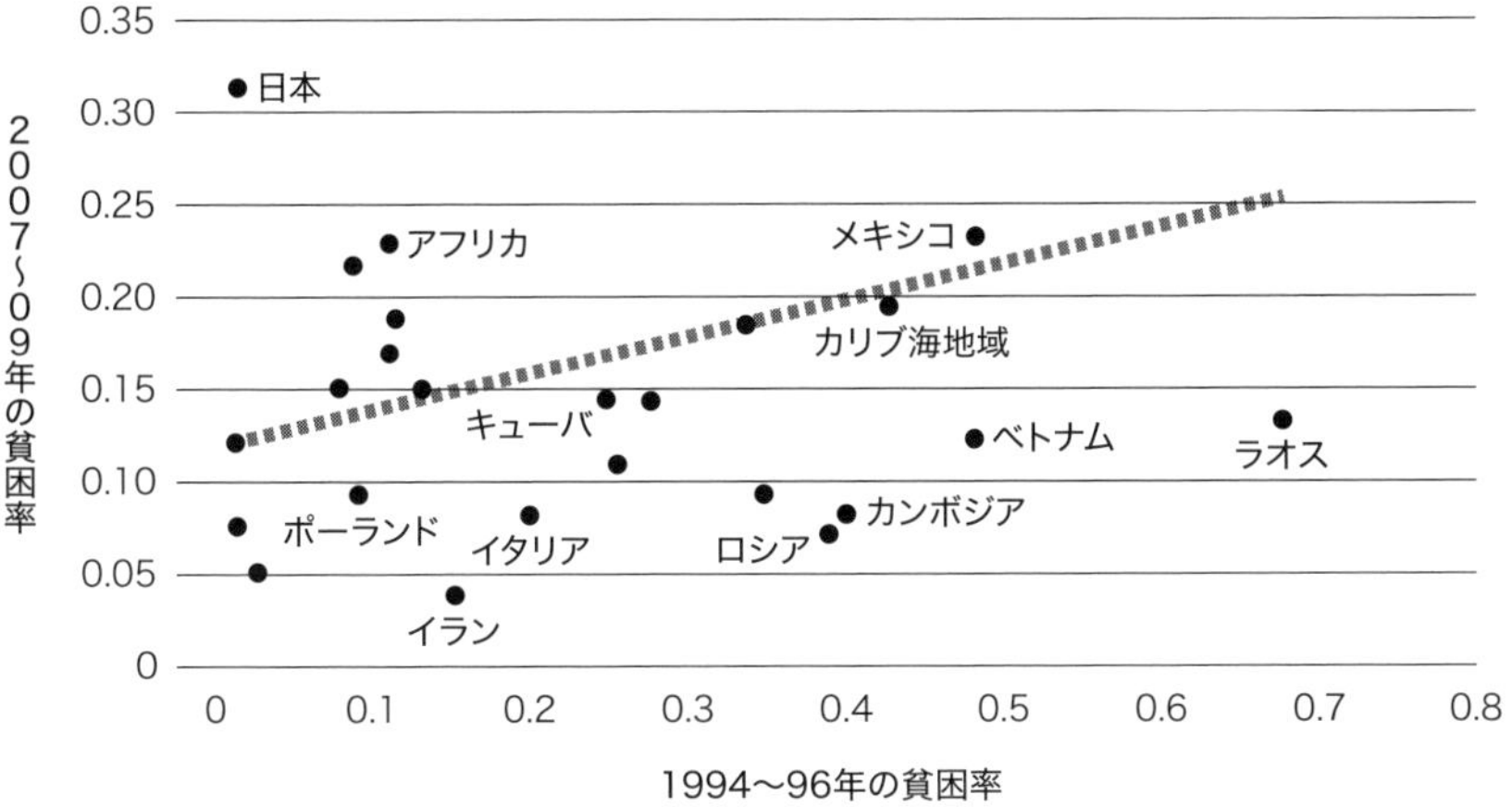

図２　親の出身国別にみたアメリカに暮らす外国につながる子どもの貧困率の状況

出所：Borjas（2011: 262）より引用。

ば比較的経済的には余裕があるが、母子世帯になってしまった場合に、生活水準の落差が非常に大きくなる可能性が指摘できる。外国籍の母と子による母子世帯の場合、母親の就労の面での困難などから、日本国籍の母子家庭より過酷な貧困状況に置かれやすいことは、外国につながる子どもの貧困の問題として捉えられる。

さらに、外国につながる子どもが、どの国につながっているかというエスニシティの問題も指摘されている。**図2**は、親の出身国別にみたアメリカに暮らす外国につながる子どもの貧困率をみたものである。特にここでは、１９９４～96年に５～15歳だった子どもの貧困率が、２００７～09年に18～28歳になった際の若者の貧困率とどう関連しているかが示されている。**図2**の回帰直線は右肩上がりになっており、１９９４～96年時点の貧困率が、２００７～09年の貧困率と正の相関をなしていることがわかる。つまり、どの国につながっているかということによる移民の子どもの家庭における経済的な不利益は、成人してからも、自身の経済的な不利益として再生産されるということである。

このように、外国につながる子どもの貧困をみる場合、その状況には「どの国とつながっているか」というエスニシティの違いがあること、さらにその貧困が再生産されることを認識しておく必要がある。

加えてボルハスは、図1と同じ1994〜2009年のデータを用いて、外国につながる子どもたちの貧困率（%）の差をみている。そこでは、「両親ともアメリカ生まれである子ども」に比べ、「両親のうち一人が移民である子ども」はむしろ貧困率が0・1ポイント低いのに対し、「両親は移民であるが、本人はアメリカ生まれである子ども」では貧困率が10・3ポイント高く、「両親とも移民であり、自身も外国生まれである子ども」では貧困率が15・4ポイント高くなっていることが示されている。

ただし、世帯主の学歴を統制し、世帯主の学歴の効果を除去すると、「両親ともアメリカ人である子ども」に比べた外国につながる子どもの貧困率は、それぞれ「両親のうち一人が移民である子ども」で0・4ポイント増、「両親は移民であるが、本人はアメリカ生まれである子ども」で4・5ポイント増、「両親とも移民であり、自身も外国生まれである子ども」で10・3ポイント増となっている（Borjas 2011: 260）。「両親のうち一人が移民である子ども」の場合はほとんど変化がないが、「両親は移民であるが、本人はアメリカ生まれである子ども」と「両親とも移民であり、自身も外国生まれである子ども」では、それぞれ貧困率の上回り方が、世帯主の学歴を統制しない場合に比べて、およそ3分の2から2分の1へと減少している。このことから、ボルハスは「要するにこのデータは、移民の子どもとそうでない子どもの家庭における人的資本の差が、移民の子どもが経験する不利益の大部分を占めていることを明確に示している」（Borjas 2011: 261）とする。つまり、親の学歴といった「人的資本」の面で不利な状況にあるということも、外国につながる子どもの貧困を招くことにつながっていることを明らかにしている。

4　エスニシティによる移民社会への適応状況の差異と社会関係資本の可能性

ただし、このように議論を進めると、結局はいわゆる「貧困の再生産」の議論に帰着し、「外国につながる子どもはそういう貧困の再生産に陥りやすい」ということになる。もちろん、そういう側面は看過できない。しかし、前節のボルハスのデータでも、世帯主の学歴の影響を除去すれば貧困率の差は小さくなるとはいえ、それでも「両親は移民であるが、本人はアメリカ生まれである子ども」や「両親とも移民であり、自身も外国生まれである子ども」の貧困率は依然として高い状況にはある。ここには、「外国につながる子ども」であるがゆえの独自の困難が存在していると捉えられる。

この点で、貧困に特化してはいないが、アメリカの移民第二世代に関する重厚な研究をまとめているA・ポルテスとR・ルンバウトの議論（Portes and Rumbaut 2001=2014）が参考になる。この議論の中でポルテスとルンバウトは、「どの移民グループに属するか」によって、アメリカ社会への適応のあり方が異なるとしている。その際にポルテスとルンバウトは、人的資本と編入様式に着目する。人的資本については、「学歴、仕事の経験、言語能力などの形で移民が持ち込むスキル」（Portes and Rumbaut 2001=2014: 101）と説明される。また編入様式については、政府の移民受け入れ政策、移民に対する一般社会の姿勢、同国出身者からなるエスニック・コミュニティのあり方から捉えている。これらの人的資本と編入様式の状況を、移民グループ別にまとめたうえで、ポルテスとルンバウトは、3つのパターンを抽出している▼11。

第一のパターンは、高度の人的資本や、ポジティブな編入様式をもつ移民グループにみられる。具体的には、中国、インド、フィリピン、韓国などの高学歴なアジア系の移民が挙げられる。かれらは、アメリカ社会においても上昇移動を経験し、移民第一世代のうちに中流社会の仲間入りを果たしている。

第二のパターンは、人的資本には恵まれていないが、政府からの支援や一般社会・メディアにおける好意的・同情的な姿勢などポジティブな編入様式を有する移民グループにみられる。かれらはまた、家族やエスニック・コミュニティの強固なつながりを保持している。このグループに分類されるのは、具体的には、ベトナム難民の家族などである。このグループでは、第一世代の上昇移動は難しいが、親の期待に応えて、第二世代が優秀な学業成績を収め、アメリカ社会へと適応していくとされる。

第三のパターンは、人的資本も不十分で、家族やエスニック・コミュニティの絆も弱い移民グループにみられる。具体的には、ラテンアメリカからの移民などが挙げられる。このグループでは、第一世代の上昇移動に失敗し、第二世代が英語を身につけない親を見下すなど家族に根づかず、結果としてアンダークラスを形成していくとされる。

外国につながる子どもの家庭の人的資本をみるため、父親の学歴に注目すると、2節で参照した髙谷ら(2015)の研究に、夫婦の国籍別にみた夫の学歴が掲載されている(表5)。これをみると、アメリカ国籍の夫と日本国籍の妻の家庭や、韓国籍同士、中国籍同士の夫婦の場合、日本国籍同士の夫婦での夫よりも大学・大学院の割合が高く、高学歴となっている。これは上述の第一のパターンに合致するものと受け止められる。一方、ブラジル国籍同士では、夫の大学・大学院卒の割合が6・2%とかなり低い水準にとどまっている。この中には、夫(父)自身が幼少期に日本にやってきて学齢期を日本で過ごし、さまざまな制約のために相対的に低学歴にとどまったケースも少なからず含まれていると考えられる。いずれにして

表5　夫婦の国籍別にみた夫の学歴（2010年国勢調査）

	JP-JP		JP-KR		JP-CH	
	人	%	人	%	人	%
大学・大学院	4,008,580	36.2	6,890	27.1	13,360	27.6
短大・高専	1,233,220	11.1	2,070	8.1	3,800	7.9
高校・旧中	4,233,710	38.2	10,220	40.2	19,610	40.5
小学校・中学校	513,820	4.6	2,450	9.6	4,570	9.4
学校の種類不詳	1,064,780	9.6	3,670	14.4	6,900	14.3
在学者	19,190	0.2	110	0.4	110	0.2
未就学・不詳	2,590	0.0	10	0.0	50	0.1
総　数	11,075,890	100.0	25,420	100.0	48,400	100.0

	JP-PH		JP-TH		KR-JP	
	人	%	人	%	人	%
大学・大学院	5,960	11.2	1,840	17.6	5,200	29.9
短大・高専	3,480	6.5	810	7.7	1,200	6.9
高校・旧中	26,180	49.2	4,840	46.2	6,810	39.1
小学校・中学校	9,740	18.3	1,630	15.6	1,950	11.2
学校の種類不詳	7,760	14.6	1,340	12.8	2,040	11.7
在学者	60	0.1	10	0.1	130	0.7
未就学・不詳	20	0.0	0	0.0	70	0.4
総　数	53,200	100.0	10,470	100.0	17,400	100.0

	KR-KR		CH-JP		CH-CH	
	人	%	人	%	人	%
大学・大学院	8,400	42.6	2,810	36.2	12,320	42.3
短大・高専	1,260	6.4	1,000	12.9	1,670	5.7
高校・旧中	5,350	27.1	1,930	24.9	4,640	15.9
小学校・中学校	610	3.1	540	7.0	2,210	7.6
学校の種類不詳	3,690	18.7	1,380	17.8	7,450	25.6
在学者	380	1.9	60	0.8	760	2.6
未就学・不詳	30	0.2	40	0.5	70	0.2
総　数	19,720	100.0	7,760	100.0	29,120	100.0

	US-JP		BR-BR		PE-PE	
	人	%	人	%	人	%
大学・大学院	4,560	65.4	1,070	6.2	620	15.0
短大・高専	340	4.9	600	3.5	530	12.8
高校・旧中	1,160	16.6	8,240	47.4	1,170	28.3
小学校・中学校	30	0.4	3,980	22.9	740	17.9
学校の種類不詳	560	8.0	3,370	19.4	970	23.5
在学者	290	4.2	70	0.4	100	2.4
未就学・不詳	30	0.4	50	0.3	0	0.0
総　数	6,970	100.0	17,380	100.0	4,130	100.0

注：1）夫は全年齢、妻は30～49歳の夫婦に限定されている。　2）JPは日本、KRは韓国、CHは中国、PHはフィリピン、THはタイ、USはアメリカ、BRはブラジル、PEはペルーを表している。表頭はそれぞれハイフンの左側が夫、右側が妻の国籍を示す。

出所：高谷ほか（2015: 49）より作成。

表６　各自治体における外国人生徒の高校進学率

自治体による調査	高校進学率	調査対象	調査年度
静岡県浜松市	75.0%	外国人生徒	2005
愛知県豊橋市	76.6%	外国人生徒	2005
愛知県豊田市	74.5%	外国人生徒	2005
大阪府	84.5%	外国人生徒	2005
	87.0%	中国人	2005
	68.8%	ベトナム人	2005
兵庫県	53%	外国人生徒	2006
	40%	ベトナム人	2006
	46%	ブラジル人	2006
	73%	中国人	2006

出所：乾（2008: 32）より引用。

も、ブラジル国籍の家庭では、こうした親自身の低い教育達成が、上記の第三のパターンのように子どもの低い教育達成へと再生産される可能性も否定できない。さらに、母に焦点化して取り上げたフィリピン籍の場合、日本国籍の夫も相対的に低学歴（「大学・大学院」が11・2％）であり、人的資本の面で厳しい条件に置かれていることがみられる。

ただし、相対的に人的資本に恵まれている韓国籍に目を移すと、そのうちの一定層は、オールドカマーの子や孫等として日本で生まれ、日本で育ってきた人々も含まれていると考えられる。かれらの一定水準の教育達成は、朝鮮学校の設置にみられるような韓国籍や朝鮮籍コミュニティによる教育運動の成果や、同和地区での教育実践などとも連携しながら進められた教育支援の蓄積のうえに築かれているとも受け止められる。

少し古いデータになるが、乾（2008）は、中部・近畿地方における外国籍生徒の高校進学率をまとめている（表6）。これをみると、エスニシティの違いとともに、地域による違いもみられる。相対的に進学率が高くなっている大阪では、同和地区や韓国籍・朝鮮籍の子どもたちへの教育支援の実践の積み重ねが、こうした結果に結びついているとも受け止められる。こうした形で、同じエスニシティのコミュニティや、居住地域社会における教育支援を生み出すような「つながり」が構築されることで、とりわけブラジル国籍の父母やフィリピン籍の母のもとで暮らす子どもなど、外国につながる子どもの抱える教育達成上のリスクを緩和することもできるかもしれない。

おわりに

以上、「外国につながる子どもの貧困と教育」に関する国内外の知見を概観してきた。ここから指摘できることは、以下の点である。

第一に、限られたデータではあるが、日本に暮らす外国につながる子どもは、貧困状態に置かれやすいことが見出された。特に、1節で扱ったブラジル国籍の家庭の場合、両親がそろっていても年収は300万円程度であり、約半数が相対的貧困の状況にあると捉えられた。

さらに第二に、母子世帯になった場合の貧困リスクの大きさも確認された。外国籍の生活保護受給世帯では、母子世帯の割合が約15・6%と、生活保護受給世帯に占める母子世帯の割合（約6・2%）に比べて、かなり高くなっていた。このことは、外国籍世帯の場合、母子世帯になることが貧困に近づく可能性をより強めるものと考えられる。

加えて第三に、教育制度の未接続が、外国につながる子どもの困難を増幅していた。外国人学校の多くは公的な支援がなされておらず、授業料は一条校に通うよりも高額となりやすく、大きな負担となっている。さらに、外国籍の子どもへの義務教育の不適用が、不就学という深刻な問題を招いている。こうした制度上の問題が、外国籍家庭にツケを払わせる形になってしまっている。

一方、第四に、アメリカの研究では、同じ外国籍につながる子どもでも、エスニシティや、親／子の出身地によって、貧困率が大きく異なることが明らかにされた。片親が外国籍である場合は、両親ともアメリカ人である場合と貧困率はほとんど変わらない一方、両親とも外国出身の場合は、貧困率がより高まっていた。さらに、子どもも、アメリカ生まれでなく、外国生まれであれば、さらに貧困率が高くなっていた。加えて、エスニシティごとの貧困率の差は、再生産される傾向にあることも確認されていた。この点を日本にあてはめれば、日本国籍の男性と結婚していることの多いフィリピン国籍やタイ国籍の女性との間に生まれた子どもの潜在的な貧困リスクが浮かび上がる。日本でも、親子の出身地や、再生産を把握できるような統計的なデータの整備が求められる。

さらに第五に、外国につながる子どもの貧困は、親の学歴など「人的資本」の不十分さとともに、移民家庭の編入様式のあり方とも関連づけて把握された。この点では、人的資本に相対的に恵まれないブラジル国籍の両親や、日本国籍の男性とフィリピン国籍の母親のもとで暮らす子どもが大きな困難を抱えやすいことが浮かび上がった。

これまでの「外国につながる子ども」への政策的な支援は、ほぼ日本語教育支援に特化されてきた。そこには、「外国籍＝日本語が不得手」という単純な図式が前提とされていたことが関係している。しかし、「日本国籍でも日本語が不得手」な子どももいるし、「外国籍でも日本語が第一言語」という子どももいる。さらに、多くの外国につながる子どもは、貧困のリスクを共通に抱えている。その点で、外国につながる子どもへの支援を「日本語教育支援」だけで進めるのは無理がある。

今後は、日本語支援だけでなく、貧困の問題を抱えているという点からも、外国につながる子どもの支援を政策的に進めるべきである。このことを、P・ブルデューの社会関係資本の発想をもとに、子どもの

「つながり」を豊かにするという観点から教育における格差を改善していこうとする志水宏吉の議論（志水 2014b）に引き寄せると、エスニック・コミュニティや居住地域社会からの外国につながる子どもへの「つながり」を豊かにし、編入様式の面から改善を図るという支援だとも言える。このような取り組みの実現は、外国につながる子どもにとっても、政策対応の不備に起因する矛盾を一手に引き受けさせられている外国籍住民の集住地域の教育現場にとっても、喫緊の課題だと言えるだろう。

注

1　文部科学省『「日本語指導が必要な児童生徒の受入状況等に関する調査（平成28年度）」の結果について』(http://www.mext.go.jp/b_menu/houdou/29/06/__icsFiles/afieldfile/2017/06/21/1386753.pdf〔2018.3.15 閲覧〕)。

2　いわゆる「在日韓国・朝鮮人」の人々の呼称を対象に、〈呼称〉の選び方、用い方に起因する権力関係について貴重な考察を行っている研究として、宮内（1999）がある。

3　「在日ブラジル人学校（ブラジル教育省認可）」(http://toquio.itamaraty.gov.br/ja/rreducacao.xml〔2018.5.25 閲覧〕)。

4　2014年のデータで、義務教育（満6歳からの9年間）の留年率は9・6%、義務教育段階の退学率は、2015年のデータで3・9%となっている（「諸外国・地域の学校情報　ブラジル連邦共和国」(https://www.mofa.go.jp/mofaj/toko/world_school/04latinamerica/infoC42700.html〔2018.11.29 閲覧〕)）。ただし、日本でブラジル人学校に通っていながら、ブラジル帰国後に年齢相当の学年に編入できずに裁判が提起された事例もあるという（小内ほか 2009: 139）。

5　2人以上の子どもを通わせている場合には、授業料の減額がなされる学校もある。

6　http://www.mext.go.jp/a_menu/shotou/clarinet/003/001/012.htm（2018.8.31 閲覧）。

7　「200万円未満」を100万円、「200～400万円未満」を300万円、「400万円以上」を500万円として計算した。

8　後述の「被保護者調査」の閲覧データと年次をあわせるために、2015年のデータを掲げている。「在留外国人統計」自体は、2018年8月末現在、2017年末のデータまで公表されている。

9　一般に指摘されるように、母子世帯は、子どもが暮らす世帯の中でももっとも経済的に厳しい状況に置かれており、子どもが暮らす世帯全体を代表するものではないことはおさえる必要がある。

10　外国籍の人々の場合、就労や結婚目的で日本に流入する人々が多く、いわゆる「オールドカマー」とされる韓国・朝鮮籍の人々以外は一般に高齢者が少ないことが母子世帯の割合を相対的に高めているとも考えられる。

11　以下の記述は、村井（2014: 504-7）を参考にしている。

引用・参考文献

Borjas, G. J., (2011). "Poverty and Program Participation among Immigrant Children", *The Future of Children*, 21(1): 247-66.

Bourdieu, P., (1979). *La Distinction: Critique Sociale du Jugement*, Édition de Munuit.（石井洋二郎訳（1990）『ディスタンクシオン――社会的判断力批判』藤原書店）

Forbes, J. and Sime, D., (2016). "Relations between Child Poverty and New Migrant Child Status, Academic Attainment and Social Participation: Insights Using Social Capital Theory", *education sciences*, 6(24): 1-15.

濱田国佑・菊地千夏（2009）「ブラジル人学校の変遷と利用者の意識」小内透編『講座トランスナショナルな移動と定住　定住化する在日ブラジル人と地域社会　第2巻　在日ブラジル人の教育と保育の変容』御茶の水書房、35〜65頁

濱田国佑・菊地千夏（2010）「ブラジル人学校生徒及び保護者の将来志向とその規定要因」『現代社会学研究』23、61〜76頁

濱田国佑・菊地千夏・品川ひろみ・野崎剛毅・上山浩次郎（2009）「ブラジル人の子どもの教育と保育」小内透編『調査と社会理論・研究報告書28　日系ブラジル人のトランスナショナルな移動と定住』北海道大学大学院教育学研究院教育社会学研究室、63〜97頁

乾美紀（2008）「高校進学と入試」志水宏吉編著『高校を生きるニューカマー――大阪府立高校にみる教育支援』明石書店、29〜43頁

宮島喬（2013）「外国人の子どもにみる三重の剝奪状態」『大原社会問題研究所雑誌』657、3～18頁（再録（2014）『外国人の子ども教育――就学の現状と教育を受ける権利』東京大学出版会）

宮内洋（1999）「私はあなた方のことをどのように呼べば良いのだろうか？ 在日韓国・朝鮮人？ 在日朝鮮人？ 在日コリアン？ それとも？――日本のエスニシティ研究における〈呼称〉をめぐるアポリア」『コリアン・マイノリティ研究』3、5～28頁

村井忠政（2014）「現代アメリカ移民第2世代の同化をめぐる研究――ポルテスとルンバウトによる移民子弟の縦断的研究を中心に」アレハンドロ・ポルテス、ルベン・ルンバウト（村井忠政訳者代表）『現代アメリカ移民第二世代の研究――移民排斥と同化主義に代わる「第三の道」』明石書店、489～511頁

野元弘幸（2009）「外国人労働者家族と子どもの貧困――日系人集住地域での支援活動を通じて」子どもの貧困白書編集委員会編『子どもの貧困白書』明石書店、135～137頁

田中稲子（2017）「外国籍等の子どもの貧困問題にみる多文化共生への課題」『学術の動向』22(10)、34～38頁

小倉敬子（2016）「子どもの格差・貧困問題と子どもの権利――外国にルーツのある子どもの支援の視点から」『子どもの権利研究』27、87～95頁

小内透・品川ひろみ・野崎剛毅（2009）「帰国児童の現状と日系人のデカセギ意識」小内透編『講座トランスナショナルな移動と定住　定住化する在日ブラジル人と地域社会　第3巻　ブラジルにおけるデカセギの影響』御茶の水書房、131～164頁

Portes, A. and Rumbaut, R., (2001). *LEGACIES: The Story of the Immigrant Second Generation*, University of California Press.（村井忠政訳者代表（2014）『現代アメリカ移民第二世代の研究――移民排斥と同化主義に代わる「第三の道」』明石書店）

坂本文子・渋谷淳一・西口里紗・本田量久（2014）「ニューカマー外国人の子どもの教育を受ける権利と就学義務――教育関係者への意見調査等を手がかりに」『大原社会問題研究所雑誌』663、33～52頁

志水宏吉（2014a）「社会のなかの外国人学校、外国人学校のなかの社会」志水宏吉・中島智子・鍛治致編『日本の外国人学校――トランスナショナリティをめぐる教育政策の課題』明石書店、7～22頁

志水宏吉（2014b）『「つながり格差」が学力格差を生む』亜紀書房

新藤慶・菅原健太（2009）「公立学校に通うブラジル人児童・生徒と保護者の生活と意識」小内透編『講座トランスナショナルな移動と定住　定住化する在日ブラジル人と地域社会　第2巻　在日ブラジル人の教育と保育の変容』御

茶の水書房、3～34頁
鈴木健・原千代子（2015）「青丘社・川崎における多文化家族支援――外国につながる子ども&経済的に困難な子どもの学習支援・居場所づくり事業」『月刊社会教育』59(8)、26～31頁
髙橋悦子（2017）「外国にルーツをもつ子どもが抱える教育問題と経済状況――NPO法人と行政との協働事業から」『発達』38(151)、58～64頁
髙谷幸・大曲由紀子・樋口直人・鍛治致・稲葉奈々子（2015）「2010年国勢調査にみる外国人の教育――外国人青少年の家庭背景・進学・結婚」『岡山大学大学院社会文化科学研究科紀要』39、37～56頁
山野良一（2017）「外国人の子どもの貧困」荒牧重人・榎井緑・江原裕美・小島祥美・志水宏吉・南野奈津子・宮島喬・山野良一編『外国人の子ども白書――権利・貧困・教育・文化・国籍と共生の視点から』明石書店、82～85頁
山ノ内裕子（2014）「トランスナショナルな『居場所』における文化とアイデンティティ――日系ブラジル人の事例から」『異文化間教育』40、34～52頁

第Ⅱ部
教育と「お金」

第5章

家計の中の教育費

…鳥山まどか

1　家計支出としての教育費

「教育費が高い」ことと「教育費の家族負担が大きいこと」は、半ば常識のように広く認識されている。いかにしてこの高い教育費に対応すればよいか。子育て家族に向けたアドバイスが新聞、生活情報誌、書籍、インターネットの情報サイトなどにあふれている。

そこでは、利用できる奨学金、手当、各種減免などの情報が示されるばかりでなく、「高い教育費に対応可能な家計管理のあり方」が説かれることも多い。たとえば、ある家族の1か月の収支とその内訳が示され、見直し可能な「無駄」や課題が指摘される。父親は会社帰りにコンビニで晩酌用の缶チューハイを買うのを控え、仕事との両立で時間のない母親は休日に常備菜をまとめて作って食費を節約し、子どもは今の習い事と奨学金を借りる額を少なくすることのどちらを取るかについて親とよく話し合うべき、といったように。

「教育費」について議論されるとき、その金額の大きさそのものに焦点が当てられることが多いが、教育費は、家賃や食費、社会保険料の支払いなどから構成される家計支出の一部である。したがって、家族にとっての教育費負担の程度は、他の家計支出の状況によって変わってくる。また、教育費の負担は、授業料の支払いなど特定の時期にのみ発生するようにも見える。しかしたとえば、大学進学時に発生する大きな費用に備えて、子どもが小さなうちから少しずつ貯金ができるような家計管理を継続する、あるいは、奨学金を借りた子どもは、返済金を固定支出に位置づけた家計管理を長期にわたり行っていくことが求められるというように、たとえ教育費の支払いが一時点のものであっても、その家計管理への影響は支払いの前後の長い期間にわたる。

ところで、先のような家計管理に関するアドバイスの多くには、以下のような家計像、家族像が透けてみえる。収入が少なくても貯金はできるはずである。先々の教育費（さらには、親の介護にかかる費用、自身の老後生活費、そして病気や失業などの急な事態）に備えた家計管理をしなくてはならない。妻だけではなく夫も、そして時に子どもも一緒になってお金の使い方に関心をもち、工夫し、協力するのがよい。こうした家計管理は生涯にわたり続くものであり、また生活の変化に応じて見直していく必要がある。使える制度は賢く利用すべきだが、そのうえで、家族にかかるお金の問題は家族で乗り切るべきだし、乗り切れるはずであると。

しかし実際には、このような「理想的な」家計管理を誰もが当然に行えるわけではない。そうした中で、家計における教育費の負担が、給食費の未納のような形で表出することがある。このような問題は、一方で子どもの貧困のあらわれの一つとして捉えられ、また他方で親のモラルの問題として議論されることもある。しかし実際に給食費を支払えない子育て家族の家計がどのような状態にあるかなどを確かめられる資料は乏しい。そこで本章では、子育て家族がどのように教育費を支出しているか、どのような形で家計管理の困難が発生しているかについて、いくつかの資料を用いてみていきたい。また、生活困窮者自立支援法の家計相談（改善）支援事業に代表されるように、近年、貧困・低所得対策の中に家計相談が位置づけられるようになってきている。子育て家族の教育費と家計管理の実態に照らしたとき、こうした家計相談がもつ意味についても考える。

2　家計の中の教育費をめぐる議論

現在、家計の中の教育費について何が議論されているのだろうか。教育費としての支出額が、世帯収入、子ども数や子どもの学校段階（ライフステージ）、貯金や負債の有無などとどのように関連するかをみる研究がある（都村 2006など）。実証研究としての教育費研究の代表的な方法のひとつである。ただしこうした研究では教育費そのものに焦点が置かれることもあって、他の消費支出との関連について分析がなされることは少ない。それに対し、家計研究における教育費の分析（馬場 2007など）では、消費支出に占める教育費の割合や、教育費の増大が他の支出のどこに影響するかなどが議論されている。

こうした研究で多く使われるのは総務省統計局の家計調査や全国消費実態調査であるが、これら以外の調査にもとづいた分析もみられる。たとえば、生協組合員の1年間の家計簿記録にもとづく「全国生計費調査」を用い、可処分所得に占める教育費の割合の大きさや、子どもの成長段階ごとの教育費額および赤字になる世帯の割合などが示されている（日本生活協同組合連合会 2017）。また、日本政策金融公庫が実施している「教育費負担の実態調査」では、教育費のねん出方法や、どのような費目で節約を行っているかが示されている（日本政策金融公庫 2018）。

一方、家計にあらわれる問題や困難と教育費との関係についての議論はほとんどなされていない。家計の問題は外からはみえにくく、状況が深刻化してはじめて多重債務問題などの形で表出することが多いためである。「給食費未納問題」はしたがって、家計上の問題や困難が発生しているシグナルとしてみるべきだともいわれる（鳫 2016）。

3　教育費負担と家計管理

現在の政策的な争点のひとつは高校卒業後の教育費であるが、その費用を「準備する」期間の家計と教育費はどのようになっているのだろうか。ここからは、子育て家族を対象とした調査結果を用いながら、①日常的な教育費負担、②家計管理の困難のあらわれ方とそのときの教育費の位置づけ、③高校卒業後の進学費用のねん出方法の実際をみていきたい。

（1）ひとり親世帯の日常的な教育支出

ここでは、「北海道ひとり親家庭実態調査」▼1の結果を用い、ひとり親世帯の日常的な教育費負担を確認する。この調査は児童扶養手当を受給しているひとり親世帯（母子世帯、父子世帯）を対象に２０１７年に実施され、有効回答票数は２１６９（配布数の48・２％）、母子世帯が87・８％、父子世帯が10・７％であった▼2。また、母親または父親と子どものみの世帯が81・３％、生計が同じ子どもの祖父母等がいる世帯が18・７％である。母子世帯と父子世帯、あるいは、生計が同一である祖父母等がいる世帯とそうではない世帯とで、生活状況や経済状況が異なる面があるが、今回は、これらすべてを合わせて「ひとり親世

表1　世帯年収（単位：%）

100万円未満	～200万円	～300万円	～400万円	400万円以上	無回答
10.2	37.9	29.6	11.5	5.3	5.4

出所：筆者作成（以下の表も同様）。

表2　世帯年収別の家計状況（単位：%）

	黒字で毎月貯金をしている	黒字だが貯金はしていない	黒字でも赤字でもなくぎりぎり	赤字で貯金を取り崩している	赤字で借金をして生活している	無回答
100万円未満（222）*	3.2	2.7	39.2	33.8	20.7	0.5
～200万円（822）	3.5	2.4	55.0	19.5	17.6	1.9
～300万円（642）	7.0	5.5	55.0	17.3	14.2	1.1
～400万円（250）	16.8	5.2	49.6	13.2	14.0	1.2
400万円以上（116）	24.1	7.8	42.2	15.5	10.3	0.0

注：＊ カッコ内は世帯数。表中の割合はこの世帯数を母数としたもの。以下の表も同様。

帯」として分析を行う。具体的な教育費支出についてみる前に、世帯の収入と家計の状況について確認しておく。表1のとおり、およそ半数の世帯が年収200万円未満であり、年収300万円未満で生活している世帯が8割にのぼる。所得制限のある児童扶養手当受給世帯ということもあり、世帯間の年収のばらつきは比較的小さく、かつ、低いほうに集中している。つまり、以下で確認する教育費支出と家計管理は、子育て世帯一般というより、貧困・低所得である子育て世帯の現状の一端ということになる。

家計の状況（表2）については、黒字でも赤字でもなくぎりぎりという世帯が全体のおよそ半数を占め、これは年収によって大きくは変わらないが、年収300万円以上の世帯は300万円を下回る世帯よりも黒字で毎月貯金している割合が高く、一方、年収200万円未満の世帯では赤字で借金をして生活している世帯の割合が高い。全体としてみると家計が黒字である世帯よりも赤字である世帯のほうが多い。また全体の半数を占める家計が「ぎりぎり」

表3　ここ1か月で学校、保育所、幼稚園等にかかった金額（子ども1人世帯）（単位：%）

	0円	5千円未満	～1万円	～2万円	～3万円	～4万円	～5万円	～6万円	～7万円	7万円以上	無回答
保・幼・認*（248）	25.5	33.3	19.0	8.3	7.4	1.4	2.8	0.0	0.0	0.5	1.9
小学校（391）	3.3	28.6	36.8	17.4	7.2	2.6	0.3	0.3	0.0	0.5	3.1
中学校（246）	7.7	18.7	27.6	22.4	12.6	4.1	2.4	0.4	0.8	2.0	1.2
高　校（267）	1.5	4.1	13.9	25.1	20.2	10.5	7.1	4.5	1.5	6.7	4.9

注：＊ 認定子ども園。以下同じ。

の世帯も、日常的に貯金をしていくのは難しい状況にあるといえる▼3。

世帯の子どもの人数については、1人である世帯が54・7%、2人の世帯が34・0%、3人以上の世帯が9・5%となっている（別居の子どもを含めた人数。無回答1・8%）。子どもが2人以上いる世帯には、年齢が近いきょうだいの世帯もあれば、年齢が離れたきょうだいの世帯もあるため、ここでは子どもが1人の世帯における教育費支出の状況を確認していきたい。また、就学前でどこにも通っていない子どものいる世帯などもあるが、以下では、保育所や学校に通っている子どもに限って分析を行うこととしたい。

表3は「ここ1か月で、学校や保育所、幼稚園にかかった金額（教材費、給食費、通学費、部活費用、授業料など）はいくらくらいでしたか」への回答を示したものである。調査時点を2017年7月1日（調査期間は2017年8月の1か月間）としていることから、進学や進級にともなう大きな、あるいは変則的な支出の発生が比較的少ない時期であり、日常的な支出に近い回答とみなし得る▼4。それを念頭に**表3**をみていくと、まず目に付くのは「0円」の世帯の少なさである。保育所や学校に通うための何かしらの費用が日常的に発生している。**表2**で示した収入状況からみて、この部分の費用だけで月の手取り収入の1割、あるいはそれを超えるような世帯も多いと思われる。また子どもの学校段階が上がるほど金額が高いほうに分布が広がる。

次にいわゆる学校外教育費について確認したい。**表4**は塾や家庭教師、通信教

表4　ここ1か月で塾、家庭教師、通信教育等にかかった金額（子ども1人世帯）　（単位：%）

	0円	5千円未満	～1万円	～2万円	～3万円	～4万円	～5万円	～6万円	～7万円	7万円以上	無回答
保・幼・認（248）	78.7	9.3	5.6	2.8	1.9	0.0	0.0	0.0	0.0	0.0	1.9
小学校　（391）	62.9	11.0	9.7	9.0	3.8	1.0	0.8	0.0	0.0	0.0	1.8
中学校　（246）	50.0	5.3	12.6	12.2	8.1	5.3	3.7	0.4	0.4	1.6	0.4
高　校　（267）	82.0	0.7	4.1	5.6	3.7	0.4	0.7	0.0	0.0	0.7	1.9

表5　ここ1か月で習い事、スポーツクラブ等にかかった金額（子ども1人世帯）　（単位：%）

	0円	5千円未満	～1万円	～2万円	～3万円	～4万円	～5万円	～6万円	～7万円	7万円以上	無回答
保・幼・認（248）	85.2	6.9	3.7	0.5	0.5	0.0	0.0	0.0	0.0	0.0	3.2
小学校　（391）	48.6	18.2	15.9	10.5	3.3	0.3	0.3	0.3	0.0	0.3	2.6
中学校　（246）	66.3	12.6	9.3	6.9	0.8	1.6	0.4	0.0	0.0	0.0	2.0
高　校　（267）	85.0	3.4	2.6	3.4	2.2	0.0	0.0	0.0	0.4	0.4	2.6

表6　ここ1か月で、子どもにかかったすべての費用の合計金額（子ども1人世帯）　（単位：%）

	2万円未満	～3万円	～4万円	～5万円	～6万円	～7万円	～8万円	～9万円	9万円以上	無回答
保・幼・認（248）	43.1	24.1	12.0	9.7	3.2	1.4	0.0	0.0	2.3	4.2
小学校　（391）	36.3	22.8	15.9	7.2	8.2	2.6	2.0	0.8	1.0	3.3
中学校　（246）	18.3	24.0	17.9	11.8	7.7	4.9	4.1	3.3	6.1	2.0
高　校　（267）	13.1	14.2	16.5	12.7	11.6	9.4	6.7	4.5	5.6	5.6

注：表3、表4、表5の金額に、食費や医療費など子どもにかかったすべての費用を加えた合計額。

育等に、**表5**は習い事やスポーツクラブ等にかかった1か月の金額をそれぞれ示している。小学校入学前の子どもと高校生については、これらの支出がある世帯は少ない。塾や習い事に関する支出が多くなされているのは子どもが小中学生のときだと理解することができる。しかし、小中学生でもこれらの支払いがない世帯も少なくない▼5。習い事よりも塾のほうがやや高い金額となっているものの、いずれもおおむね3万円台までの範囲であり、**表3**で示した学校への支払いと比べると分布の幅は狭い。

　最後に、**表3**から**表5**までの金額に、食費や医療費など子どもにかかったすべての費用を加えた金額を**表6**に示す。金額の分布の仕方は学校や保育園への支出（表3）と似ており、子どもの学

表７　子どもの学校段階別の家計の状況（子ども１人世帯）（単位：％）

	黒字で毎月貯金している	黒字だが貯金はしていない	黒字でも赤字でもなくぎりぎり	赤字で貯金を取り崩している	赤字で借金をして生活している	無回答
保・幼・認（248）	12.5	5.6	50.0	19.4	10.6	1.9
小学校　（391）	10.2	6.6	52.2	19.9	10.0	1.0
中学校　（246）	8.9	3.7	48.0	18.3	20.7	0.4
高　校　（267）	5.6	2.6	48.3	23.6	18.0	1.9

表８　子どもの人数別の家計の状況　（単位：％）

	黒字で毎月貯金している	黒字だが貯金はしていない	黒字でも赤字でもなくぎりぎり	赤字で貯金を取り崩している	赤字で借金をして生活している	無回答
１人　　（1187）	9.1	4.8	50.0	20.2	14.5	1.3
２人　　（738）	4.9	3.0	55.6	18.8	15.9	1.9
３人以上（206）	4.9	3.4	55.8	12.6	21.4	1.9

注：＊ ここには就学前年齢でどこにも通っていない子どもなどを含んでいるため、表３～表７それぞれの世帯数と一致しない。

校段階が高いほど支出額が高いほうに分布が広がる。

それでは子どもの学校段階ごとの家計の状況はどうなっているだろうか。表7でわかるように、やはり全体としては黒字でも赤字でもなくぎりぎりの世帯が半数を占める。また、子どもが大きくなると黒字世帯が減り、赤字で借金をして生活している世帯が多くなる。

ここまでは子どもが1人である世帯に限って教育費支出と家計の状況をみてきたが、子どもが2人以上の世帯の家計の状況も確認しておきたい（表8）。黒字世帯よりも赤字世帯のほうが多い、さらに赤字で借金をして生活している世帯も少なくないという全体の傾向は、子どもの人数別でみても変わらない。しかし、子どもが2人以上になると黒字世帯がより少なくなり、子どもが3人以上では赤字で借金をしている世帯の割合が特に大きくなっている。

この調査では教育費以外の消費支出（食費や家賃、医療費など）については明らかにできないが、以上で確認してきたことを総合すると、子どもにかかるお金、特に学校にかかる日常的な支払いが、ひとり親世帯の家計を圧迫する主要な支出のひとつとなっていると考えてよいだろう。さらに、子どもの年齢が上がるほど、あるいは子どもの人数が多いほどそれが顕著になるとみることができる。

（2）未納・滞納の発生と教育費

ひとり親世帯の多くは家計収支がぎりぎりであり、赤字世帯も少なくないことをみてきたが、実際の家計管理の大変さはどのような問題としてあらわれるのだろうか。ここでは、未納・滞納という問題からこの点を考えてみたい。

調査では、次の9項目の支払いについて、過去1年間に金銭上の理由で支払いができないことがあったかをたずねている。①電話料金（携帯電話、スマートフォンを含む）、②電気、ガス、水道のいずれかの料金、③家賃、住宅ローンのいずれかの支払い、④公的年金、⑤公的医療保険、⑥税金、⑦給食費、⑧学校や幼稚園、保育所へのその他の支払い、⑨クレジットカードや他の借金の支払い。回答は、それぞれの項目について「あった」「なかった」「払う必要がない」のうちのいずれかを選択する形式である。この「あった」の回答数の合計を「未納数」とする。

表9は、家計状況別の未納数を示したものである。家計については現在の状況にもとづく回答であるのに対し、未納は「過去1年間」の経験についての回答である。したがって、一度だけ口座引き落としができなかったという回答も含まれるであろうし、いくつかの支払いの遅れを繰り返した経験があるとしても現在はそれが解消されているということもあるだろう。しかし表9をみると、家計収支がぎりぎりの世帯や赤字世帯は黒字世帯と比べて複数の項目で支払いができなかった経験がある世帯が多い。さらに赤字で借金のある世帯では未納数が4つ以上である世帯が4割を超える。これらの世帯では現在も日常的に複数

表9　家計の状況別の未納数　（単位：%）

	未納なし	未納1つ	未納2つ	未納3つ	未納4つ以上
黒字で毎月貯金している (157)	93.6	3.8	1.3	0.0	1.3
黒字だが貯金はしていない (88)	79.5	12.5	3.4	2.3	2.3
黒字でも赤字でもなくぎりぎり (1139)	69.0	10.4	6.8	5.7	8.0
赤字で貯金を取り崩している (409)	60.1	16.6	10.3	4.2	8.8
赤字で借金をして生活している (337)	17.2	12.5	11.3	14.8	44.2

の支払いの遅れが発生している可能性が高いといえよう。

この9項目には、支払いが後回しにされやすいものとそうではないものといった違いはあるのだろうか。小学生または中学生のいる世帯について、各項目について支払えないことが「あった」と回答した割合を、未納数別にみたのが表10である。便宜的に、全世帯に占める「あった」の回答割合が「Ⅰ：1割を下回るもの」「Ⅱ：1割台の前半のもの」「Ⅲ：1割台後半以上のもの」の3つに区分する。

区分Ⅰ（給食費、公的医療保険）：給食費は、支払えないことが「あった」という割合が最も低い項目である。未納3つまでは、そこに給食費が含まれることは少ない。未納数が4つ以上でも、その中に給食費が含まれる世帯はおよそ3割にとどまる。さらに詳しくみると、給食費が含まれる世帯が半数を超えるのは、未納数8つの世帯からである。支払いが優先されている結果であると推測できる。同時に、給食費は「払う必要がない」という回答が32・8％と他の項目に比べて高いことも、未納経験割合の低さにつながっていると考えられる。また、公的医療保険は「払う必要がない」世帯が1割程度しかないにもかかわらず、未納数7つの世帯で初めて公的医療保険がそこに含まれる世帯が半数を超える。

区分Ⅱ（その他学校納入金、家賃・住宅ローン、公的年金、税金）：公的年金は未納1つの段階、すなわち年金のみ支払いができなかったことがある世帯が4分の1を占める。一方で未納4つ以上でも公的年金がそこに含まれる世帯は半数に満たない。年金の支払いのみを後回しにすることで「家計管理」を成立させている世帯

表10　過去1年間に、経済的な理由で支払えないことが「あった」割合
（小学生または中学生のいる世帯）（単位：%）

	給食費	公的医療保険	その他学校納入金	公的年金	税金	家賃・住宅ローン	その他借金・クレジットカード	電話（携帯電話・スマートフォンを含む）	電気・ガス・水道
区分	Ⅰ		Ⅱ				Ⅲ		
未納なし　(826)	0.0	0.0	0.0	0.0	0.0	0.0	0.0	0.0	0.0
未納1つ　(155)	3.9	2.6	3.2	25.8	9.7	7.1	21.3	11.6	14.8
未納2つ　(101)	5.0	5.9	9.9	20.8	15.8	20.8	34.7	41.6	45.5
未納3つ　(84)	11.9	21.4	22.6	19.0	33.3	38.1	40.5	53.6	59.5
未納4つ以上(180)	38.3	48.3	56.7	41.7	64.4	65.6	76.1	75.6	83.3
合計　(1346)	6.7	8.5	10.1	11.3	13.0	13.5	17.8	17.9	20.0
「払う必要がない」	32.8	11.1	10.3	16.9	16.4	12.6	15.5	1.0	5.1

が一定数あると思われる。他の項目については未納3つの世帯の2割、未納4つ以上の世帯の半数にこれらの支払いの遅れが含まれる。未納4つ以上の詳細をみると、未納5つないしは6つの世帯から割合が半数を超える。また、その他学校納入金は区分Ⅰの公的医療保険と分布が似ており、区分Ⅱの中でも支払いの優先度が高いとみることができる。

区分Ⅲ（その他借金・クレジットカード、電話、電気・ガス・水道）：借金やクレジットカードは、区分Ⅱの公的年金と同様に未納1つの世帯での割合が比較的高い。しかし年金と異なり、未納が増えるに従いその割合が大きく増加していく。電話料金と電気・ガス・水道料金は、未納2つ目から割合が大きくなっている。他のいずれかの支払いと組み合わせながら、一方を遅らせて他方を支払うというやりくりのためにこれらの支払いが使われていると考えられる。

ここまでの話をまとめると、区分Ⅲは、何かの支払いを後回しにしなければお金がまわらないというときに、やりくりの「手段」に位置づけられる支払いだといえる。すなわち支払わない、あるいは支払いを遅らせる形でしのいでいくような「家計管理」に使われる。一方、区分Ⅰの給食費や公的医

療保険、区分Ⅱのその他学校納入金は、支払いができないと子どもに直接影響が及ぶ。他を遅らせてもこれらの支払いを優先しているといえる。裏を返せば、給食費や公的医療保険の支払いができていない世帯は、他を遅らせてしのぐということももはやできない、家計管理上の困難が相当に大きい、深刻な状況にある世帯である可能性が高い。

（3）進学費用のねん出方法

ここまでみてきたような、学校への支払いをはじめとする日常的な支払いのために、家計がぎりぎりあるいは赤字であるような子育て世帯は、子どもの進学時にかかる大きな費用をどのようにねん出するのだろうか。ここでは2016年に実施した「北海道子どもの生活実態調査」▼6のうち、高校2年生の保護者の調査結果（有効回答票数1852、75・9％）を用いてこの点について考えたい。

この調査では、保護者に次のような質問をしている。「もしも、お子さんが高校卒業後に進学するとしたら、学校に行くのにかかるお金の用意はどのようにしますか。あてはまるものすべてに○をつけてください」。選択肢は①貯金を当てる、②学資保険を当てる、③奨学金を利用する、④教育ローンを利用する、⑤生活福祉資金・母子父子寡婦福祉資金を利用する、⑥親せき等からの援助、⑦子ども本人のアルバイト、⑧金銭的なめどが立っていない、⑨その他。以上の選択肢を、A：家計の中の預貯金などストックからねん出されるものであるか、それとも新たにローンを利用することでねん出されるものかという観点、およびB：親世代の家計からねん出されるものであるか、子世代の家計からねん出されるものであるかという観点で整理すると**表11**のようになる（⑥親せき等からの援助、⑧金銭的なめどが立っていない、⑨その他を除く）。

家計の状況によって、また、保護者が念頭に置いている進学先（子どもに期待する進学先についての回答を用

表 11　高校卒業後の教育費のねん出方法

	A：ストック／ローン	B：親世代／子世代
貯金	ストック	親世代
学資保険	ストック	親世代
奨学金	ローン (1)	子世代
教育ローン	ローン	親世代
生活福祉金・母子父子寡婦福祉資金	ローン	子世代
子ども本人のアルバイト	— (2)	子世代

注：(1) 調査時点では、日本学生支援機構の貸与型奨学金を念頭に回答している世帯が多いと考えられるため「ローン」とした。(2) 子ども本人のアルバイト代は、あえて分類すれば「ストック」となるが、ここでのストックは「家計上、すでに準備されているお金」として整理している。したがってここでは、進学後の子ども本人のアルバイトについては、ストックとローンのいずれにも該当しないものとする。

いる）によって、費用のねん出方法に違いがあるのだろうか。上記の質問への各世帯の回答の組み合わせを、Aについては、ストックのみの回答、ローンのみの回答、ストックとローンの両方を含む回答に分けた。同様に、Bについては、親が負担する方法のみの回答、子どもが負担する方法のみの回答、親と子の負担の両方を含む回答に分けた。

まずは高校卒業後に四年制大学に進学してほしいと親が考えている世帯をみてみたい（表12、表13）。黒字であるほどストックのみ、親負担のみでという世帯が多いが、家計に余力がなくなるほど、新たなローンの借り入れや子どもの負担を組み込んだねん出方法が想定されている。

次に、子どもの高校卒業後の進学先について「まだわからない」と回答した世帯についてみてみよう（表14、表15）。四年制大学に進学させたいという世帯と比べて、ローンのみ、子どもの負担のみで費用をねん出するという世帯がいずれの家計状況においても多い。これらの世帯は、現時点で子どもの進学費用にあてることのできるお金がないと推測できる。進学についての金銭的準備ができないことが、「（まだ）わからない」という回答に結びついている可能性がある。

ここまで取り上げた世帯の多くは、家計収支がぎりぎり、あるいは支出超過の状態であった。その原因のひとつは、いうまでもなく「低収入」である。非正規雇用である世帯も多いことから、単に収入が少ない

表 12　四年制大学進学のための費用のねん出方法（ストックとローンの組み合わせ）

（単位：%）

	ストックのみ	ストックおよびローン	ローンのみ
黒字で毎月貯金している (139)	51.8	41.7	6.5
黒字だが貯金はしていない (41)	51.2	31.7	17.1
黒字でも赤字でもなくぎりぎり (212)	19.3	47.6	33.0
赤字で貯金を取り崩している (62)	9.7	56.5	33.9
赤字で借金をして生活している (35)	5.7	37.1	57.1

表 13　四年制大学進学のための費用のねん出方法（親負担と子負担の組み合わせ）

（単位：%）

	親負担タイプ	両者負担タイプ	子負担タイプ
黒字で毎月貯金している (139)	56.8	39.6	3.6
黒字だが貯金はしていない (41)	56.1	39.0	4.9
黒字でも赤字でもなくぎりぎり (213)	23.5	59.2	17.4
赤字で貯金を取り崩している (63)	19.0	65.1	15.9
赤字で借金をして生活している (35)	14.3	57.1	28.6

注：各家計状況の世帯数（カッコ内の数字）が表 12 と異なるが、これは、表 11 の注（2）の通り、「子ども本人のアルバイト」の扱いが異なることによる。以下の表も同様である。

表 14　未定の場合の費用のねん出方法（ストックとローンの組み合わせ）（単位：%）

	ストックのみ	ストックおよびローン	ローンのみ
黒字で毎月貯金している (48)	41.7	41.7	16.7
黒字だが貯金はしていない (15)	13.3	46.7	40.0
黒字でも赤字でもなくぎりぎり (152)	17.1	27.6	55.3
赤字で貯金を取り崩している (38)	13.2	55.3	31.6
赤字で借金をして生活している (36)	0.0	19.4	80.6

表 15　未定の場合の費用のねん出方法（親負担と子負担の組み合わせ）（単位：%）

	親負担タイプ	両者負担タイプ	子負担タイプ
黒字で毎月貯金をしている (48)	45.8	39.6	14.6
黒字だが貯金はしていない (16)	25.0	43.8	31.3
黒字でも赤字でもなくぎりぎり (155)	25.8	36.8	37.4
赤字で貯金を取り崩している (38)	26.3	52.6	21.1
赤字で借金をして生活している (38)	5.3	36.8	57.9

だけではなく、毎月の収入額が一定ではない世帯も多いと考えられる。さらに、児童扶養手当を受給している世帯は、手当の支給月とそうではない月との間での収入の変動幅も大きくなる。こうした収入の変動は、時期と金額が固定的な支払いへの対応を難しくし、支払いの遅れを発生させやすくする（鳥山 2017）。さらに、赤字が出たときにそれを補てんすることのできる預貯金等がなければ▼7、いったん支払いの遅れなどが発生すると、そこから脱することが難しく、他の支払いを遅らせながら毎月をしのぐ状況にも陥りやすい。他の支払いの遅れを前提にすることで何とか日々の教育費支出に対応するという中では、進学時などにかかる大きな金額の教育費支出に備えた家計管理を行うことは困難であることはいうまでもない。

4 家計管理による対応の限界と問題点

冒頭にあげたような家計に関するアドバイスは、長らく任意のものとしてなされてきた（したがって、そのアドバイスを受け入れるかどうかも任意である）が、多重債務問題に代表されるような、家計管理に困難を抱える世帯が増大する中で、家計相談の制度化が求められるようになる。そうした要請にこたえる形で２０１３年に生活困窮者自立支援法の中に家計相談支援事業が創設された。このことは、家計管理に関する相談支援を行うことが貧困・低所得に関連する問題への対応策であると位置づけられたことを意味する。家計上の問題はともすれば「やりくり下手や無駄づかい」が原因であり、「正しいお金の使い方」を習得すれば問題は解決すると理解されがちである中で、この事業における家計相談は、必要な減免や給付制度の利用につなげることなど、家計管理を行う前提条件を整えることに力点を置いている点が評価できる。しかし他方で、家計相談支援には（そして巷にあふれる家計に関するアドバイスにも）限界もある。

ひとつは、家計管理を行うことそのものの「負担」への目配りが十分かという問題である。収入が低く不安定であるほど綿密な家計管理を行わなくてはならない。しかし家計管理に困難を抱える世帯の心理的ストレスは高く▼8、家計状況を「改善」するためのこれ以上の努力は難しい、あるいはそれを行うことで心身の状態をさらに悪化させる可能性がある。家計相談は、家計管理役割を担う人の負担を軽減することもあるが、むしろさらなる負担を課してしまいかねない面もあることに目が向けられる必要がある。

家計相談のもうひとつの限界は、それぞれの家計から当然のように支出されている費用が、本来、家計から支出されるべきものなのか問うことがなされない点にある。学校外教育の機会を無料・低額で提供したり、進学準備金や奨学金を給付するなど、子どもの貧困対策と関連させる形で教育費負担の軽減が図られることが多くなっている。このように、経済的理由がある場合にのみ公的に教育費負担の軽減を行うことは、「本来的には教育費は家族や本人が負担する」という前提を維持することを意味する。したがって「家族にかかるお金の問題は家族で乗り切るべきだし、乗り切れるはず」という家族に向けられる基本メッセージは変わらない。また、2018年の生活困窮者自立支援法の改正で、家計相談支援の充実を図るべく、名称を家計改善支援事業へと変更することとし、この事業が「収入、支出その他家計の状況を適切に把握すること及び家計の改善の意欲を高めることを支援する」ものであることを法に明記した。この動きもまた、家族が受け取るメッセージを強化する可能性がある。

親と子は「自分のところの教育費を何とかすること」に注力し続けなくてはならない現状にある。そこに注力することと、高い教育費を家計から支出することを当然のものとして受けとめることは、相互に強化し合う関係にあるといえよう。教育費の公私負担割合が国によって異なることからもわかるように、教育費は「問われるべき」費用の代表例であるはずだが、家計管理に注力しなくてはならない日々の中では「そもそも教育費は家計から支出されるべきものなのか」を問うことは後景に退いていく。家計相談を重視するのであればなおのこと、この問いに向き合わなくてはならない。そうでなければ、貧困・低所得世帯により大きな家計管理負担を強いるという構造的な問題と矛盾が強化され続けることとなるだろう。

注

1 調査は北海道保健福祉部が、北海道大学大学院教育学研究院に委託し実施した。平成27年国勢調査の世帯数の1割を調査票配布数（配布数４４９５）とした。調査方法および調査結果については北海道大学大学院教育学研究院（2018）を参照。

2 このほかに、母子世帯であるか父子世帯であるかについての質問に無回答であった世帯が１・５％あった。

3 黒字世帯、特に黒字で毎月貯金をしている世帯は、赤字世帯と比べて家計状況が安定しているといえそうだが、「余裕のある暮らし」であるかどうかの判断は一概にできない。先々にかかる子どもの教育費などに備えて、日々の必要、たとえば親が自分の食費や医療費などを極端に切り詰めて毎月の貯金分がねん出されている可能性もある（鳥山 2017）。

4 先に取り上げた「全国生計費調査」（２０１７年、２０１８年）において、教育費支出が特に大きくなるのは３・４・5月である（他の月のおおむね2～3倍の金額）。

5 塾と習い事への支出の両方が「０円」である世帯は、小学生のいる世帯の37・３％、中学生のいる世帯の39・４％であった（いずれも子どもが１人の世帯の場合）。

6 調査は２０１６年に北海道大学大学院教育学研究院「子どもの生活実態調査研究班」と北海道保健福祉部が共同で実施した。調査方法および調査結果については北海道保健福祉部（2017）を参照。なお、本調査は日本学術振興会科学研究費補助金（基盤研究（A）、課題番号16H02047）による研究の一環として行った。

7 「北海道ひとり親家庭生活実態調査」では、「貯金はない」と回答した世帯が35・2％あり、赤字で借金をしている世帯に限ると貯金がない世帯は78・6％にのぼる。また、未納数がゼロの世帯で貯金がないものは19・8％であるのに対し、未納数1つの世帯では41・4％、未納数が増えるほど貯金なし世帯の割合は増え、未納数4つ以上の世帯では78・1％が貯金なしと回答している。「北海道子どもの生活実態調査」（高2）では全体の23・4％、赤字で借金をしている世帯では76・1％が貯金なしと回答している。

8 「北海道ひとり親家庭生活実態調査」では、心理的ストレス得点（K6）の合計得点が10〜14点の回答者が14・8％、15点以上が9・8％である。赤字で借金をして生活している世帯に限ると、10〜14点が19・3％、15点以上が16・9％、また未納数4つ以上の世帯では10〜14点が23・7％、15点以上が19・8％である。なお、「二十一世紀における第二次国民健康づくり運動（健康日本21（第二次））」では、K6の合計得点10点以上（20歳以上）を、「気分障害・不安障害に相当する心理的苦痛を感じている者」としている。

引用・参考文献

馬場康彦（2007）『生活経済からみる福祉――格差社会の実態に迫る』ミネルヴァ書房
鳫咲子（2016）『給食費未納――子どもの貧困と食生活格差』光文社新書
北海道大学大学院教育学研究院（2018）『2017年 北海道 ひとり親家庭生活実態調査報告書』
北海道保健福祉部（2017）『北海道子どもの生活実態調査結果報告書』
日本生活協同組合連合会（2017）『2016年「全国生計費調査」速報』
日本政策金融公庫（2018）『教育費負担の実態調査結果』
都村聞人（2006）「子育て世帯の教育費負担――子ども数・子どもの教育段階・家計所得別の分析」『京都大学大学院教育学研究科紀要』52、65〜78頁
鳥山まどか（2017）「子育て家族の家計――滞納・借金問題から考える」松本伊智朗編『「子どもの貧困」を問いなおす――家族・ジェンダーの視点から』法律文化社、134〜149頁

第6章

教育の市場化は子どもの貧困対策となるのか

…篠原岳司

1　序論――教育の市場化とは何か

本章では、子どもの貧困対策に向けて期待が寄せられる学校教育、そして公教育のあり方について、教育の市場化を切り口に考えていく。周知の通り、日本政府は2014年8月29日に「子供の貧困対策に関する大綱」を閣議で定め、10の基本方針を中心に、子どもの貧困に関する調査研究の実施、現状を表す様々な指標の策定と、その指標を改善するための重点施策について示している。教育面では、学校をプラットフォームにした子どもの貧困対策の推進、教育費負担の軽減、学習支援の実施、等のメニューが掲げられ、文部科学省はそれらに基づきスクール・ソーシャルワーカーを中学校区ごとに配置できるよう予算拡充を進めている。子どもの貧困対策に向けた教育界への期待は、このような一連の政府の動きからもわかるとおり、学校がもつ環境と資源を活用し、学校を子ども支援の舞台として想定し、教育と福祉の協働によって貧困対策を行おうとするものである。

一方で、わが国の公教育や学校では、その改革や改善をねらい「教育の市場化」が進行している。本論における「教育の市場化」であるが、まず市場とは、生産と消費の間の需給関係によって価値交換が行われるシステムを意味している。そのため、市場化とは、市場がもたらす関係性の中で価値の形成や変動が起こる過程を表す。したがって「教育の市場化」とは、人々が自らの教育要求を実現させようと様々な教育サービスの中から最も質が高く効率の良いものを「合理的」に選別し、価値形成を行う過程として捉えておきたい。

この教育の市場化は、世界的にも注目を集める公教育改革のトレンドである▼1。公の教育が市場化されるということは、その運営は政府および地方行政だけに留まらなくなり、教育サービスの受け手である子どもや保護者と、教育サービスを提供する多様な個人および団体等との直接的な価値交換の下で運営されることを意味する。またこの変化は、政府による従来の公教育の管理運営方式を、市場というシステムを用いて崩すことを意味する。つまり、教育の市場化が導入されれば、公教育の一部ないし全部において、教育サービスの需給に関わることのできる当事者が、政府に代わり、その決定と実行の主導権を獲得していくことになる。したがって、本論では、教育の市場化を、教育サービスの需給当事者による公教育の直接的なコントロールとそのための変革の過程としても捉えることとする。

では、本論はなぜ教育の市場化を子どもの貧困対策との関係で論じるのか。その理由は、教育の市場化は子どもの貧困に対して解決の道筋をつけるどころか、その再生産の温床として機能するのではないかという疑念があるからである。たとえば、次のような教育界と公教育の現状をどう考えるだろうか。言うまでもなく、わが国では民間レベルにおいて様々な教育サービスが発達している。市民はそれらを選択し購入することで、公教育の内外にて子育てと教育を進めている。また今日では、民間による教育サービスは公教育と学校制度の不十分さを穴埋めし、その量と質を補完する役割が期待されており、学校においても家庭においてもそれぞれに市場を介した教育をめぐる価値交換が検討されている。各家庭は、現状の公教育において十分な教育を受けられないとわかれば、家計からの私費負担でそれを補完をせざるを得ない状況すらある。つまり今日では、子どもたちが社会権保障としての教育を受けるうえでも、家計から私費を投じ、民間の教育サービスを買わざるを得ない状況が成立している。

この状況は、可視化された現代の子どもの貧困対策にも大いに関係するものである。なぜなら、教育を受ける権利を十分に享受するためにも、実際には家計の状況が強く影響しうるからである。このままでは、わが国の公教育が富める者・選択できる者ばかりに教育権を保障し、貧しい者・選択できない者にはその機能が限定化されていくことにもなりかねない。またそれは、公教育が貧困の世代的再生産の温床として機能することを意味していよう。これらは、子どもの貧困対策を考えるうえでも看過できない問題として捉えておかなくてはならない。

そこで本章では、今日における公教育の限界、そしてそれを克服しようと期待が寄せられる教育の市場化の課題を明らかにし、望むべき公教育のあり方を子どもの貧困対策との関連で論じていく。結論を先に述べれば、教育の市場化は、子どもの貧困対策の最適解ではなく、むしろ公教育の改革手法としては問題が多い。そのため、公教育というものを改めて考え直し、現状に対するオルタナティブを、市場化とは異なるアプローチとして追究していくことが本論の趣旨である。

2　日本の公教育の構造とその限界性——なぜ教育の市場化が支持されるのか

本節ではまず、従来の日本の公教育システムの構造とそれを支える基本原理を確認しておく。また、日本の公教育が直面する今日的な限界について明らかにし、今日の日本において教育の市場化が進行し、支持を得る背景をあらかじめ紐《ひも》解いておきたい。

（1）日本の公教育システムの構造とその基本原理

日本の公教育は、1945年8月の敗戦以降、教育勅語に基づく戦前の勅令主義を廃し、日本国憲法および教育基本法を根幹とする法律主義に基づき運営されてきた。この法律主義の根拠は、国民主権に基づく普通選挙の実施と、議会制民主主義に基づく国家及び地方自治体の民主的な統治構造にある。また、教育が「不当な支配」に服することがないよう、教育行政は一般行政から独立して運営されるとされ、文部省（現・文部科学省）と地方教育委員会で形成されるタテ割りの行政構造の中で管理運営がされてきた。また、地方における公教育事業の財源は、国庫からの補助金と地方の税収に加え、必要に応じ地方交付税交付金が国から給付されることにより、地方間の財政格差が教育条件の差に結びつかない方式となっている。教員の雇用は、義務標準法ならびに高校標準法によって教員配置の標準が定められており、その標準に基づき教員数と給与の総額が計算され、国が必要な予算を地方自治体に配分することになっている（義務教育においては3分の1は国庫補助金、残りは地方交付税交付金）。このように、日本の公教育は、日本国憲法第26条が定める社会権としての教育を受ける権利を、公正で平等に実現できるよう、国および地方における教育行政構造の中で、様々な条件整備が進められてきた。このことにより、日本各地における教育の機会均等の保障が目指されてきたのである。

一方、教育学の学説では、このような社会権を中心とする国家の教育権保障に対し、子どもの教育に責任を担う保護者と教育の専門家である教師▼2に教育の根源的な権利があるとし、国民が教育に関する意思決定に直接関与するあり方が追求されてきた（国民の教育権論）。また保護者と教師の関係は、金銭の支払いを通じた教育サービスの需給関係ではなく、子どもの発達要求と保護者の教育要求を専門的に受けとめ教育実践へと反映させていく民主的な討議と手続きに基づくものが目指されてきた（文化的自治のルート）。

これは、堀尾輝久が述べた「私事の組織化」としての公教育、または「親義務の共同化」の理念に基づく公教育運営の姿である（堀尾 1991）。また、この実現に向けては、教育の民衆統制の考え方が重要だとされてきた。それは、教師などの教育職たちが有する専門的指導性を、保護者や地域の住民たちによる民主的な統治のプロセスによって管理・統制しようとする考え方のことである。

それゆえ、教育の市場化は、従来の公教育において常に警戒すべき対象であったと言える。市場化は、教育に関わる需給当事者間の価値交換を全面的に承認する論理であるため、その承認は、特定の個人による恣意的な価値が公教育全体に作用することを許す恐れがある。またその作用は、法律主義に基づく公教育の公正な管理様式を損ねる可能性も生じさせる。ゆえに、公教育の運営に市場原理を導入すべきとする論理は、内閣主導の諮問会議等でも繰り返し導入が検討されながら、教育界の抵抗から可能な限り退けられてきた歴史があった。より良い学校と教育を求めて学校選択制の導入の声が強まった時にも、その是非とその有り様をめぐっては慎重論が勝り、実際には限定的な採用に留まることが多かった[3]。

こうして、わが国の公教育は、市場に基づく個人の価値交換とそれによる調整機能に委ねるのではなく、議会等を通じた民主主義に基づく意思決定と、それを管理運営するための法律等にその規範や正統性を求め、民主的統治と専門的指導の中で厳格に運用されてきた。ところが、現代の日本では、このような公教育の理念と現実の間にも様々なズレも生じている。戦後の日本の公教育は学説が示す理念のとおりに実現したとは言いがたかった（黒崎 1992）。また、法律主義に基づく公教育の管理運営は、建前上は誰もが平等かつ公正に教育の機会が得られるよう、教育行政機関がその保障に責任を負ってきたが、もはやその内部では限界が目に見えて表出している。そこで、次にその限界にも目を向けていくことにしよう。

（2）日本の公教育システム内部における2つの限界

今日における公教育の限界は次の2点に大別される。第一に、学校と教師のキャパシティの問題があげられる。日本の学校は、戦前戦後から今日までに、生徒指導や養護のように、子育てと教育の様々な課題に合わせてその機能を拡大させてきたことで知られている（雪丸 2016）。また、献身性という言葉で表現されるように、日本の教師は教育者としての専門を超えてでも、子どもと家庭の生活上の複合的な困難を引き受けようとし、自らの役割と機能を拡大させてきた。ところが、その献身性に根ざす日本の教師の役割と機能は、現代において深刻化・複雑化する子育てと教育の課題に対し、もはや限界に達していると言わざるを得ない。誤解してはならないが、それは日本の教師が献身性を失ったからでもなく、かつてのように努力をしなくなったからでもない。矢継ぎ早な「改革」の連続で業務が増加し多忙化する学校と教師▼4には、生活面で様々な困難に陥っている子どもの状況に気づくことができても、それを支えていく余裕が時間的にも精神的にも失われている現実がある。ましてや、多くの教師たちは困難を抱えた子どもや家庭を支えるための専門的な訓練を受けているわけではない。かつての教師であれば、たとえそれが教育者として専門外の仕事であっても、それを補うだけの余力と精神力があったかもしれないが、今日の学校と教師にそれを求めることは大きな重荷にしかならない。

もはや公教育においては、困難の中にある子どもの生活と学びを教師のみが全面的に支えることは不可能だと言えよう。しかし問題は、その認識が社会において十分に形成されてきたかである。この現実が直視されなければ、社会は今まで通り学校と教師に問題解決の期待を寄せてしまうことになる。そのことは、社会が無邪気なままに、公教育の瓦解、解体に加担してしまうことになりかねない。

第二の限界は、日本の公教育において強固であったはずの教育の機会均等と質保障の基盤が剥落していることである。第一の限界が、教師が子どもの支援のために専門外の領域までを担当できなくなっている問題であるならば、第二の限界とは、教師本来の専門性に基づく仕事すらも十分に遂行できなくなっている問題である。たとえば、教育の格差と聞けば、一般には各家庭の経済状況に起因する学力格差や文化的な格差を連想しがちだろう。しかし、教育の格差を問題視する際には、地域の教育条件整備においてすでに不平等な実態が拡大していることに目を向けるべきである。それほどまでに、今日における地方の教育資源の欠乏、何よりも教員不足の問題が深刻化している。次に例をあげてみよう。

2004年に義務教育国庫負担金制度に総額裁量制▼5が導入されて以降、多くの都道府県では将来的な教員需要の減少を見据え、正規雇用の教員採用を控えたとともに、1年の期限付きの教員の採用によって、部分的な不足を補ってきた。また、2007年には教員免許更新制が導入され、教員免許状の効力が10年とされ、教員として学校に勤めるためには10年ごとに大学等の講習を受けて免許を更新する必要が定められることとなった。これらの改革は、困窮する国家財政を背景に教育の質保障を対外的に示す必要性から進められたものだが、結果的に日本の教員の職業的な地位や身分の不安定化につながるものであった。そして今日、教員の大量退職期に入り多くの採用が必要であるにもかかわらず、「ブラック部活動」(内田2017)など教員の仕事の過酷さも一般に広まり、若者たちにとっても教職への魅力を今までよりも感じにくい状況が見られている。これらの状況が複合的に絡み合い、教員不足の構造的な問題が形成されてきたと言えよう。北海道の公立小中学校では、産休や育休、病気休業等で教員に欠員が生じても、臨時的な教員の担い手が見つからず、学校に教員が補充されない事態が深刻化している(2018年1月17日 朝日新聞朝刊：北海道本社、26頁)。学校に教員が補充されないということは、たとえば、教頭が授業を担当する、中学校の教員免許所有者が免許外・専門外である小学校で教える、不足する教科について専門外の教員が教える事態が起こるということである▼6。このように、地方の学校においては、学習指導要領に定められた標準的な教育課程すらも、それを専門とする教員が不足し、免許外の教員によるやりくりが常態化しはじめている。戦後教育におけるわが国の公教育は、教育の機会均等の達成度が世界的にも類を見ない高水準だと評価されてきたが、それすらももはや幻想となりつつあるのかもしれない。

さて、ここで示した公教育の限界が社会的に広く認識されていくと、保護者や子どもは、日本の公教育に対し漠然とした不信感を抱くようになるだろう。またそれは不信だけではなく、実際に不平等な教育環境を経験することで不満が高まることにもつながりうる。それらを今日の学校と教師が、そして教育行政機関が、改善要求として受けとめきれない時、保護者たちはしびれを切らし、市場による調整機能によって自らが望む教育の実現を求める方向で問題を解決しようとするかもしれない。これこそが、法律主義に基づく強固な管理構造を有する公教育の内部に対し、教育の市場化への期待や要求が高まっていくシナリオである。

3 日本における教育の市場化の現状——なにがどこまで進んでいるのか

それでは、教育の市場化は実際にどこまで進行しているだろうか。日本の現状を分析するために、その比較材料として、教育の市場化が著しく進行しているアメリカの都市部の動向を紹介し、市場化の中で公教育の崩壊が危惧されている現状を確認する。それに続けて、日本における教育の市場化の動向を確認し、その進行具合を描き出していく。

（1）アメリカにおける教育の市場化と教育の「貧困化」

アメリカの一部の都市部では、学力の人種間格差や高校中退、ドラッグ問題など、1980年代には公教育の荒廃への批判が最高潮を迎えていた。その問題に対し、都市部の教育行政機関は硬直化していて改善の道筋を描けなかったことから、ニューヨークやシカゴ、ボストンなどの都市において、教育の市場化を手法として訴える市長が誕生することになった。いわゆる、一般行政から独立した教育委員会ではなく、市長自らが主導権を握って公教育の改善に取り組みはじめたのである。これらの市長は、財界等の支援を得ながら、公教育の改善のために教育の市場化を伴った公教育改革を進めていき、近年の研究においてはそれらが問題含みであったことも指摘されている（ラビッチ 2013、篠原 2014、鈴木 2016）。ここでは日本の今後にも関連しうる代表的な問題として、標準学力テスト政策の徹底による教育の「貧困化」と、都市の教育統治における恣意性の高まりを取り上げてみたい。

はじめに、標準学力テスト政策の徹底による教育の「貧困化」の問題についてである。アメリカでは、2001年成立の「落ちこぼれ防止法（No Child Left Behind Act of 2001）」によって、州が小学3年生以上の全員に一斉に学力テストを実施して、その達成度を測ることが決められた。この政策の本旨は、本来的には教育格差是正を目的とする補償教育政策の一環であったが、子どものテスト成績に基づいて学校現場と教師に厳格な結果責任を求めた点が従来にない点であった。つまり、以後のアメリカの公立学校は標準学力テストの達成度によって、学校や教師の処遇にも影響を及ぼすことになり、その報奨と罰の仕組みの中で学校と教師を公教育の改善へと向かわせようとしたのである（篠原 2012）。

しかしながら、この政策は、各学校のカリキュラムと教師の教育実践に対する統制を強める結果となり、それによって一部では問題も生じ始めた。それは、主に貧困地域を抱え学力テストでも成果が現れにくい都市部の公立学校で見られた教育の「貧困化」である。教育の「貧困化」とは、至上命題である標準学力テストの成果のために、授業内容が問題演習とテスト解法技術の習得に傾斜し、家庭での宿題が増加し、テストで問われない教科科目の削減ないし削除が進むことである。子どもの学びがテストでの達成を目的とするものへとシフトすると、自ずと基礎的なリテラシーや計算能力の習得ばかりが目的化されることになるが、それは学校での学びが、子どもたちの厳しい生活環境を背景として捉えないままに、教育が行われることを意味する。また、そこまでしてテスト対策をしても連続して成果が上がらない場合には、その学校は「ターン・アラウンド」と呼ばれる廃校措置が下され、その代わりに学力テスト対策に長《た》けた民間企業やNPO法人が運営する公設民営学校が開設されることになる。そこでは、かつての公立学校に通う子どもも入学や転入において選抜されることもあり、地域の公設民営学校に通えずに遠方の別の公立学校へ転入し、再びテスト対策に特化したカリキュラムで学ぶケースも見られていた。

ここで示した教育の「貧困化」の例は、実際にシカゴ市内の公立学校で起きてきた事実に基づくものである（篠原 2014）。そしてこの問題は、教育の市場化のもう1つの問題であった教育統治における恣意性の高まりによって助長されていた。次に、その恣意性の高まりを公教育における2つの「私」勢力の拡大に焦点化し明らかにしてみよう。

まず、第一の「私」勢力の拡大と呼べるのは、限られた政治家および行政担当者への権力集中である。これは、いわゆる教育行政への民主的統制が弱められ、行政上の権限を有する特定の者の恣意によって改革が進められる状況を表している。たとえばシカゴで見られた市長による教育行政への支配（Mayoral

Control / Mayoral Takeover）は、学校ごとに保護者と住民が教師と共に学校経営について協議してきた学校委員会（Local School Council）の取り組みを一部で廃止に追い込んでいた。「教育における直接責任」はわが国の旧教育基本法10条1項で確認された教育行政の民主化を支える基本原理であり、この趣旨は子育ておよび教育に一義的に権利と責任を有する保護者と、教育専門職として科学と真理に基づき子どもの成長発達を支えていく教師の直接的な応答関係を基軸に、教育の正統性を共同で紡ぎ出し、教育と教育行政の調和を民主的で文化的な営みによって図ることにあった。しかしながら、シカゴのケースは教育における直接責任のルートが「私」勢力の拡大によって分断された例であり、この政策は、特に学力テストの成果があがらない貧困地域がターゲットにされていた（篠原 2014）。

次に、第二の「私」勢力の拡大と呼べるのが、民間企業やNPO法人等の個人・団体による公教育政策への影響拡大である。その顕著な例が、公設民営学校の運営ならびに教員養成への参画である。たとえば、KIPP（Knowledge Is Power Program）等に代表される様々な民間団体が、荒廃する都市部の公立学校の閉校後に、学力格差の是正をミッションに掲げ公設民営学校の運営を担うようになっている。先に例示したシカゴにおいても、市長の政策によって公設民営学校は2004年以降でおよそ100校を超える数にまで増加している。また、都市部の貧困地域で新たな学校が開設される場合、かつての公立学校に勤めていた教師が解雇されており、新たな雇用が必要となる。その需要に応えるために、ティーチ・フォー・アメリカ（Teach For America）等の教員養成部門に参画している民間事業者が、有力大学出身者に短期的な教育訓練を施し、それらの人材を連携する公設民営学校に任期付き教員として送り出す事業を行っている。なお、それらの民間事業者は、荒廃する公教育の「改革」を担うものと期待され、ゲイツ財団等に代表される巨大財団が多くの寄付金も投じている。こうして、巨額の富を背景に寄付と投資によって教育改革を

「支援」する慈善事業者の存在もまた、民間企業やＮＰＯ法人等の個人・団体による公教育政策への影響拡大を支えている。今日のアメリカの一部の都市部では、公教育内部における「私」勢力の拡大によって教育の市場化がより強固なものとなっている。

一方で、これらの教育の市場化に対しては問題も指摘されている。その代表格である教育史学者のダイアン・ラビッチ（Diane Ravitch）は、巨額な財を有する民間の個人・団体、そして財団がたとえ立派で高潔な意思をもつ者たちだとしても、公の教育システムの中では、それらの事業に対しても民主的かつ教育専門的なチェックが働く必要があるとしながら、その私的な勢力に基づく教育政策や実践にはそうした作用が及ばない問題性を指摘している（ラビッチ 2013）。また、たとえ問題のある教育が行われても、それらの個人や団体は子どもや保護者に対し直接に責任を負うことがなく、巨額な財を背景に政治を動かし、公のシステムを隠れ蓑にしながら、無邪気で恣意的に教育改革が進められることを問題視している。

このラビッチの主張は、アメリカにおける教育の市場化において経済的な強者である「責任を問われない権力の塊」（ラビッチ 2013）が、教育の意思決定過程を乗っ取り、公を構築し教育を運営する過程を崩壊させる危機を示すものである。このように公教育の恣意的な支配は、主権者である国民や教育の当事者である保護者や教師、学び手である子ども本人からの意思を置き去りにし、学力格差の是正を徹底しようとしながら教育の「貧困化」を先導し、結果的に貧困の世代的再生産を強化してしまいかねない。これがアメリカに見られる教育の市場化の動向とそれに伴う問題の究極例である。

（2）日本における教育の市場化の動向

では、日本における教育の市場化はどれほどの到達をみているだろう。結論的に述べれば、日本ではアメリカほどに教育の市場化が公教育内の深部に浸透しているわけではない。それは、現行の公教育の法的な仕組みが市場に基づく価値形成の余地を限定し、教育における「私」の恣意性を排除可能な管理運営が維持されているからである。日本国憲法第26条の社会権保障の理念、そして教育基本法および学校教育法を中心とする学校教育に関わる条件整備と就学に関する全体保障の仕組みは今もなお強固であり、学習指導要領に基づく授業時間数の管理、学校設置基準に基づく学校施設の最低保障、義務標準法および高校標準法に基づく学校への教員配置と予算措置の標準設定もまた、限界は指摘されるものの、システムとしては日本の公教育の「面の平等」（苅谷剛彦）を今もなお支えている。また、たとえ学校を自由に設立したいと考えても、学校教育法第2条に定める学校設置者の規定と私立学校法に基づく学校法人設立のハードルの高さから、それは決して容易ではなく、公の管理の中でその適格性が常に問われる仕組みとなっている。なお、構造改革特別区域法に基づく政府の規制緩和の方針から、2000年代には多くの「教育特区」が創られたが、特区によって容認された（規制が緩和された）教育メニューは、株式会社またはNPO法人による条件付きの学校設置と、学習指導要領の弾力的運用（小学校の外国語教育、環境教育）に限られている。

一方、近年の法改正によって、日本の公教育では民主的な意思決定を学校レベルにおいて制度化し、学校において保護者や住民の意思が教師と交わり、その内容や質を評価し決定づけていくシステムが整備された。着実に数を増やしつつある学校運営協議会（コミュニティ・スクール）は、学校単位で設置される協議組織であり、保護者にとっては直接的に学校経営に参画できる仕組みである。これは、教育の決定に民主的に関与できるルートを拓いたものであり、「私事の組織化」としての公教育へと一歩近づくための重要な制度改正となっている。

このように、日本の公教育の法的な基盤は、教育そのものへの恣意的な作用を受け付けないだけの堅牢さが保持されている。アメリカの都市部で確認されるように、教育の市場化を導入しようにも、その問題の発生を防ぐだけの法的な規制は未だに強いことは確認しておくべきだろう。

しかしながら、前節で確認した公教育の限界を背景に、日本においても教育の市場化の兆しが見られていないわけではない。地方教育委員会は、首長や議会、また一般行政部局からも独立した教育行政機関として戦後から長くその役割を果たしてきたが、2015年の法改正によりその独立性が弱められ、教育行政への首長の影響力が強められた。また、日本の各種法律に基づく教育の社会権保障の仕組み、そして教育委員会制度改革や学校運営協議会に基づく保護者要求を反映させる仕組みが、どれほど保護者や子どもの困難を受容してきたのだろう。実際には保護者の様々な教育要求が公的に調整されず、実際の教育に反映されないことが続くなど、民主的な手続きが形骸化しているという指摘も多い。このような課題多き状況では、保護者や市民の中でも教育の市場化への期待と要求がますます強まることが想定できるところである。

（3）日本の公教育の課題と教育の市場化への警戒

そこで、教育の市場化について警戒すべきポイントを整理しておきたい。第一に、すでに述べている教育における民主的な手続きの形骸化である。形骸化は、議会制民主主義に基づく教育統治の欺瞞《ぎまん》（真に保護者や子どもの要求を調整できずそれに応えられていない）、そして教育の専門家である教師や自治体の教育行政管理に対する不信（自分たちの子どもの教育を任せられない）を強める要因となり、教育における恣意的な決定と支配を引き起こす背景となるものである。今日の学校運営協議会の取り組みにおいても、一部の声ばかりが強く採用されるなどの課題を乗り越え、いかにして教育におけるミクロポリティクスを民主的に実現できるかが課題として突きつけられている（仲田 2015）。

第二に、公教育における教育条件整備の不足である。教育の機会均等の理念の下で「面の平等」を実現させてきた公教育の限界は、もはやここで繰り返す必要がない。教員のなり手不足は教育格差の温床としてすでに深刻な問題となっている。もし国と地方の教育行政機関がこの問題に手を打てないのなら、市場にその問題解決を期待し、アメリカで見られるような企業等が促成で教員養成を行い、教員不足の学校に送りこむ事業が日本でも必要とされていく可能性はあるだろう。ただし、そこに公の管理が施されなければ、その教員の能力や資質が保障されるかは不明であり、市場への単純な期待だけで教育格差を改善する試みには慎重さが求められよう。

第三に、教師の仕事とそれを支える専門性の矮小《わいしょう》化である。2007年以来実施が続く「全国学力・学習状況調査」は、「調査」と銘を打ちながら、その結果は各学校における子どもの現状把握と、日々の教育活動の省察に活用されるばかりではない。現実には都道府県別のランキングが公表されその順位に市民が一喜一憂する現象が起きており、その「順位」が低ければ、一部の政治家が地元の教育界に対し猛烈な批判を行う姿が確認されている。ある自治体では首長が記者会見を開き、毎年の成績不振を改善しようと、学力テストの成績と教師の処遇を連動させる評価システムを導入し、成果が上がらない学校と教師に厳しい評価を下すことも検討し始めている▼7。しかし、学力テストの成績と学校および教員の処遇を連動させる評価方法は、アメリカですでに見られたように教育の「貧困化」を引き起こしかねない。また、そうした評価が厳格に実行されれば、教師の仕事は数値で計測可能な成果を上げることに制限されてしまうだろう。しかし、教師がそうした成果達成に努めれば努めるほど、人間の全面的な発達を支える教育者としての専門性を狭めてしまい、やがて「使い捨ての労働者」として容易に代替可能な職へと、自らの地位を貶《おとし》めることになりかねない（鈴木 2018）。このように、教育の市場化によって教師の専門性が矮小化されるような事態は、公教育の改革において絶対に避けなければならないことである。

最後に、公教育の無償化のさらなる後退である。日本では義務教育の無償が憲法で定められていながら、その実質は授業料の不徴収と教科書の無償給付に限定され、就学にかかり実際には多くの私費負担が課されている。また、就学前や高校および大学以上の教育費の多くは家計に依存していることはもはや言うまでもない。この現状に加えて、今日では次世代の教育を追究すべく、先進的な取り組みをする場合にICT教材や設備の購入費用、留学プログラム等の経費なども徴収されることがある。地方の高校では学校規模の縮小から教員の配置人数が減少しており、難関大学進学のための受験指導のために民間企業の販売する通信教材を活用し、生徒の学習成果物をクラウド上で集積し管理するポートフォリオシステムを採用する例も増えている。このように、公教育への予算が拡充されない中で、資源が不足する学校や地域は、民間企業とも協働しその教育の内容を充実させようとしている。これもまた教育の市場化の一形態であるが、このことが教育の質を個別には充実させる一方で、公教育の無償性の実現をより遠のかせることが懸念される。むしろ必要な教育のあり方について合意を作り、それまで家計の負担を強いてきた教育費や、民間事業者が補塡し拡充させてきた教育の実質について、公の議論の中で公費化に向けた検討を進められることが望ましいのではないか。

このように、日本における教育の市場化は、既存の公教育システムに対する不満と不信の高まりがあること、そしてその不満と不信を解消できるほどのキャパシティを公教育が失いつつあることによって、今日の日本でも着実に支持を獲得しつつある。また、公教育側も自らの限界を自覚し、市場に対し自らの領域を開放し始めている側面もある。現状では、公教育としての堅牢な法制度が維持されながらも、民間企業の資源やアイデアを購入することで子どもや家庭の要求を満たすことが先行し始めており、公論を形成して公教育を構築し直す動きが非常に弱いのが日本の現状である。このような現状を、日本における教育の市場化の到達点として捉えておくことが必要である。

4　教育の市場化は子どもの貧困にどんなインパクトをもたらすのか

最後に、教育の市場化が子どもの貧困にどんなインパクトをもたらすのかを考え、公教育の望ましいあり方について論じることとしたい。

（1）教育の市場化が子どもの貧困対策の最適解ではない

第一に論じたいことは、教育の市場化が子どもの貧困対策の最適解ではないということである。アメリカの事例で確認したように、教育の市場化に委ねる公教育の改革が無規制に行われれば、貧困の中に育つ子どもたちには「貧困化」した教育が公教育の中で実行され、公教育における貧困の世代的再生産の強化をもたらし、社会がディストピアに向かうことさえも助長してしまうことになるだろう。こうした公教育における市場化の問題性を是正しようと、政府によるコントロールされた市場化、いわゆる「準市場」の導入が採られることもある。たとえば、困窮家庭を中心に塾や習い事の購入費をクーポンの形で給付することで、現存する子育て・教育における格差を是正する取り組みなどがその例である。ただし、このような準市場による取り組みも、サービスを提供する事業者に対し公共的な使命が共有されなければ、それは剝落する公教育の限界性の克服ではなく、公教育の役割と規模の縮小をもたらすだけである。同様の問題は、子どもの貧困対策に取り組む自治体の学習支援事業においても当てはまる。たとえば、学習支援事業が「高校進学○○パーセント」を達成目標に掲げ、それを最も安価で最も効率よく実行可能な事業者に委託されることになれば、委託事業者は受験指導と進学講習に専心せざるを得なくなる。それでは、貧困の中で育つ子どもたちに本来必要な、安心して過ごせる居場所を提供することにはつながらない。むしろアメリカで見られてきたように教育を「貧困化」させ、支援と銘打ちながら、公の事業が子どもたちの将来を極めて限定化させることになりかねないのである。

子育てと教育に関心をもつ親からすれば、わが国の公教育の問題解決を試みたいとすること自体は否定されがたいことであろう。ただし、その手段として市場の導入（市場化）は、以上の懸念からも最適解とは言いがたい。むしろ、教育の市場化がもたらす教育の「貧困化」により、児童期から思春期にかけて学ぶ喜びを味わえない子どもが「支援」の名の下に生み出される恐れが生じる。それゆえに、本質的なアプローチとなるのは、公教育そのものの条件の修繕と質の向上、そして民主的運営の再開発である。それこそが、いわゆる市場化を求めなくて済む、公教育のオルタナティブへの道筋である。

（2）教育の市場化に対抗する公教育のオルタナティブ

では、公教育のオルタナティブとはいかなるものだろうか。本論では、2つの視点を示しておくことにしたい。第一は、子どもの声を聴く、子どもの本音に耳を傾けるということである。1989年に国連総会で採択され、日本も批准をする「子どもの権利条約（児童の権利に関する条約）」では、子どもの生命・生存・発達に関する保障が権利として定められる中で、子どもに関する支援や保障が行われる際には、それが子どもにとって最も良いこと、いわゆる「子どもの最善の利益」の保障が追究されなければならないとされている。そして、子どもの最善の利益の保障は子ども自身の意見表明と参加の尊重によって実現されるべき点が、理念として示されている。貧困の中で育つ子どもたちを励まし支えようとしても、それが本人の望まない、意欲のもてない道筋であれば、子ども本人が主体性を育み、自らの人生を生きることにはつながりにくい。そうではなく、かつてパウロ・フレイレが示したように、学校や社会における子どもたち自身の対話による矛盾の顕在化や意識化が、教育における支援では重要となるだろう▼8。わが国の教育の歴史には、生活綴り方教育や集団づくりの優れた実践とその蓄積があり、今日では貧困そのものを対象化した高校の特別プログラムも一部で実行されている▼9。それらを検証し、大人の管理による形式化した対話ではなく、子どもの最善の利益の実現を目指した意見表明と参加を理念とし、子ども理解に基づく支援の実現が求められていく。そしてその先に、子どもたちの市民としての自由の獲得、そしてそれを支える自治の能力を育めることが理想である（児美川 2018）。

第二に、子どもの声を民主的な合意形成につなげる仕組みの再構築が求められる。たとえば、学校における対教師との関係では、子どもは教育され保護される対象であるばかりではなく、本質的には学びの主体であるはずだ。ところが、日本の公教育には、自らの学びと育ちのために子ども自身が正統なルートで要求をあげられる仕組みが不足している。学校の児童会や生徒会の活動も、課外としての部活動も、本来は子どもの自治的活動であったはずが教師の管理の下に子どもの主体性は制限されることも多い。そうではなく、公教育は子ども自身がその公共圏を形成する主体として育つ機会であることが確認されるべきである。重要な例が、1990年代後半から一部の地域や高校で取り組まれた三者協議会や四者フォーラムと呼ばれる合議制の対話集会である（宮下 2004）。これは、教師や保護者、地域住民らと共に、子ども自身が自らの学ぶ環境や暮らす地域のことについて意見を交流できる機会であり、学校や社会において痩せ細っていた公論の再構築へとつながる取り組みである。公教育のオルタナティブは、こうした三者協議会などの成果に学び、子どもたちが市民として民主主義の担い手になることを支えることで追究されるのではないか。そのことが、教育の市場化において懸念される「私」による公教育支配のオルタナティブとして、学校や地域社会における子育てや教育の民主的な決定を促していくことにつながるだろう。そしてそれは、マクロレベルにおいても民衆統制の実質化につながる道筋となるものである。

以上に論じてきたように、公教育の限界を克服すべく市場化への期待を抱いたとしても、社会的不正義としての子どもの貧困は容易に解決するものではない。むしろ、教育の市場化は、学習者と教育者との信頼構築の困難化、教育サービス供給の不平等の拡大など、貧困の解決に向かうどころか再生産を強化しうるほどの問題も生じさせうる。我々が追求すべきは、このような市場化の問題性を排除すべく現在進行する政策動向を注視することである。そして、子どもの現実を直視し、直に耳を傾け、子どもと共に社会における主体となり、身近なところから粘り強く公を再構成していくことである。公教育は、そのような地道な歩みを通して、社会権としての教育権保障、そして子どもの権利が尊重されるものとなり、貧困や格差の世代的再生産を助長することなく、人間の育ちを保障する公正な仕組みとして機能していくのである。

注

1　教育の市場化を用いた世界的な改革の潮流をＧＥＲＭ（Global Education Reform Movement）と呼び、その改革手法については問題性も指摘されている（Sahlberg 2014）。

2 本論では、学校に勤める教育公務員としての身分を帯びる場合に「教員」、その立場性から離れより教育の専門家としての地位を強調する場合に「教師」と表記している。

3 近年では、居住地域との関係の希薄化、登下校の安全確保、生徒数の偏りを理由に、前橋市などでは学校選択制の廃止を決定している。

4 2013年に実施された経済協力開発機構の国際教員指導環境調査（OECD TALIS）では、日本の教師は授業以外の業務量が他国に比べ多く、週の勤務時間も平均53・9時間と世界最長であることがわかっている。

5 総額裁量制とは、義務教育費国庫負担金の総額の範囲内で給与額や教職員配置に関する地方の裁量を大幅に拡大する仕組みのことである。詳細は、文部科学省ホームページ「総額裁量制の概要」（http://www.mext.go.jp/b_menu/shingi/chukyo/chukyo6/gijiroku/attach/1387183.htm）を参照。

6 臨時免許状の発行、免許外申請等で、制度上は緊急対応を可能とする仕組みがある。

7 大阪市の吉村洋文市長は、2018年度の大阪市の全国学力・学習状況調査における正答率が、政令指定都市20市のうち2年連続で最下位であったことを受けて、前年からの正答率を上昇させたかどうかで教員給与や諸手当、学校予算を決めていく方針を表明した。吉村市長の考えには、このような方策により「教員の意識を変える」意図が含まれている。

8 ブラジルの教育学者、哲学者であるパウロ・フレイレは、著書『被抑圧者の教育学』の中で、疎外された人間の開放には、「銀行型教育」とされる知識注入型・暗記型の教育ではなく、対話によって社会的・政治的な矛盾への認識へと導く「意識化」の必要性を説いていた（フレイレ 1979）。

9 たとえば、大阪府立西成高等学校では2007年より「反貧困学習」を進めている。その導入の背景には、生徒の厳しい生活背景と向き合う学校と教員の問題意識があり、内容は「反貧困」をテーマとする人権学習を基軸として、生徒との相談の中で具体的な対象が決められていく。ある年では、西成の地域性、就職差別、子どもの貧困などがテーマとなっていた（大阪府立西成高等学校 2009）。

引用・参考文献

フレイレ、パウロ著（1979）『被抑圧者の教育学』小沢有作他訳、亜紀書房

堀尾輝久（1991）『人権としての教育』岩波書店

苅谷剛彦（2009）『教育と平等』中公新書
児美川孝一郎（2018）「民間教育事業の公教育への『侵蝕』の現段階」『季刊 人間と教育』100号
黒崎勲（1992）「教育権の論理から教育制度の理論へ」森田尚人・藤田英典・黒崎勲・片桐芳雄・佐藤学編『教育学年報1 教育研究の現在』世織書房
宮下与兵衛（2004）『学校を変える生徒たち 三者協議会が根づく長野県辰野高校』かもがわ出版
仲田康一（2015）『コミュニティ・スクールのポリティクス』勁草書房
大阪府立西成高等学校（2009）『反貧困学習——格差の連鎖を断つために』解放出版社
Pasi Sahlberg (2014). *Finnish Lessons 2.0 What Can the World Learn from Educational Change in Finland?*, Teachers College Press.
ラビッチ、ダイアン著（2013）『偉大なるアメリカ公立学校の死と生』本図愛実監訳、協同出版
篠原岳司（2012）「『頂点への競争』の展開 ブッシュ政権の遺産とオバマ政権の教育政策」北野秋男・大桃敏行・吉良直編著『アメリカ教育改革の最前線』学術出版会
篠原岳司（2014）「アメリカにおける公教育解体危機と再興の手がかり シカゴ学区を事例に」『季刊 人間と教育』81号
鈴木大裕（2016）『崩壊するアメリカの公教育』岩波書店
鈴木大裕（2018）「日本の公教育の崩壊が、大阪から始まる——子どもの学力テストの成績で教師が査定され、使い捨てされる時代がやってくる」朝日新聞 DIGITAL：WEBRONZA（URL, https://webronza.asahi.com/business/articles/2018111900010.html）
内田良（2017）『ブラック部活動』東洋館出版社
雪丸武彦（2016）「学校の仕事の拡大史」末松裕基編著『現代の学校を読み解く』春風社

第7章

教育費の家庭依存を支える日本人の意識

…中澤 渉

1　公教育費増額の困難

幼児教育や高等教育の無償化が、政治的な争点となっている。民主党政権下で、公立高校授業料の無償化と、私立高校生徒への就学支援金が支給され始めたのが２０１０年。その後自民・公明の連立政権となり、２０１４年度から公立高校の無償化と私立高校への就学支援金支給には所得制限が設けられた。しかし、少子化傾向は継続しており、子どもの貧困問題も依然深刻な状況にある。家計が伸び悩む中で、子育て世帯への社会的支援が必要という声は根強い。

というのも、教育の専門家の間ではよく知られていた話だが、政府の財政支出の割合から見ても、また国内総生産（ＧＤＰ）比という観点からも、日本の公的な教育費負担は、ＯＥＣＤ諸国で最低水準である（OECD 2014; 2017）。私費負担を含めたトータルの教育費負担は、ＯＥＣＤ平均よりやや低い程度なので、日本は過重な私費負担によって、教育システムが他国並みに維持されているとも解釈できる。さらに、低所得層への進学支援のほとんどがローンで占められているのも、日本の大きな特徴である（中澤 2014; 2018）▼1。

ところが、公教育費の増加は、それほど容易ではない。まず日本政府の財政の問題がある。急速な高齢化で、社会保障費が財政全体を圧迫しており、実に２０１８年度の一般会計の歳入の３分の１が公債金、つまり借金によって賄われている。長期的には、消費税率引き上げにより財源を確保することが必要になるであろうことは、かなり広く認識されているように思われる。しかし、税率アップが景気を冷え込ませる懸念や、「無駄の削減が先だ」というような声にかき消され、問題解決は先送りされ続けている。

そして何より、公教育費の増額や、進学に対する低所得層への公的支援に賛成する人々が、国際比較を行うと、日本では多くない▼2。つまり、最低水準の公教育費負担と、日本人全体の平均的意識の間には、相互に関連があると言えそうである。本章は、子どもの教育は社会というより、個々の家族の責任でなされるべきという意識の実態と、その背景に迫ることを目的とする。

2 日本の教育制度と授業料負担の歴史的経緯

(1) 学校制度の発足から旧制学校制度の終焉まで

歴史をひもとけば明らかだが、授業料負担は、近年になって初めて言及された問題ではない。

明治政府は、急速な近代化を進めるため、様々な西洋風の制度を取り入れたが、教育制度もその一つであった。近代学校制度は、それまでの日本にはなかった異質な存在であり、庶民にとっての学びの場であった寺子屋を、執拗に閉鎖させてまでして設立したものだ。それゆえ、輸入された学校という装置は、一般民衆にとって、無理やり押し付けられた反発の対象ですらあった。しかし違和感の、そして時には憎悪の対象でしかなかった学校は、人々を支配する装置として、徐々に人々の間に浸透していった（森 1993）。

日本では江戸時代から、各藩の藩校を除けば、寺子屋や私塾など、私立学校が主体を占めていた。明治以降、留学帰国組が個々の理想を実現しようと、様々な私立法律学校を創設し、これらは後の私立大学に発展する。それに先立ち、幕末から洋学を伝授する私塾として明治以降も存続した慶應義塾は、授業料の徴収を初めて制度化し、多くの私学がそれに倣った（天野 2009: 72-87）。

授業料の徴収は、高等教育機関だけではない。日本の近代学校制度は学制の発布（1872年）に遡るが、全国に設置する必要のあった初等・中等教育機関の設置費用すら、政府は捻出できなかった。そこで、住民の割当金・寄付金や授業料、市町村費によって運営してきたのが実態である。義務教育の無償（授業料の不徴収）は、学制発布から30年近く経過した1900年の小学校令によって、ようやく実現をみた▼3。

民主主義的な社会を想定すれば、私たちは、民衆が一定の政治意識を抱き、それが政策や制度に反映されると考える。もちろんそれが全面的に誤りとは言えない。しかし近代学校制度の設立は（そもそも民主主義的手続きによってつくられたわけではないが）、そうした「意識から制度・政策へ」という因果関係で説明できるかは疑問である。むしろ事態は逆であろう。

ウェーバーは、近代資本主義社会が進行する過程で、人々が目的合理性という価値観に囚われるようになることを「鉄の檻（iron cage）」とよんだ。ディマジオとパウエルによれば、鉄の檻に囚われた近代人は、それぞれの地域や文化という環境に即した機能的な組織をつくるのではなく、どこでも類似した形態の組織をつくるのだという。これが制度的同型化である（DiMaggio and Powell 1983）。これは国家や自治体レベルでも、また個別の組織でも見られることだ。教育システムや学校も、その例として挙げられる。

制度的同型化には、強制的、模倣的、規範的というプロセスがある。強権的な勢力が、権力の象徴として新しい組織を設置し、普及に努める。しかし新しい組織なので、多くの人はその中身や機能を理解できない。いちいち意味を考えるより、権力に従い先行例を模倣するのが手っ取り早い。こうして一旦組織の普及が進めば、その組織の原型はモデルとなり、後から同じような組織をつくる際にはモデルを意識せざるを得なくなる。かくして学校とはかくあるべきもの、という範型が確立する。制度の初期条件は、一旦成立すると変更が難しいし、歴史的な影響が残り続ける。

学校運営には、当然コストがかかる。そのコストを受益者が負担する「授業料」が発明され、学校の恒久的経営が可能になる。資金不足だった明治政府は、財政面で頼りにならなかった。また政府も、授業料で学校運営ができることがわかれば、それを前提に財政制度の仕組みを設計する。このような状態だから、義務教育の無償化にも、30年ほどの年数が必要となり、こうした制度を前提に人々の意識も形成されていったと考えられる。

義務教育の無償化の背景には、人々の断絶を埋める市民性（国民）の構築への期待がある。つまり義務教育の社会的収益は大きいとして説明可能だ。そして義務教育は「義務」であるからこそ、すべての人々（保護者）が対象となり、授業料負担の問題も社会的に共有しうる。だから無償化が実現したと言える。

しかし高等教育になれば、教授内容の専門特化が進み、社会的収益というより、私的収益の側面が強まる。さらに、旧制学校制度において、高等教育機関はごく一部のエリート層の教育機関に過ぎない。だから高等教育については、時々授業料の問題は指摘されるものの、その問題は社会的に共有されにくい。一部の人しか縁のない、私的収益が大きな教育機関に、公費負担がどこまで許されるのか、という議論は当然喚起されることになる（Katznelson and Weir 1985）。

もっとも、大学、特に帝国大学は単なる教育機関ではなく、研究機関でもあって、国家の威信がかかっていた。財源不足の政府は、計画通り帝国大学を増設することはできず、当面国家の発展に直接的に寄与する（特に理系の）テクノクラート養成を優先させ、文系学部は私学に大きく依存することとなった（天野 2017）。

（2）戦後教育の大衆化と授業料負担

第二次世界大戦の敗戦で、日本は単線型の6・3・3・4制の教育制度を導入した。中等教育段階以降で分岐していた個々の学校は整理され、教育の大衆化が一気に進んだ。しかし政府に財政的な余裕がないことに、変わりはなかった。戦争で日本全体が疲弊していたうえ、義務教育が3年延長されたため、まず新しい義務教育機関である新制中学校の整備が優先された。このことは財政的に大きな制約となる。たとえば、新制高校は、一般教育と職業教育を統合する「総合制」が目指されたが、その整備にも財源が必要だ。結局、戦前の旧制中学・高等女学校・実業学校の設備を流用することとなり、総合制の計画は頓挫した。

国立大学の授業料は、相対的に低く抑えられていたが、授業料に依存する体質の変わらなかった私立大学は、物価の上昇もあり、授業料を値上げせざるを得なかった。当然、授業料の高騰や、国立大学と私立大学の間の授業料に、あまりに大きな差があることへの反発は、しばしば起こった。その詳細は中澤(2014: 227-270)に譲るが、重要なのは、大学進学率15％付近を境に、大学は「エリート段階」から「マス段階」の教育機関へと移行し、その性質を大きく変えるということである。そして日本では、エリート段階からマス段階への移行が1969年で、当時学生運動が激しかったのも、大学進学者層がマス（大衆）へと移行し、エリート教育機関とされてきた大学がその移行にうまく対応できなかった、とも考えられるのだ（竹内 1999; トロウ 1976）。

つまりマス（大衆）にも、大学進学は手に届くようになった。だから大学の授業料の問題も、大衆の問題となる。とはいえ、高度成長期も政府の財源は限られており、進学率の上昇に大きく寄与したのは、財源を学生の授業料に多く負う私学である。換言すれば、政府の財源が多く注ぎ込まれる国公立大学の定員枠は大きく増えたわけではなく、高まる進学需要に応えたのは主として私立大学であった。授業料の国公立と私立の差は、とりわけ進学需要の高まりに応えてきた私学側から、不公平だと問題視されてきた。政府は私学助成制度を設置する一方、国公立大学の授業料を年々上昇させることで両者の差を埋め合わせようとした。

以上のように、社会的に共有されていた問題は、授業料の「高さ」である。確かに、個別には、授業料の高騰で、支払う余裕のない家庭の進学機会が閉ざされるという「進学機会の不平等」が論じられることはあったが、全体的な論調としては、一般的な家庭を念頭に置き、そうした家庭でもかなりの負担を感じるほど授業料や進学にかかるコストは大きい、というようなものが多かった。高度成長期以降、子どもの貧困問題は、言及されること自体が稀《まれ》になっていた。

進学には金がかかるもの、そして当座、その進学にかかるコストを負担するのは親の役目、というイメージは日本社会の中に定着していた。一旦定着したこのイメージは変わるのが難しく、政治の場でも、民主党政権による政権交代まで、公教育費の増額がまともに議論されることはなかった。つまり負担の重い教育費が政治的争点となるには、大学進学率が50％に達し、トロウのいう「ユニバーサル段階」に突入し、大学進学が多数派の人々の問題となる一方で、子どもの貧困が深刻さを増してきた2000年代後半からである。

（3）私費負担の多い就学前教育と高等教育

日本の公教育費は、国の豊かさの水準（国内総生産）から考えて、どの段階もOECD平均を下回っているが、初等・中等教育については、相対的に平均値に近い。初等教育は、OECD平均（GDP比・以下、この段落の数値はすべて同じ）が1・4％に対し、日本は1・2％、前期中等教育（中学校）がOECD平均0・9％に対し、日本0・7％、後期中等教育（高校）がOECD平均1・1％に対し、日本が0・7％である。しかし高等教育の場合、OECD平均が1・1％に対して日本は0・5％でしかない（OECD 2017: 189）。統計の取り方が年度により異なり、最新のデータがないので少し古くなるが、就学前教育についても日本は著しく低く、OECD平均が0・5％に対して、日本は0・1％である。なお就学前教育については、OECD諸国で公費を私費負担が上回る唯一の国が日本である（OECD 2014: 232）▼4。

貧困や格差の解消、あるいは貧困のもたらす負の影響を断ち切るには、早い段階での介入が不可欠とされる。人間形成が進めば、確立された性格を変えるのは難しくなるだろうし、勉強にしても運動にしても、個人差は徐々に拡大してゆくものだから、後回しにするほど追いつくのが困難になる（Raudenbush and Eschmann 2015）。高等教育は個人の選択が絡む問題であり、全員が進学するわけではない。しかし就学前教育は、生まれたすべての子どもに関係する問題である。その点で、貧困や不平等に対処するという点では、就学前教育と、高等教育では、その内容や目的が大きく異なる。

ただし、全員が絡む問題だからと、就学前教育（幼児教育）の無償化が貧困対策になるのか、というと、それは疑問である。ユーザーにとって、幼稚園と保育所の機能を峻別することにあまり意味はないかもしれないが、政策的には、幼稚園は文部科学省管轄の学校（教育機関）であり、保育所は厚生労働省管轄の児童福祉施設である。この区分は、縦割り行政の象徴とも言えるが、いわゆる幼保一元化を現実化した機関としては、内閣府子ども・子育て本部がサポートし、幼稚園と保育所の両者の機能をもつと都道府県知事が認定する「認定こども園」も設置されるようになっている。ただしその数はまだ多くない。

幼稚園は「学校」だから、長期休暇もあり、帰宅時間も早い。昼食にも、弁当を持参させるところが多い。要するに、母親が家庭で育児の中心を担っていることを前提にした運営をしているところが多い。それが可能なのは、夫の所得水準が一定水準以上で、夫の所得だけで家計を維持できる家庭や、子どもからみた祖父母の直接的育児支援が見込まれる家庭に限られるだろう。

一方、保育所は、親が働きに出ているため、保育を必要とする子どもを預かる施設である。保育所のユーザーは、夫の所得が必ずしも多くないため、妻も働きに出る必要がある、という層と、所得の問題ではなくて、夫婦ともに就業し、キャリアアップしたいと考える層とに分けることができるだろう。ただし、保育所の利用料金は、所得に連動している。つまり低所得層は、もともと私費負担は少ない。

ここで一律に幼児教育を無償化することは何を意味するのか。OECDの統計では、日本で、4歳時に何らかの就学前教育を受けている子どもは94%である（ちなみに、よく引き合いに出されるアメリカは66%）。つまりほとんどの日本人は、就学前教育を受けている。もし無償化すれば、相対的に所得の多い家庭の子が多く通う幼稚園の授業料や、高所得層が所得に連動して多く払っていた保育料も無料になる。一方、低所得層の保育料は、もともと無料か、相対的に少ない支払額だったわけで、無償化のインパクトは少ない。教育熱心な高所得層は、おそらく浮いた金を別のお稽古事や早期教育の費用に回すだろう。無償化が格差の拡大を促す可能性もあるのだ（赤林 2017）。

さらに言えば、待機児童は基本的に大都市圏の問題である。就業チャンスにも恵まれる大都市には、相対的に学歴も高く、豊かな層も多い。カップルの成立については、学歴同類婚とよばれ、同程度の学歴の夫婦が成立しやすいという構図が観察される。高学歴夫婦は、所得も高くなるが、平均初婚年齢が高いこともあり、子ども数は少なく、一人の子に相対的に多くの資源をつぎ込める。他方、高学歴ではない夫婦は、平均所得が低いが、比較的若い時に結婚するため、平均子ども数も多くなる傾向がある。当然、一人当たりに投資できる額は少なくなる。子どもの貧困問題も、高学歴ではないカップルの子に起きやすい。吉川（2018）によれば、少子化対策として打ち出される施策は、大卒など比較的高階層の間で受けるものが多い。少子化の解消という点では、高学歴（大卒）カップルの貢献は大きくはない。むしろ非大卒層が少子化の解消に貢献していると言えるが、彼女らを積極的にサポートする施策はほとんどとられておらず、貧困のリスクも相対的に高い。このような状況下で、幼児教育の無償化を行うことが、どこにインパクトをもたらすのか、慎重に考える必要があるはずだ。

（4）軽く見られる機会の不平等問題

日本でも高等教育進学機会の不平等は、他の欧米諸国並みに存在していることは、階層研究が示すところである（Ishida 2007）。しかしそうした不平等は、日本社会で必ずしも深刻な社会問題と認識されてこなかった。

日本の教育現場には、ある能力感が根付いている。教育実践の日米比較のエスノグラフィーによれば、米国では個人間の能力に違いがあるのが前提となっており、能力によってニーズも異なるから、個別のニーズに合わせた教育を採用することが公平と見なされるが、日本では個人間の差異は問題化せず（あえて可視化せず）、皆同じような潜在能力をもっているのだという前提で、同じ教育を提供するのが公平と見なされるという。特別扱いは、贔屓《ひいき》していると見なされるのだ（恒吉 1992; 額賀 2003）。

潜在能力が同じと言えるかどうかは別としても、日本の学校では「頑張ればできるようになる」とか「できないのは努力が足りないからだ」ということがよく言われる（Singleton 1995）。それが間違いだと言いたいわけではない。こうした「誰でも頑張れば何とかなるかもしれない」という希望があってこそ、努力が継続でき、教育の大衆化が進んだとも言える（苅谷 1995）。実証はできないが、多くの人がこうした努力主義を抱くために、日本人全体の学力水準が底上げされた可能性もある。一方で、努力主義の存在により、出来の悪さは努力不足のせいだとして、叱責の対象となる。このことは、成績の悪さが「努力しないダメな人間」という人格評価に直結し、社会的・環境的要因という可能性を考慮するのを困難にする。

こうした教育現場での能力観だけではなく、もっと広い意味で、日本人一般の家計構造にも目を配る必要がある。戦後の高度成長期には、その経済成長のおかげで税収が増加した。一方、当時はまだ革新勢力が一定の力をもっており、自民党政権も国民の支持を取り付けるために、高齢者福祉の充実や、減税政策を打ち出した。それでもこの時期は、まだ税収に余裕があったため、さらなる減税で企業活動を活性化させることができた。そして国民の所得は上昇し、郵便貯金や簡易保険を通じて貯蓄を増やす。その貯蓄は、公共事業の財政投融資となり、ますます経済が活性化するという好循環を生んだように見えた（中澤 2014: 216-218）。

一方でこのような政策は、教育や住宅などの費用を、控除制度の確立や減税によって、見た目に増えた手取り賃金により、自分で支弁することを求めた。日本では、大企業を中心に、労働者を丸抱えし、年功序列賃金という形で中高年層の所得を増やす形をとった。そして税率は低く設定され、教育を含む社会政策に支払われる公的費用は最小限にとどめられた。かくして、日本は社会制度の点からも、子どもの教育費は自分で賄わなければならない、という制度が確立した（濱口 2014）。一旦こうした制度が定着すると、人々はその制度を前提に選択行動を行うようになり、それは慣習化する。心の中で、高い教育費に不満を抱きながらも、そうした制度を変えることができないまま、連綿と家庭依存の状態が続いてきたのである。

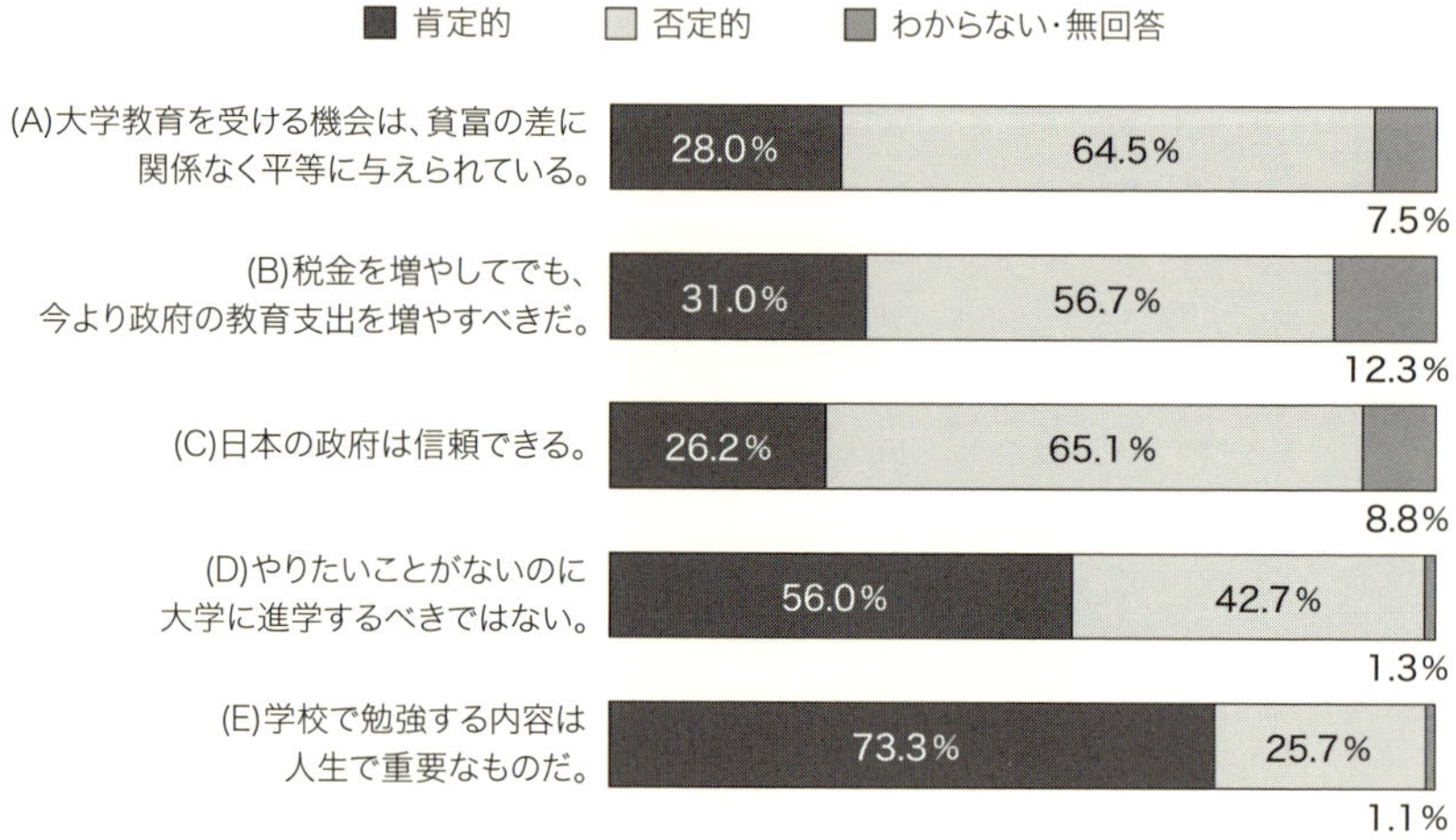

図1　教育に関する意識の分布　(N=2,893)

出所：ESSM2013 調査

3　日本人の教育意識の構造

（1）分析の方法・データについて

さて、ここで実際のデータから、日本人一般の教育・学校に関する意識について検討してみよう。本章で用いるのは、2013年に実施された「教育・社会階層・社会移動全国調査（ESSM2013調査）」である（中村ほか 2018）。調査の対象者は当時30～64歳の男女、回収票は2893人である。ただし分析は、後に考慮する階層変数についての欠損値のない2443人に限定している。

この調査には、教育に関係する意識項目が多数あり、それぞれについて、そう思うか、そう思わないかを、その賛成の度合いについて、4段階もしくは5段階で回答者に尋ねている。今回考察する意識項目と、回答の分布は図1に示されている▼5。

分布だけ見ると、（A）～（C）は肯定的回答が少数派である。大学進学機会は、家計による不平等の存在があることが多くの人の間では認識されている。しかし公教育費の増額は（税金を増やしてでも、という条件がついているせいもあるかもしれないが）あまり賛成が多くない。これは冒頭の、国際比較の結果を支持するものである。そして日本政府の信頼度も高くはない。

大学進学の不平等が多数派に認識されながら、公教育費増額への支持が多くはないことに関連してか、（D）のように、目的のない大学進学は否定的な人が多い。しかし学校で習うことについては、人生で意味があると考えている人が多数を占めている。

ただ、それぞれの意識項目について、単に賛否の分布を見るだけでは大したことはわからない。同一の回答者が回答しているのだから、各意識項目は完全に独立（統計的にみて、全く関連がない）ということはあり得ず、個人内で何らかの理屈があって相互に関連していると考えるのが自然である。たとえば意識の（B）と（C）に関連させれば、政府を信頼しない人は多数派だが、その信頼していない人の中には、信頼できないような政府に、税金を増やして公教育費を増やすようなことはさせたくない（期待できない）と否定的に回答する人と、現状の公教育費の少なさから政府を信頼できないのであって、信頼度を上げるためにも、もっと公教育費を増やすべきだ、という真逆の反応をとる人がいるだろう。どちらもストーリーとしては筋が通っており、あり得る回答パターンである。しかし実際どうなっているかは、データを確認するしかない。

そこで本章では、潜在クラス分析を行う。この手法の専門的な解説は別の文献を参照してほしい（三輪 2009）が、解釈の仕方は簡単に説明しておこう。複数の意識項目の背景に、観察されない潜在的な変数があると仮定する。この潜在変数が、実際の質問紙の質問項目の回答パターンを決めると考える。

ここでは5つの項目を取り上げている。それぞれの項目を「肯定」「否定」の2値に変換する▼6。またできるだけ有効なケース数を増やすため、「わからない」や「無回答」の意識項目は、それぞれの項目の多数派に含める（A項目の多数派が否定であれば、「わからない・無回答」は否定に含める、というように）処理を行った▼7。理屈のうえでは、これらの意識項目はすべて肯定か否定かの2通りの回答があり、5つあるということは2の5乗、32通りの回答パターンがある。しかしこの中には、ほとんど起こらないような回答パターンも含まれるだろう。潜在クラス分析は、回答者の回答パターンから、最も単純（最小）で説明力のある回答パターンを導き出す作業と解釈すればよい。

表1が潜在クラスとして、いくつのクラス（回答パターン）を想定すべきかを検討したものだ。1クラス増えると、自由度は6減る。このとき、尤《ゆう》度比カイ2乗（G^2）が12・6以上減っていれば、有意にモデルが改善されたとみられる。逆に、6という自由度を失いながら、G^2が12・6小さくならなければ、単にモデルの構造が複雑になっただけで、説明力が上がっても自由度を失うほどのメリットはないと解釈される。

さらに、有意確率（p値）が大きければ、モデルと実態の間に有意な乖離がないと見なせる。ＡＩＣ（赤池情報量規準）やＢＩＣ（ベイズ情報量規準）は、モデル間を比較して最も小さなスコアのモデルを選ぶべきとされるが、表1ではＡＩＣとＢＩＣで結論が異なってしまう。そこでG^2の減少傾向やp値を参考に、ＡＩＣを優先して、3クラスのモデルを採用した。

（2）潜在クラス分析の結果

表2が潜在クラス分析の結果で、この5つの意識項目の回答は、3つの回答パターンに縮約できると考えられる。これを見ると、サンプルの半分近くがクラス1に属し、残り4割弱、2割弱をクラス2、クラ

表１　潜在クラス・モデルのモデルの選択

	クラス数	自由度	G^2	p	AIC	BIC
モデル１	1	26	751.273	.000	699.273	548.447
モデル２	2	20	40.837	.004	.837	-115.183
モデル３	3	14	11.548	.643	-16.452	-97.666

注：lem により筆者が計算　　出所：ESSM2013 調査

表２　潜在クラスのモデル構成比（表１のモデル３の場合）

	クラス１		クラス２		クラス３	
	肯定	否定	肯定	否定	肯定	否定
(A) 大学教育機会平等	.108	.892	.459	.541	.519	.485
(B) 日本政府信頼	.144	.856	1.000	.000	.000	1.000
(C) 政府教育支出増	.045	.955	.561	.440	.207	.793
(D) 無目的進学認めず	.604	.396	.454	.546	.366	.634
(E) 学校の勉強は重要	.592	.408	.886	.114	.834	.166
各クラス構成割合	.463		.374		.179	

注：lem により筆者が計算　　出所：ESSM2013 調査

ス3が占めるという構図になっている。

クラス1は、全体的に教育に対して否定的な感情を抱いている傾向があることで特徴付けられる。大学進学機会も平等にあるとは認識していないが、政府への信頼も低く、また公教育費増加も期待していない。

クラス2と3は、学校の勉強は重要と考えており、教育への態度は前向きである。クラス2のほうが、大学進学には目的意識があったほうがよいと考えている。この2つのクラスの最大の違いは、政府や公教育費への態度である。クラス2は政府への信頼感が強く、公教育費の増額を期待している。それに対して、クラス3は逆である。なお、大学進学機会が平等にあるという認識はクラス3がやや多く、このことも公教育費増額への賛成への少なさが反映されているとみることもできよう。

ではそれぞれのクラスは、どういう人々が集まっているのか。**表3**が、この潜在クラスを従属変数にした多項ロジット・モデルの推定結果である。最も大きなクラス1に対し、クラス2、クラス3に所属する人々の傾向に有意な違いがあるかを確認したものである。これを見る

表3　潜在クラス・多項ロジットモデルの推定結果　(N=2,443)

	クラス2／クラス1		クラス3／クラス1	
	係数	S.E.	係数	S.E.
性(基準：男)				
女	-.385	.163 *	.041	.287
職業(基準：専門・管理職)				
事務・販売職	-.260	.212	.118	.317
自営・農業・家族従業	-1.486	.448 **	-.665	.713
熟練工・半熟練工	-.911	.273 **	-1.021	.633 +
非熟練工・労務作業	-.574	.261 *	-.048	.498
無職	-.570	.772	1.173	1.016
学歴(基準：中学・高校卒)				
短大・専門・高専	.301	.181 +	1.414	.455 **
大学・大学院	1.533	.343 **	3.226	.515 **
出生年(基準：1948-57)				
1958-67	-.401	.187 *	.678	.354 +
1968-83	-.718	.174 **	.511	.348
子どもの有無(基準：あり)				
なし	-.025	.166	.092	.293
世帯年収(基準：800万円〜)				
〜400万円	-.886	.225 **	-1.433	.405 **
500〜700万円	-.739	.216 **	-.836	.328 *
無回答	-1.116	.231 **	-.885	.368 *

+ p<.10　* p<.05　** p<.01
注：lem により筆者が計算　　出所：ESSM2013 調査

と、それぞれのクラスには、階層による大きな違いが存在することがわかる。

まず目立つのが学歴と収入である。学歴はいずれも正に有意で、クラス1に対してクラス2と3は高学歴であることがわかる。詳細は略すが、クラス1における大学・大学院は1割のみなのに対し、クラス2は4割、クラス3は6割を占める。また収入はいずれも負に有意だが、これはクラス1に対して、クラス2と3は低所得層が少ないことを意味する。たとえば、年収400万までの層は、クラス1では3割、しかしクラス2は2割、クラス3では1割のみである。逆に年収800万を超える層は、クラス1では1割、クラス2では3割、クラス3では4割近い。

職業の分布も異なる。クラス1との比較で言えば、クラス2や3はブルーカラー層が少ない（熟練工・半熟練工に表れている）。また回答者の世代による意識の違いも表れている。クラス1に対し、クラス2はいずれも負に有意なので、1958年以降生まれの相対的に若い人が少ない。逆に、クラス3は係数が正（1958〜67年生まれは有意）である。実際の分布をみると、クラス2は高齢層、クラス3は若年層、クラス1はその中間、という特徴をもっている。

ここで重要なのは、社会的に恵まれた層は、大学進学機会が平等であると認識しがちであり、逆に恵まれていない層は不平等の存在を意識している。ところが、恵まれていない層は、その状況を打破しようというより、事実上受け入れてしまっており、学校の勉強の意義も相対的には認めていない傾向がある。

また「やりたいことがないのに大学に進学するべきではない」はクラス1で6割を占め、多数派である。学歴や収入の分布から、明確な目的もないのに進学するような余裕はない状況にあることが考えられ、彼らは進学のハードルを厳しく設定しているとも解釈できる。逆に、豊かな層は、やりたいことが明確でなくても、大学進学してもいいのではないか、という寛大な態度をとっているが、それはその余裕があるから、とも解釈できる。大学に進学さえすれば、何かあるだろうと、教育に対する期待意識を相対的に高くもっている層とも言える。

4　意識構造から垣間見える問題点

断っておくと、筆者は全員が高等教育を受けるべきだとか、進学すべき、とは考えていない。ただし、進学すれば、専門職や管理職、安定的な職業、あるいは高収入を得られる可能性は高くなるという事実も否定できない。社会階層研究で、将来の地位を規定する進学機会の不平等が問題にされてきたのは、そういう事実があるからだ。

そして社会階層研究では、進学決定行動に関して、客観的な社会経済的要因だけではなく、意識も重要な影響を与えているであろうことも指摘してきた。そしてこの潜在クラス分析の結果は、重要な問題を提起しているように思われる。

目的もなく大学に行くのはおかしい、という考え方は一つの見識であり、それ自体は否定できない。逆に言えば、相対的に恵まれない社会的背景をもつ層は、強い目的意識がなければ進学すべきではない、という規範意識を強く刷り込まれている。前述したように、実際、進学する余裕がないことを反映して、そう考えている可能性もあるだろう。だがこうした意識の強さは、進学機会の不平等の存在を認知しながらも、それを社会的問題として理解することを阻んでいる。進学できないのは、不平等の存在というより、目的意識がないから、というように、個人の問題として解釈する余地を残すからだ。

だから彼らは、教育に対する価値観も限定的にしか保持しておらず、政府による公教育費の増額も望んでいない。穿《うが》った見方をすると、高階層の多いクラス2や3の方で公教育費負担増を望む声が多いのは、彼らにとって進学は自明であるものの、私費負担が高額なので、それを減らしてほしいという感情からであって、不平等の解消とか、低所得層を助けるという意識からではない。公教育費増加はクラス2の半分以上が賛成しているが、クラス3はクラス3より若干所得水準が低い（それでもクラス1よりは所得水準が高い）。このことが、そうした解釈を裏付けている。

そもそも、意志が強ければ、多少の社会経済的条件の不利さを跳ねのけても進学するだろう。進学の格差は、意志の強い人の間ではなく、進学に対する明確な意識をもたない人の間に現れる。目的意識を明確にもっていないまま大学に行っても、進学後にその目的を発見できる可能性もある。これも実際あり得るだろう。しかし社会経済的に余裕がなければ、そうした可能性にかけて、進学することはできない。換言すれば、進学にそれほど強い意志を抱いていなくても、生活に余裕があれば、自ずと進学の機会が与えられる可能性が高い。しかも厄介なことに、相対的に豊かなクラス2や3の半分くらいは、大学進学に不平等があることを認識していない。だから進学の不平等を、社会問題と認識しようがない。

ここからわかるのは、教育を広くポジティブに捉えるか否かで分断が生じつつあり、それは社会階層と対応しているということだ。高い階層ほど、教育を意義あるものと捉え、そうでない人々は教育の意味を限定的に捉える。しかも公教育費増額の声は、機会の平等実現のため、というより、もともと教育熱心な層が、自らの重くなりすぎた教育費を少しでも政府が負担してほしい、という願望の反映である可能性もある。

子どもの貧困が社会問題化している中で、人々の間に、教育機会の不平等の存在をいかにして理解してもらうか、さらに公教育費負担と貧困問題をどう接合すべきか、という問題が、今まさに問われているのである。

謝辞

本研究は、日本学術振興会科学研究費補助金（基盤研究(A)、課題番号23243083）による研究成果の一部である。なお、データの使用にあたっては、教育・社会階層・社会移動調査研究会の許可を得た。

注

1　日本で慣例的に奨学金と呼ばれてきたものは、多くが日本学生支援機構（かつての日本育成会）の「奨学金」だが、これは英語のscholarshipを意味しない。scholarshipは給付が前提だからである。したがって（日本学生支援機構の多くの）「奨学金」は、OECD統計ではloanに分類されている。なお、2017年度から、給付型奨学金制度が先行導入され、2018年度からようやく本格的に開始された。それ以外にも、個々の大学が独自の奨励金制度を導入するようになっているが、それらの結果はまだ統計には表れていない。

2　やや古いが、ISSP（国際比較調査プログラム）2006年（テーマは「政府の役割」）の意識調査によれば、「政府支出を増やすべきか」という質問で、教育について賛成した日本人は、50％強にすぎない。ちなみに、同水準なのは、フィンランド、スウェーデン、フランス、ノルウェーで、これらはもともと公教育費負担の多い国である。また低所得層への大学進学への支援について、政府の責任と回答した割合は、調査参加国では日本が目立って低く、60％を切っている。日本以外の国はすべて、政府の責任だと考える人が70％を超えている（中澤2014: 172–174）。

3　ただし、この授業料不徴収（無償）はあくまで原則であって、自治体の財政状況があまりに厳しい場合に授業料の支払いを求めていた。たとえば1925年1月14日付の東京朝日新聞によれば「小学校児童に対しては授業料を徴収しないのが原則であるが市内各区では区の財政上、已むなく14年度（筆者注：大正14年度）も徴収する方針を取る處が多く、…」という箇所がある。

4　OECDによる就学前教育には、幼稚園だけではなく、認定こども園や保育所も含まれている。

5　（A）～（C）は「そう思う」「どちらかといえばそう思う」を肯定的、「どちらかといえばそう思わない」「そう思わない」を否定的、「わからない」と無回答を「わからない・無回答」に分類した。一方、（D）（E）は「そう思う」「どちらかといえばそう思う」を肯定的、「どちらかといえばそう思わない」「そう思わない」を否定的としたのは同じだが、わからないという独立した選択肢はないので、無回答のみが「わからない・無回答」に含まれている。「わからない・無回答」の割合が大きく異なるのは、こうした回答形式の違いによる。

6　必ず2値でなければならないわけではない。ただ、よりクリアで単純な回答パターンを抽出するのが潜在クラス分析の目的であり、カテゴリーを細かくし過ぎると、単純な回答パターンの潜在クラスを発見すること自体が難しくなる。したがって、カテゴリーは「肯定」「否定」のように、単純にするほうが、シンプルな潜在クラスを発見しやすい。

7 Yamaguchi（2000）でも同じ方法が採用されている。回答パターンの大枠を把握することが目的であり、「わからない・無回答」を逆に少数派に含めようとも、これらのケースを除外しようとも、大勢に影響はない。

引用・参考文献

赤林英夫（2017）「幼児教育の無償化はマジックか――日本の現状から出発した緻密な議論を」SYNODOS（https://synodos.jp/education/19911）

天野郁夫（2009）『大学の誕生（上）』中公新書

天野郁夫（2017）『帝国大学――近代日本のエリート育成装置』中公新書

DiMaggio, P.J. and W. W. Powell. (1983). "The Iron Cage Revisited: Institutional Isomorphism and Collective Rationality in Organizational Fields." *American Sociological Review 48*, 147-160.

濱口桂一郎（2014）『日本の雇用と中高年』ちくま新書

Ishida, H. (2007). "Japan: Educational Expansion and Inequality in Access to Higher Education." Y.Shavit, R. Arum, and A. Gamoran eds. *Stratification in Higher Education: A Comparative Study.* Stanford: Stanford University Press, 63-86.

苅谷剛彦（1995）『大衆教育社会のゆくえ――学歴主義と平等神話の戦後史』中公新書

Katznelson, I. and M. Weir. (1985). *Schooling for All: Class, Race, and the Decline of the Democratic Ideal*, New York: Basic Books Inc.

吉川徹（2018）『日本の分断――切り離される非大卒若者たち』光文社新書

三輪哲（2009）「潜在クラスモデル入門」『理論と方法』第24巻2号、345～356頁

森重雄（1993）『モダンのアンスタンス――教育のアルケオロジー』ハーベスト社

中村高康・平沢和司・荒牧草平・中澤渉編（2018）『教育と社会階層――ＥＳＳＭ全国調査からみた学歴・学校・格差』東京大学出版会

中澤渉（2014）『なぜ日本の公教育費は少ないのか――教育の公的役割を問いなおす』勁草書房

中澤渉（2018）『日本の公教育――学力・コスト・民主主義』中公新書

額賀美紗子（2003）「多文化教育における『公正な教育方法』再考」『教育社会学研究』第73集、65～83頁

OECD. (2014). *Education at a Glance: OECD Indicators*. Paris: OECD Publishing.
OECD. (2017). *Education at a Glance: OECD Indicators*. Paris: OECD Indicators.
Raudenbush, S. W. and R. D. Eschmann. (2015). "Does Schooling Increase or Reduce Social Inequality?" *Annual Review of Sociology*, 41: 443-70.
Singleton, J. (1995). "Gambaru: A Japanese Cultural Theory of Learning." J.J. Shields, Jr. ed. *Japanese Schooling: Patterns of Socialization, Equality*, and Political Control. University Park: Pennsylvania State University Press. 8-15.
竹内洋（1999）『学歴貴族の栄光と挫折』中央公論新社
トロウ、マーチン（1976）『高学歴社会の大学――エリートからマスへ』天野郁夫・喜多村和之訳、東京大学出版会
恒吉僚子（1992）『人間形成の日米比較――かくれたカリキュラム』中公新書
Yamaguchi, Kazuo. (2000). "Multinomial Logit Latent-Class Regression Models: An Analysis of the Predictors of Gender-Role Attitudes among Japanese Women." *American Journal of Sociology* 105 (6): 1702-40.

第Ⅲ部

教える・学ぶの「現場」から

第8章

子どもの貧困と教師

…盛満弥生

子どもの貧困支援に取り組む民間団体や福祉関係者との会話の中で、決まって語られる実践上の課題が「学校の壁」「学校との連携の難しさ」である。そして、学校教育を専門とする筆者に対して、「なぜ学校は協力してくれないのか」「どうすれば連携できるのか」と尋ねてくるのである。筆者はこれまで、「貧困家庭の子どもの学校体験」や「子どもの家庭背景への教師のまなざし」について質的な調査・研究を続けてきた。その中で、学校・教師が子どもの貧困問題に向き合うには構造的な課題があることを明らかにしてきた。本章では、それらを紹介しつつ、学校・教師が子どもの貧困問題に向き合ううえでの課題や方策について検討したい。

1　貧困対策の支援拠点として期待される学校・教師

２０１４年8月末に閣議決定された「子供の貧困対策に関する大綱」では、学校をプラットフォーム（拠点）とした教育支援の充実が掲げられた。学校に求められる具体的支援としては、少人数の習熟度別指導や放課後補習等のきめ細やかな指導による学力向上、福祉関係機関等との連携窓口としての役割などである。また、教育支援の中でも、政府が重点施策としているのがスクールソーシャルワーカー（ＳＳＷ）の配置拡充である。大綱では２０１９年度までに原則として全国の中学校約1万校にＳＳＷを配置するという目標を掲げている。２０１７年に施行された「学校教育法施行規則の一部を改正する省令（平成29年文部科学省令第24号）」では、「チームとしての学校」を実現し学校の組織力・教育力を高めることを目指して、ＳＳＷが児童の福祉に関して支援する学校職員として位置づけられた。

義務教育段階であれば基本的にすべての子どもが通う「学校」という場は、子どもや家庭にとって一番身近な支援機関であり、教職員は子どもの変化や生活状況などを一番把握しやすい立場でもある。そこに福祉の専門家であるＳＳＷがかかわることで、期待される効果は大きい。ただ、予算や人材確保の問題など課題が多く、ＳＳＷによる支援体制が整うまでにはしばらく時間がかかるだろう▼1。その間にも、子どもたちは成長し続けるのであり、不利を増大させないためにも、学校ができること・すべきことを急ぎ取り組んでいく必要がある。また、支援体制が整ったとしても、ＳＳＷが果たす役割は主に学校と家庭と福祉関係機関等とのコーディネーター役であり、学校や教職員の代わりに貧困家庭の子どもたちの問題を「丸抱え」して解決してくれるわけではない。貧困家庭の子どもたちの非常に複雑な問題にいち早く気づき、関係諸機関と連携しながら支援をしていくのは、子どもに日々接している担任教師を中心とした学校・教職員である。そのためにも、ＳＳＷの拡充と同時に、教職員を増員するなどして、子どもと向き合う時間的・精神的余裕を教職員に保障することが必要なのは言うまでもない。もちろん、子どもの貧困の根本的な解決には、国や自治体による経済支援や生活支援などを通して家庭生活の安定を図ることが大前提である。

こうした条件整備に加えて、「見よう」としなければ「見えない」ことが特徴とされる貧困問題の支援拠点として学校が十分に機能するためには、教職員が子どもの貧困の現実を把握し、学校現場で様々な形であらわれている子どもたちの課題の背景に「貧困」があるのではないかという視点をもつことが大切である。このことは、教職員が「貧困をどう捉えるか」「子どもの生活背景をどう見ているか」にかかわっている。

2　子どもの家庭背景・生活背景への教師のまなざし

子どもの家庭背景や生活背景への教師のまなざしについては、教師の階層性や差別性、学校における再生産メカニズムと関連づけて論じられてきた。

90年代初頭に、生活保護世帯や母子世帯といった社会の「底辺」に生きる人々と学校システムとの関係について検討した久冨ら（1993）によれば、学校関係者から見た生活困難層の姿はステレオタイプ化されており、その定型像がベールとなって、生活困難層の親と子どもが抱える問題や困難、がんばりや強い期待といった真実を覆い隠していたという。そのため、問題を抱えた子どもたちに対する特別な「工夫」が効果をあげない場合でも、それが学校と教師の反省を促すわけではなく、その定型像によって原因を説明する回路が動き、定型像と見下しとが強められる結果になる。

このような教師の差別的まなざしについては、西田（1996; 2012）もベッカー（Becker 1952）らの海外の知見をふまえて指摘している。一般に高・中階層出身であり、同質的な社会関係の中で安定した生活を送っている教師にとって、低階層の子どもたちの姿は彼らが理想とする児童・生徒像とは大きくかけ離れており、指導が通りにくい「しんどい」存在として映る。そして、教師が低階層の子どもたちの特性を理解し、適切に対処できていないことが、彼らを下位に押しとどめている一つの要因になっているという。

教師による否定的評価や、「あの地域・家庭の子だからしょうがない」といった見下しや低い期待のもとで、適切な対処も十分なされぬまま、貧困層の子どもたちは学校生活を送ることになり、結果として低い教育達成に押しとどめられる。つまりは、教師のまなざしが学校における再生産プロセスの一因になっているのである（盛満 2015）。

小川（2016; 2018）は、本来「福祉的機能」を有しているはずの学校において、その機能が発揮されてこなかった背景に、地域（学校）間格差の是正、つまり「面の平等」（苅谷 2009）が政策的に最優先されてきた戦後日本における教育行政施策と、その下で様々なニーズをもった家庭・子どもへの個々の対応が、学級をベースにした「教員の実践レベルの課題」として扱われてきたことを指摘する。そのため、日本の学校では様々なニーズをもった子どもも学級の一員として「平等」に扱われ、学級の集団的教育活動によってそのハンディを克服させていくという教員の教育的技量（学級づくり、学級経営力）が特に重視されてきた。結果的に、個々の子どもがもつニーズが見えにくくなり、学級に包摂できない子どもの個別的ニーズは長い間学校教育の埒外《らちがい》の課題として扱われてきたのである。

日本の教師が、子どもたちの間にある「差異」を考慮することなく、理想の子ども像に彼らを一律にあてはめる傾向が強いことは、ニューカマー外国人や同和地区出身といったマイノリティの子どもたちの学校経験との関連でも論じられている。

志水（2002a）によれば、日本の教師には「課題を抱えた子はたくさんいるため、特定の子を特別に扱うことはできないし、すべきでもない」という認識が共通してあり、子どもたちが学校に持ち込んでくる家庭背景や成育歴に由来する「異質性」を極力排除し、彼らを学校や学級といった同一集団の一員として扱おうとする傾向が強い。その結果、彼らが家庭や学校で課題や困難を抱えたとしても、集団固有の問題としては考えられず、彼ら自身のあるいは彼らの家族の問題として「個人化」されるという。そのため、日本の学校現場においては、明らかな異質性を有しているニューカマーの子どもであっても「見えにくい」存在となる（志水・清水 2001）。

教師の「特別扱いしない」というスタンスは、同和地区出身生徒の低学力が問題視され、彼らに対する様々な手立てが長年講じられてきた同和教育推進校においても同様である。教師たちは「部落出身」という差別的社会背景をもつ生徒に対して、彼らを固有の社会集団として特別に処遇するのではなく、彼らの存在をテコとしながら生徒集団全体への働きかけを改善していくのである（志水 2002b）。

このように、貧困層の子どもたちに対して、教師は差別的なまなざしを向ける傾向があり、特に日本においては、特別なニーズを有しており、学校からの排除を経験しがちなマイノリティであっても、それだけで特別扱いされることはなく、皆と同一に「平等」に扱われる傾向が強いことが指摘されてきた。子どもたちを家庭背景や成育歴によって「特別扱いしない」学校文化の中にあっては、家庭の経済状況は注視すべきものでもない。それどころか、家庭の経済的事情に関しては、「低所得層といった特別な見方は教育の場にふさわしくない」という言説が根強く（久冨編 1993）、特にタブー視されてきたところがある▼2。このような学校文化のあり方が、「見えにくい」ことが特徴とされる現代の子どもの貧困を学校・教職員からより見えにくくしている可能性がある。

3　貧困を不可視化させる学校文化

1980年代後半から90年代初頭のバブル期でも、約10人に1人の子どもが相対的貧困状態にあったとされる。日本は豊かな社会であると多くの人が信じて疑わなかった時期にも、教師は常に一定数存在していた貧困層の子どもと日々かかわり、彼らが学校生活において課題を抱えやすいという事実に何度も直面してきたはずである。

「特別扱いしない」学校文化の中で、「見ようとしない者には見えない」（上間 2009）貧困の問題はどのように立ち現われ、それを教師はどう認識し、対処しているのか。このような問題意識をもちつつ、筆者はこれまで貧困家庭の子どもたちの学校体験に関する調査研究を進めてきた。その一つが、公立中学校での継続的なフィールド調査によって、学校生活の中で貧困層の子どもに特徴的に表れる課題を明らかにし、それらの課題が学校や教師から貧困層の問題として捉えられにくい背景にある学校文化のありようについて検討したものである（盛満 2011）。

調査の対象となった生活保護世帯の子どもたちの約半数が、家庭に毎日学校に通うための生活基盤が整っていないことが主な原因と考えられる「脱落型」の不登校を経験し、不登校経験や学習資源の不足等が直接的に影響して低学力に陥っており、就職を強く意識するあまり、将来の夢や進路を自由に描くことができていない様子がうかがえた。

不登校や低学力、将来展望を描けていないことは何も貧困層に限ったことではなく、一般の子どもたちにも見られる問題である。ただ、貧困層の子どもの場合にはこれらの問題が高い確率で、しかも重複して表れており、教師の目にも「ものすごい大変」な状況として映っていた。しかし、これだけ目立った課題を抱える彼らであっても、生徒を家庭背景や成育歴によって「特別扱いしない」学校文化の中にあっては、学校や教師から「生活保護世帯出身生徒」や「貧困家庭の子どもたち」といった同一の社会的背景をもつ子どもたちとして捉えられ、特別に処遇されることはない▼3。「特別扱いしない」学校文化の中にあっても、彼らの不利が他の一般生徒との違いとなって表れた場合には、学校や教師から特別な配慮や支援が個別になされることになる▼4。貧困層の子どもたちが学校で示す課題は、時に「多少のお金で解決する問題」であり、教師たちは自身のポケットマネーから金銭的援助を行うことでそれを解決しようとする。このような配慮や支援のあり方は学校において特に方針化されてはおらず、教師一人ひとりの良心に任されている部分があった。こうした状況では、家庭背景の厳しい生徒にとって、学校でどのような教師に出会うかが学校生活の良否を決定づけるといっても過言ではない。さらに、学校や教師の日々の献身的な対応によって一時的には解決を見たとしても、次の学年や学校段階に進んだ際にはどうなるかわからないという不安もつきまとう。

しかも、こうした教師の良心に依拠した配慮・支援のあり方は貧困による不利を解消しようとする積極的な働きかけというよりは、むしろ集団の中で顕在化してしまっている不利を隠そうとする消極的なものとなる。なぜならば、生徒の家庭背景や成育歴が「見えにくい」学校文化の中にあっては、家庭の不利がその他一般の生徒との「違い」となって表れて初めて教師は気づくことになり、その対応は当然ながら差異を埋める形で行われるからである。こうして、目の前にいる貧困家庭の子どもの問題が、貧困層に共通する問題としてではなく、彼ら自身や家庭の問題として「個人化」され、学校から貧困層の子どもの姿がより見えにくくなっていたと考えられる。本来であれば、子どもの状況を一番把握しやすい、そして、貧困層の子どもが常に一定数存在し続けていたはずの学校現場で、貧困の問題がこれまでほとんど立ち現れてこなかった背景には、「特別扱いしない」学校文化と、差異を見えなくするための「特別扱い」が影響を与えていた可能性がある▼5。今後、学校や教職員による支援体制を構築していくうえではこうした学校文化のありようにも配慮する必要があるだろう（盛満 2015）。

学校現場において貧困層の子どもたちを「特別扱い」することが貧困対策として必ずしも有効ではない（原田 2014）との指摘もある。確かに、家庭の経済的事情に配慮することは時に「施し」として受け止められ、子どもや保護者の自尊心を傷つけかねない。また、特別扱いしない学校文化というのは、教職員だけでなく、児童・生徒自身にも当然視されているものであり、そこへの配慮も忘れてはならない。個々人を特別扱いすることは難しくても、貧困層の子どもたちが学校生活の中でつまずきやすいポイントを整理し、制度や環境を整えるなどして、組織的に対応していくことは可能ではないだろうか。

4　子どもの貧困の「再発見」と教師の貧困認識

この調査を実施したのは2006年と子どもの貧困をめぐる議論が盛んになる少し前であり、2000年代終盤の日本社会における子どもの貧困の「再発見」ともいわれる状況が学校や教職員に与えている影響は小さくないと考える。

筆者も共同研究者の一人としてかかわっている長谷川（2015）らの調査グループでは、先述の久富ら（1993）と同地域で継続調査（2007-2011）を行い、「生活困難層の抱えている問題を直視しない」「生活困難層の家族・子どもを学校の困難な原因とみなす」といった教員らの否定的評価や、生活困難層の子どもの置かれた状況よりも当人の姿勢を問題にし、それを乗り越えるべきであるという「主体性指向」がかなりの教員の語りで認められたこと、その一方で、教員らが個々の子どもの状況を把握し、個別的な対応を継続的に働きかけて子どもと関わろうとする試みが今回の調査ではかなり多く語られたことを明らかにしている。

実際、子どもの貧困実態や支援策への教職員の関心の高まりは筆者も実感している（盛満 2017）。子どもの貧困に関する調査研究や報道がされる中で、経済面以外にも多くの課題が付随することが明らかになり、その多くは子どもたちの学校生活にも大きくかかわるものであることに教職員が気づき、経済面の問題は学校教育には対応しようがないけれど、子どもたちの生活・学習習慣や人間関係、自尊感情、将来への見通しなど、学校の中で対応できる部分があるのではないかという意識が出てきているためではないだろうか。貧困層の子どもたちが通う学校現場では教職員によって様々な取り組みが行われ、その実践報告もなされ始めている（大阪府立西成高等学校 2009; 制度研編 2011; 柏木・仲田 2017; 黒川 2018など）。ただ、現在でも、教職員の子どもの貧困問題への理解や捉え方、支援のあり方には大きな個人差があり、学校現場で共通理解が進んでいるとは言いがたい。

「子どもの貧困」への教師の認識や対応についての研究（神村 2014; 伊藤 2017; 仲嶺 2017; 池本 2018など）も近年急速に蓄積されつつある。

たとえば、子どもの貧困対策は「人権教育」の延長として捉えることができるとして、教員の人権意識調査を実施した伊藤（2017）によれば、人権教育が重視してきた実践（家庭訪問の重視や生活背景も含めて子どもを理解しようとすることなど）は定着しているが、家庭状況の違いによって生じる学力格差の是正についてはベテラン教員に比べ若手教員で懐疑的な意見が多く、その意見は勤務経験や同和地区住民や在日韓国・朝鮮人などのマイノリティ保護者との交流経験によって軽減されるという。また、沖縄県の退職教員・現職教員の2つの世代間の労働環境を比較しながら、彼らのもつ子どもの貧困認識について考察した仲嶺（2017）は、今日の教師は過酷な労働環境にもかかわらず、子どもの貧困認識を深化・具体化させている様子をインタビューから明らかにしている。一方、池本（2018）は、中学校教員・高校教員を対象とした意識調査をもとに、教員の貧困原因に関する意識が「自己責任」（47・3％）と「社会構造の問題」（52・7％）ではっきり二分されていること、「経済的な豊かさの違い」や「家庭環境の違い」といった格差への対応について、力を入れて取り組めていると答えた教員は2～3割程度であったことを明らかにしている。

これらの知見に共通するのは、教師の経験や能力・教育観によって、貧困認識や貧困層の子どもたちへの対応に依然として違いが見られるということである。結果として、貧困層の子どもたちに理解と配慮の視点をもつ教師の仕事量が増大する事態が起こってきていることも指摘されている（長尾 2013; 伊藤 2018）。「働き方改革」が喧伝される状況下で、学校の役割や教師がやるべきことが見直され始めている。子どもの貧困への対応負担が一部の教員にのしかかるのではなく、学校として組織的・継続的なものとなるよう、教職員全体で最優先にすべき指導や支援を協議し、共通理解のうえで取り組みが進められる必要があるだろう。

5　教師の「子どもの貧困」理解に向けて

「子どもの貧困対策に関する大綱」の中では、教員免許状更新講習などの機会を通して教員が「子どもの貧困」問題に関する理解を深めていく必要性が強調されている。それを受けて、2015年10月には文部科学省から教員免許状更新講習を執り行う各大学に対して出された「平成28年度免許状更新講習の認定申請等について」の中で以下のような依頼があり、2016年度以降は全国各地の講習で、多くの教員が子どもの貧困問題について学び、教員としてのかかわり方を考える機会をもつことになっている。

> 子供の貧困問題について取り扱う講習について
>
> 「子供の貧困対策に関する大綱（平成26年8月29日閣議決定）」において、子供に自己肯定感を持たせ、子供の貧困問題に関する理解を深めていくための免許状更新講習等の開設を促進することとされています。ついては、子供の貧困問題について取り扱う講習の開設についてご検討くださるようお願いします。

また、教員養成段階でも、2015年12月の中央教育審議会答申「これからの学校教育を担う教員の資質能力の向上について～学び合い、高め合う教員育成コミュニティの構築に向けて～」の提言に基づいて検討され、2017年11月に取りまとめられた「教職課程コアカリキュラム」▼6において、特別の支援を必要とする幼児、児童及び生徒に対する理解に関する科目で習得すべき内容の一つとして、「障害はないが特別の教育的ニーズのある幼児、児童及び生徒の把握や支援」が示され、「母国語や貧困の問題等により特別な教育的ニーズのある子ども」が例示された。

> 特別の支援を必要とする幼児、児童及び生徒に対する理解

（3）障害はないが特別の教育的ニーズのある幼児、児童及び生徒の把握や支援

一般目標：障害はないが特別の教育的ニーズのある幼児、児童及び生徒の学習上又は生活上の困難とその対応を理解する。

到達目標：1）母国語や貧困の問題等により特別の教育的ニーズのある幼児、児童及び生徒の学習上又は生活上の困難や組織的な対応の必要性を理解している。

すべての教職課程において必修化され、教員免許の取得を希望する学生全員が履修することになった特別支援教育に関する科目の中で、「母国語や貧困の問題等により特別の教育的ニーズのある幼児、児童及び生徒の学習上又は生活上の困難や組織的な対応の必要性を理解している」ことが学習目標として掲げられたことの意義は大きい。小・中学校の教員免許を取得するためには、特別支援学校や社会福祉施設における「介護等体験」が義務づけられているが、その他の「福祉」関連の科目は現状では必修とされておらず、選択科目としてすら開設されていない大学も多い。筆者が専門とする「教育社会学」も教員免許を取得するうえでの必修科目ではない。そのため、子どもの貧困対策の拠点として学校が期待されるようになって以降も、一定数の学生が「子どもの貧困」問題について学ばずに教育現場に出ていく状況が続いていたということである。また、特別支援教育に関する科目の中に、「貧困」がテーマとして掲げられることは、子どもの貧困の実態や支援のあり方について学ぶ機会となると同時に、障害に限定して捉えられがちな「インクルーシブ教育」が、「学校から排除されがちな子どもたちに焦点を当て、多様なニーズをもつすべての子どもを対象にする」というユネスコが提唱する理念に近い形で学生に理解されるきっかけにもなることが期待される。

教員や教職希望の学生が「子どもの貧困」問題に関する理解を深めていくことの効果や実践上の変化▼7については、今後詳細な検討がなされていくであろうが、伊藤ら（2018）の学生を対象とした意識調査によれば、次のようなことが指摘されている。

「子どもの貧困」にかかわる意識である「無関与」（現代の貧困についてあまり問題視しておらず、援助や支援について否定的で専門家に任せればよいとしている）、「自己責任論」（親の責任や本人の責任を重視している）、「援助意識」（現代の貧困について問題視しており、援助の必要性を感じている）について、学部1年生と4年生で有意な差が見られなかったという。特に、援助意識については、1年生で高く、4年生で下がっていることが示されている▼8。同一の学生を追いかけたパネル調査ではなく、2017年度の1年生と4年生という異なる学生集団を対象としているため、この調査結果だけで子どもの貧困問題について学ぶことの効果を否定することはもちろんできない。同調査では「子どもの貧困」について学んだことがある学部4年生と学んだことがない4年生とでは、前者のほうが「体操服を頻繁に忘れる児童・生徒」に対して、「何か事情があるのかな」と子どもの側の事情を考えようとする傾向があるという。教師にとっての「当たり前」とはかけ離れた生育歴や家庭環境の中で過ごす子どもたちの実態について学ぶことで、子どもや家庭への働きかけも変わってくる可能性が示唆されたと言えるだろう。

「見ようとしなければ見えない」ことが特徴とされる貧困問題の支援拠点として学校が十分に機能するためには、教職員を中心とする学校関係者が子どもの貧困問題について理解し、貧困家庭の実態を知ることが何より重要である。これまでにも自治体や学校、研究会などで子どもの貧困に関する研修会・講演会を独自に行ってきたところはあるが、現職教員や教職希望の学生が子どもの貧困問題について学ぶ場が制度的に位置づけられたことの意義は大きい。講習や授業の中でどのような内容が扱われるかは、講師の専門分野や考え方によって異なるが、起きている「現象」への対応策に終始するのではなく、貧困問題を引き起こす「構造」についても扱うことが望まれる。また、教員がすべての社会問題・教育問題について実態やその背景を理解し、子どもたちに適切な対応をしていくことには限界がある。様々な強みをもった教職員が協働性を発揮できる学校づくりの必要性が求められている。

6　学校にしかできないこと・学校だからできること

現在進められているSSWの導入について、文部科学省の担当者は「SSWは学校文化変革のためのチェンジエージェント」であると強調する。「チームとしての学校」が求められる背景の一つに貧困問題への対応や地域活動など、学校に求められる役割も拡大していることが挙げられ、「チーム学校」を実現するための視点とその方策として、「多様な専門スタッフが子供への指導に関わることで、教員のみが子供の指導に関わる現在の学校文化を転換」することを掲げている。多様な専門職と協働しなければ解決が難しい問題が山積しているからこそのチーム学校論であって、単なる分業に陥ったり、専門職の配置が教員数の削減につながっては元も子もない。学校を拠点とした子どもの貧困対策が打ち出され、多様な視点・方法で子どもを支援していく方向性が示された今こそ、排除の文化に陥りがちな学校の仕組みを変え、一人ひとりの差異を承認し、異なる処遇を通して教育の質を高めていく（柏木・仲田 2017）ための大きなチャンスであろう。

子どもの貧困問題の根本は経済の問題であり、本来は親の所得を向上させ子どもたちの生活基盤を安定させることが第一である。本書で繰り返し指摘されるように、教育は子どもの貧困対策の「切り札」ではない。ただ、子どもたちの一番身近な存在である学校や教職員にしかできないことは非常に多い。子どもの貧困対策が学校に求めているのは、学力保障やキャリア教育、連携の要などであるが、そのことだけが学校の使命ではない。「子どもたちにとって安心・安全な居場所」となること、「安心してつながり合える空間を作り出すこと」が何よりも重要である。

生活困窮世帯の子どもたちにとっての家庭や学校以外の第三の居場所となることをねらいとして「子ども食堂」や「無料学習塾」等が全国で広がりを見せる一方で、学校に通う子どもたちにとって教室の次に重要な居場所になりうるはずの保健室が「溜まり場にならないように」といった生徒指導上の理由で出入りが制限されている学校が少なくない。服装や頭髪が校則に違反していることを理由に、「登校指導」の名のもとに学校に入ることすらかなわず、文字通り「門前払い」されているケースもあると聞く。門前払いされた子どもたちが、大人しく教師の言うことを聞いて頭髪や服装を正して戻ってくる確率はどれほどだろうか（おそらく、家にも戻らず街に繰り出し、親や教師の目が届かないところで日中を過ごし、場合によっては犯罪の被害者・加害者になってしまうのではないだろうか）。子どもの貧困問題について校長らと話をすると、「結局は親の意識の問題。経済的支援よりも親の再教育が必要」といった主張をされることもある。そのたびに、はたしてその親たちは〝再〟教育以前にそもそもの教育機会を彼らの子ども期に得られていたのだろうかと感じてしまうのである。複雑な生育歴・家庭環境の中で育ちながらも適切なケアを受けられず、学校から排除された子どもたちがやがて学校側にとっては「困った親」になっていく。こうした悪循環を生み出す要因に学校自体がなってしまっていないか、問い直しが求められる。

また、言うまでもなく学校は「教育」の場である。貧困家庭の子どもたちに対する支援は学校内外の専門スタッフの協力により実施することができたとしても、周りに困っている人がいたら、一緒に考えていけるような仲間づくり、人間関係づくりを行えるのはやはり学校・教師の専売特許であろう。よりよい集団や学校生活を目指して、子どもたち同士が特別活動などを通して集団や生活上の課題を発見し皆で協力して解決を行っていく中で身につけた自治的能力は、貧困を生み出している社会構造に疑問をもち、仲間と協力しながら状況を変革していく力の基礎となるはずだ。今は教育や支援の対象となっている子どもたちであっても、いずれ社会を弱者を子どもたちを支える側になる。学校にしかできないこと・学校だからできることとして、支え合う人間関係づくり、社会変革の担い手づくりがあることを強調しておきたい。

注

1　現に、筆者が暮らす宮崎県では、2018年度現在、SSWの数は県全体で15名程度であり、26ある市町村に1人の割合も達成できていない。SSWの配置が十分でない中で子どもの貧困対策拠点として学校を位置づけることは学校に過重な負担を強いることになるという懸念もある（小川正人 2016）。

2　金井（2008）は、ニューカマー児童の異質性に積極的に配慮しようとする教師であっても、家庭の厳しい経済状態の影響が持ち物の不備という形で学校で表れた場合には配慮を行うべきかどうかためらいを感じている姿を描き出している。家庭の経済的事情に配慮することは、時に「施し」として受け止められ、保護者の自尊心を傷つけかねない、よりデリケートな問題と捉えられている。

3　背景には、どの生徒が生活保護世帯出身であるかということを担任教師や事務職員のほか、一部の教職員しか知らないということも影響していると考えられる。ただ、教職員に貧困層の子どもたちの問題を「見よう」という意志さえあれば、教職員間で情報を共有することは可能であろう。学校や社会から排除される可能性が高い児童養護施設出身の中学生は、学校側に「意識して配慮する」方針があったほうが学校に適応しやすいという研究報告がある（高口 1993)。「特別扱いしない」学校文化のありようが、生活保護世帯出身生徒の課題をより深刻なものとしている可能性もあると言える。

4 たとえば、部活動の遠征費を立て替えたり、お昼ご飯代を出してあげたりと金銭的援助をしている教員がいた。

5 貧困が学校現場で見えなくなっていた原因はこうした学校文化のあり方だけではなく、教師の階層性に起因する貧困層へのまなざしのあり方や、すべての生徒が学校での競争に組み込まれていたこと（上間 2009)、個人情報保護という制度の壁なども関連していると考えられる。

6 「すべての大学の教職課程で共通的に修得すべき資質能力を明確化することで教員養成の全国的な水準を確保」することを目的として作成された。教職課程コアカリキュラムを定めることやその内容については大学関係者や学会等から様々な批判が出ているが、ここでは割愛する。

7 社会問題・教育問題への理解が教育実践にどのように結びつくかは、教育問題の代表とも言える「いじめ」や「不登校」についての研究が参考になるであろう。

8 4年生の中にも「子どもの貧困」について学んだ経験がないと答えた学生が含まれている。

引用・参考文献

Becker, Howard, S. (1952). "Social-Class Variations in the Teacher-Pupil Relationship", *Journal of Educational sociology*, 25, 451-465.

原田琢也（2014）「子どもの貧困と『特別扱いしない』日本の共同体的な学校文化」『金城学院大学論集——社会科学編』第10巻第2号、94〜109頁

長谷川裕（2015）「学校教員は『子どもの貧困』をどのように把握し、それとどう取り組もうとしているか」『日本教育社会学会大会発表要旨集録』67、426〜427頁

池本紗良（2018）「教員の格差・貧困意識と教育実践の関連性」科学研究費助成事業研究成果報告書第2次報告：基盤研究(C)平成26〜28年度「共生」を実現する教育の実証的検討：「教員調査」の結果より（研究代表者：飯田浩之）

伊藤悦子（2017）「人権教育の継承と『子どもの貧困』——小・中学校教員調査を通じて」『京都教育大学紀要』131、69〜83頁

伊藤悦子・杉井潤子・丸山啓史・浜田麻里（2018）『「こどもの貧困」対策に関わる学生の意識と教員養成の課題』平成29年度教育研究改革・改善プロジェクト経費成果報告書
伊藤秀樹（2018）「教員の長時間労働と子どもの貧困への対応」『附属学校等と協働した教員養成系大学による「経済的に困難な家庭状況にある児童・生徒」へのパッケージ型支援に関する調査研究プロジェクト平成29年度報告書』東京学芸大学パッケージ型支援プロジェクト、5～12頁
岩田正美（1995）『戦後社会福祉の展開と大都市最底辺』ミネルヴァ書房
神村早織（2014）「校区の社会経済的格差と教師の役割認識」日本教育社会学会編『教育社会学研究』第94集、237～258頁
金井香里（2008）「異質性への配慮をめぐる教師の葛藤」『東京大学大学院教育学研究科紀要』第47巻、451～460頁
苅谷剛彦（2009）『教育と平等』中公新書
柏木智子・仲田康一編著（2017）『子どもの貧困・不利・困難を越える学校――行政・地域と学校がつながって実現する子ども支援』学事出版
久冨善之編（1993）『豊かさの底辺に生きる――学校システムと弱者の再生産』青木書店
黒川祥子（2018）『県立！再チャレンジ高校――生徒が人生をやり直せる学校』講談社現代新書
盛満弥生（2011）「学校における貧困の表れとその不可視化――生活保護世帯出身生徒の学校生活を事例に」日本教育社会学会編『教育社会学研究』第88集、273～294頁
盛満弥生（2015）「学校関係者の貧困認識の特徴とそれが提起する課題」『教育』No.837、43～51頁
盛満弥生（2017）「子どもの貧困に対する学校・教師の認識と対応」教育と医学の会『教育と医学』第765号、36～43頁
仲嶺政光（2017）「教師の労働環境と子どもの貧困認識――退職・現職教師の世代的対照性を沖縄における10件のインタビュー調査から探る」『富山大学地域連携推進機構生涯学習部門年報』第19巻、富山大学地域連携推進機構生涯学習部門、42～60頁
西田芳正（1996）「不平等の再生産と教師」八木正編『被差別世界と社会学』明石書店、237～259頁
西田芳正（2012）『排除する社会・排除に抗する学校』大阪大学出版会
小川正人（2016）「子どもの貧困対策と『チーム学校』構想をめぐって――教育行政学の立場から」スクールソーシャルワーク評価支援研究会編『すべての子どもたちを包括する支援システム――エビデンスに基づく実践推進自

治体報告と学際的視点から考える』せせらぎ出版、18～37頁
小川正人（2018）「教育と福祉の協働を阻む要因と改善に向けての基本的課題――教育行政の立場から」日本社会福祉学会編『社会福祉学』Vol.58-4、111～114頁
大阪府立西成高等学校（2009）『反貧困学習　格差の連鎖を断つために』解放出版社
制度研編（2011）『お金の心配をさせない学校づくり』大月書店
志水宏吉（2002a）「学校世界の多文化化」宮島喬・加納弘勝編『国際社会2　変容する日本社会と文化』東京大学出版会、69～92頁
志水宏吉（2002b）『学校文化の比較社会学』東京大学出版会
志水宏吉・清水睦美編著（2001）『ニューカマーと教育――学校文化とエスニシティの葛藤をめぐって』明石書店
末冨芳（2016）「子どもの貧困対策のプラットフォームとしての学校の役割」日本大学文理学部人文科学研究所『研究紀要』91、25～44頁
末冨芳編（2017）『子どもの貧困対策と教育支援――より良い政策・連携・協働のために』明石書店
高口明久編（1993）『養護施設入園児童の教育と進路』多賀出版
上間陽子（2009）「貧困が見えない学校」湯浅誠・冨樫匡孝・上間陽子・仁平典宏編『若者と貧困』明石書店、139～159頁

第9章

「学校以前」を直視する

――学校現場で見える子どもの貧困とソーシャルワーク

…金澤ますみ

はじめに

学校に勤務する教職員にとって、子どもたちの日々の学校生活から貧困の問題を発見することは容易ではない。なぜなら、学校では、子どもたちが抱えている問題は貧困の問題としてではなく、不登校や、子どもたちの問題とされる行動の背景を見ていくことではじめて現れるからだ。そして当然であるが、これらの問題を抱えている子どもたちがすべて貧困の状態にあるわけではない。

そこで重要になることは、子どもたちが学校生活を送るうえで生じる問題が彼らの置かれた生活環境とどのように関係しているかを見極め、その状態に応じた彼らの教育保障と生活支援を目指すということである。これは、スクールソーシャルワークの視点に基づいたアプローチである。この視点を学校の中に持ち込み、子どもに関わる教職員が協働して情報をたぐりよせて見たとき、はじめて家庭の経済状況との重なりが立ち現われてくるのである。ここに、「見ようとしなければ見えない」子どもの貧困の問題がある。

私は、2005年度に大阪府教育委員会がはじめたスクールソーシャルワーカー配置事業のスクールソーシャルワーカーとして小学校に勤務することになった。それから約10年の間に他の自治体や高等学校、特別支援学校にもスクールソーシャルワーカーとして勤務してきた。勤務する学校がこれほど変わるということは、その学校、その地域に根ざした活動ができていないということでもある。しかし、たくさんの学校や地域で活動をしたことで、体験的にではあるが学校現場における子どもの貧困問題の立ち現れ方には共通項があることもわかってきた。そこで本稿では、①学校現場では、どのように子どもの貧困問題が見えてくるのか、②現在、行われている取り組みと学校という場の可能性、③学校制度（システム）が抱える構造的課題に向き合っていくための視座について考えたい。

1　学校という場で見えてくる子どもの貧困

（1）スクールソーシャルワーカーが受ける相談

【公立の小中学校の例】

表1は、大阪府教育委員会市町村教育室児童生徒支援課発行の「ＳＳＷ配置・派遣校での活動と市町村での活用ガイド」で紹介されている10事例のケース概要から、スクールソーシャルワーカーが小中学校の教職員から相談を受けた内容を一覧にしたものである▼1。これらの教職員の相談は、継続して支援や指導を続けてきたが、なかなか状況が改善されてこなかったという経過がある。

事例からわかるように、教員がスクールソーシャルワーカーに相談している主な内容は、「暴言や、暴力、授業妨害等の問題とされる行動（A男・H男・J男）や、遅刻や欠席に関する相談（B子・C子・E子・F子・G子・I男）であって「貧困」に関する相談ではない。この中から経済状態の困難さがうかがい知れるのは、B子とF子が生活保護世帯ということと、I男の家庭が「入学当時より生活が困窮している」という記述の3事例のみである。しかし、スクールソーシャルワークの視点でこれらの記述を改めて見ると、家庭の経済状態が家族の生活に影響するような出来事が存在する事例がほとんどであることがわかる。たとえば、知的障害や発達障害、メンタルヘルス上の課題がある家族がいたり（B子、D子・G子・H男の事例）、親の入院（B子）や死亡（J男）、ひとり親家庭などの場合、通院や家事負担については、お金があっても大変な状況であるはずだが、お金がなかったとき、これらの負担はふくれあがる。しかも、一つの家

表1　スクールソーシャルワーカーが教員から受けた相談内容例（筆者作成）

		家族構成	教職員から SSW への相談内容	これまでの状況
A男	小1男児	本児（小1）、長男（小3）、母、伯母、祖母	友人を傷つけるようなことがあったら、保護者や本人にどのように伝え、対応すればよいのか。本児自身の危険行為を減らすためにはどのような指導が必要か。	かたづけができない。服装は汚れている。頭突き、噛む、つねるなどの行動がある。暴言も目立つ。発達障がいの特性が見受けられるが、保護者にはその認識がない。
B子	小5女児	母親、本人、姉（高2）の母子家庭	校長から相談があったいくつかの不登校ケースから、ケース会議を行う必要があるケースを SSW が選択した。「想定以上に重いケース」とのチーフ SSW の指摘により、早期にケース会議を実施する運びとなった。	2か月前から、母が精神的な病気で緊急入院し、姉（高2）と2人暮らし。夕食は、同じ市内の叔母宅に食べに行っている。両親は出生直後に離婚。1年前から生活保護受給中。母親入院後から、支援人材が、毎朝、本人を呼びに行くが、1時間程待たされて登校している。欠席日数も多く、昨年度は、80日、今年度は9月中旬までで35日。母親が半月後に退院予定である。
C子	小6女児	本児（小6）、父、祖母	1年近く不登校が続く中で、学校はどのように対応すればよいのか。	小5時の友だちとのトラブルを理由に、それ以降、祖母が本児を一度も登校させていない。小6時4月に一度家庭訪問で話せたが、その後、全く連絡が取れず。支援学級担任を中心に交代で家庭訪問し、ポスティングしているが連絡がつかない。
D子	小4女児・小1男児	母、長男（小6）、長女、次男の母子家庭	次男の紙おむつが交換されず、母は次男の世話を長男や長女にまかせている状態。学校は母との話し合いができずに困っている。支援学級担任が、家児相に相談したり校内で会議を持つが、母の養育の問題という結論に終始し解決策が得られない。どのような取り組みが可能であるかを相談したい。	長女（小4）、次男（小1）ともに知的障がいがあり支援学級在籍。次男のおむつがとれていない。家庭で、食事、入浴、着替えなどの基本的生活習慣ができておらず、姉弟ともに体臭がある。給食費や教材費の滞納、学用品が揃わない。
E子	小4女児	父、本児の父子家庭。父、トラック運転手、生活不規則。夜は雀荘に通い、家事放棄	これまで数度父母と話し合ったが、一向に変化が見られず、話し合いの場を設けるのも難しくなっている。父にどのように働きかけ、本児をいかに支援できるか。他機関との連携も含め、支援の方向性を明らかにしたい。	小3時の父母の離婚を機に、欠席が急増。部屋は衣類が脱ぎ散らかされ、布団やごみが散乱、台所には汚れたまま大量の食器が積まれている。無断欠席、忘れ物多し。朝食を食べていない。体に垢がついており臭う。担任、養護教諭の迎えで登校しても保健室で横になっていることが多い。 離婚した母は、弟（小2）を連れ実家で児童の祖母、叔母と暮らす。
F子	小5女児	母、本児の母子家庭。生活保護世帯。本児が2～3歳の時に離婚	母の生活習慣が乱れがちであり、本児の登校を促せない。登校させる意思を示すこともあるが行動に結びつかない。母に対してどのように働きかけ、本児を支援することができるか。	小3時より欠席が増加。対人関係においても、何かと被害的（「自分だけが悪く言われている」「無視された」等）に受け取る面あり。登校すれば楽しく過ごすものの、学習面で遅れが見られる。虚弱体質。朝食を食べていないことが多い。
G子	小6女児	父母と本児、他県で暮らす大学生の姉の4人家族。近隣に親類縁者はいない	本児への理解と対応について、保護者の考え方と一致しない部分も多く徐々に連絡をとれなくなり、つながりが切れてしまった。今後、何をすべきかわからない。	発達障がいの診断があり支援学級在籍。保護者が本児の服薬、定期的通院を管理。6年になり集団で過ごすのが難しい場面が多くなり、学校は保護者を交えたケース会議をもとに様々な支援を行ったが、早退や欠席が増えて登校しなくなった。
H男	中1男子	母、本人（中1）、姉（専門学校生）、祖母が近くに在住（行き来あり）	トラブルを未然に防ぎ、落ち着いた学習環境を確保したい。	広汎性発達障害と診断された本人は、中学入学後、他の生徒や教師への暴言・暴力、授業妨害が続き、周囲の生徒や保護者からの苦情が学校に寄せられていた。学校は本人の状況を母に伝えるがあまり協力は得られなかった。知的な遅れはなく、支援学級には在籍していない。
I男	中2男子	父、本人の父子家庭	遅刻が多く、体調不良を訴えてよく保健室に来るが、父が「甘えているだけ」と、医療機関への受診をしぶっている。	入学当時より生活が困窮している。本人は支援学級在籍だが、父は本人の障がいを認めていない。父の勤務が変則的なため、食事の用意が不十分で本人の栄養状態が心配される。本人は体調不良を訴えているが、父はとりあわない。
J男	中2男子	父、姉、本人の父子家庭。18歳の姉は家出中	授業態度を注意した教員に暴力をふるう等、本人への指導が困難で、学習保障もできていない。本人は友人宅を転々としている。学校の諸費や給食代金も滞納されている。不規則な食事から体重も減っている。数度、本人の行動について父と話し合ったが、「指導が甘い。殴っていい」等と発言する。警察、児童相談所との連携も含めた今後の支援の方向性を明らかにしたい。	中1時に他市より転入する。当初なじめず別室で過ごすが、非行傾向のある生徒とのつながりができ、学級に入る。教室内のうろつき、机の上で飛び跳ね、カードゲームをする等、学習に取り組む様子はない。万引きや喫煙で補導される。小学校時も、学校生活は落ち着かずに学力も課題があったとのこと。頭部に父に殴られた痕があり数回にわたり虐待通告するが、父子とも一時保護を拒否する。父は「殴るのはしつけ」と言う。 母は転入後病気で亡くなっている。

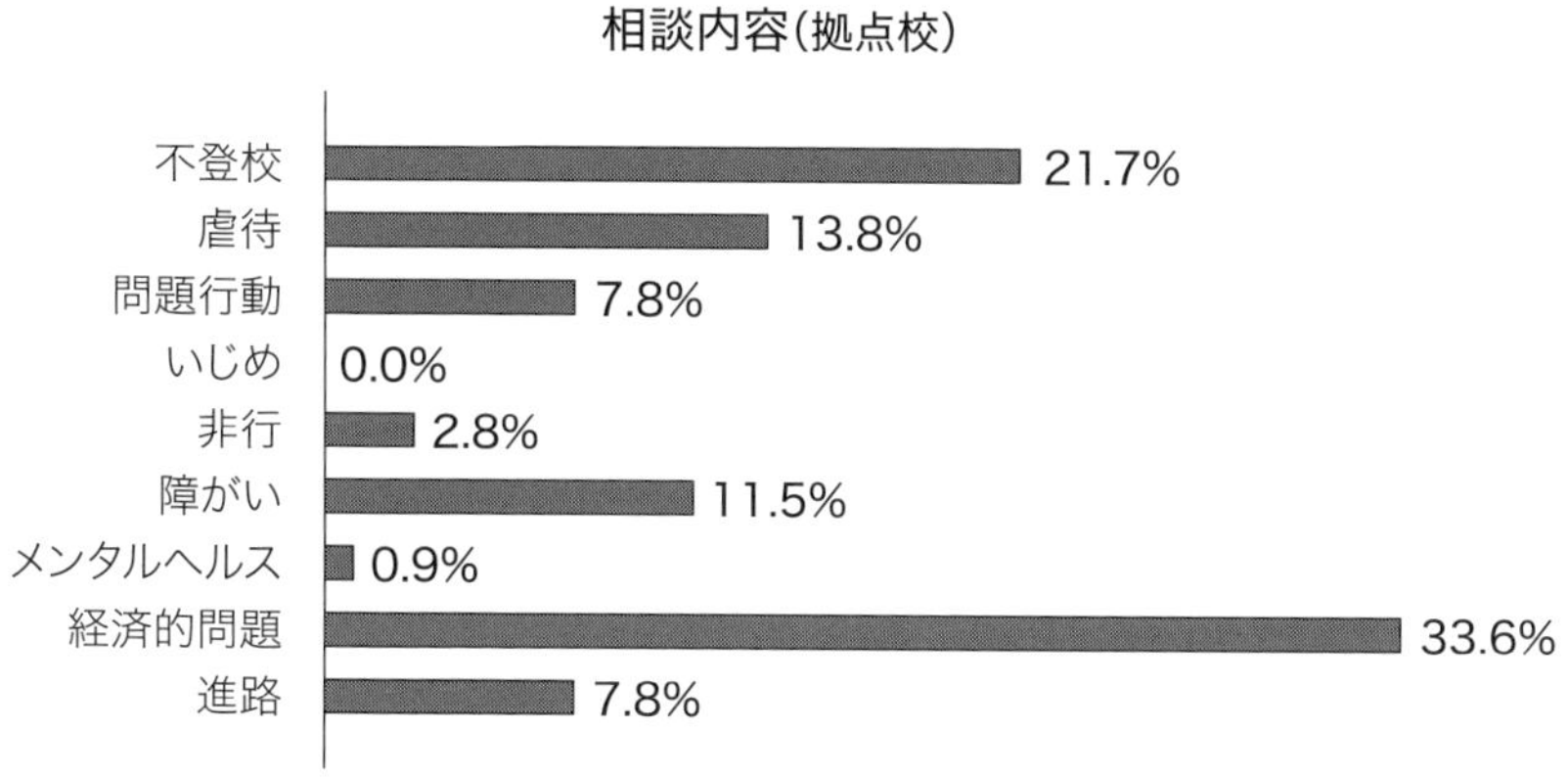

図1　スクールソーシャルワーカーが週１回勤務する拠点校における相談内容の割合
出所：安原（2015）

庭に複数の出来事が重なっており、周囲に手伝ってくれる人がいたり、経済的に余裕があれば、家事サービスなどは利用できるであろうが、そのような支援が得られなければ生活が立ち行かなくなる（金澤 2016）。

一方、保護者の視点に立つと、お金がないことを教員には相談しにくい構造がある。それは、本事例にあるように、教員が保護者に連絡をする時の多くは、子どもたちの欠席に関することや問題とされる行動への対応からはじまるため、「お金」の話を中心に置くことは難しいためである。保護者の側も、学校から子どものことで呼び出されれば、「お金」に困っていたとしてもそのことを相談するために教員に会うということにはならない。そこに見ようとしなければ見えない貧困問題の難しさがある（金澤 2009）。

【公立の高等学校勤務の例】

図1は、大阪府教育委員会教育振興室高等学校課が２０１４年度から２０１６年度の3年間に実施した、「キャリア教育支援体制整備事業」▼2において、スクールソーシャルワーカーが勤務する高等学校で、２０１４年度

に教職員から受けた相談内容の延べ件数割合である（安原 2015）。

この相談内容を見ると、義務教育段階では表面化しにくい「経済的問題」の相談内容の割合が高くなっている。また、本報告書には教員からスクールソーシャルワーカーへの相談2事例が紹介されており、事例はいずれも「家賃滞納のため、家を追い出される。そうなったら学校にも通えない。どうしたらいいか」という内容である。そのうちAさんの事例は父子家庭で、父は働いているが家庭にお金を入れずAさんの貯金やアルバイト代をあてにしている。Bさんの事例は、母子家庭で経済的に困窮している。母は、金銭管理等の能力が乏しくギャンブルにはまっており、Bさんのアルバイト代だけでは生活費を補えないという事例である。また、2016年度の報告書では、次のような相談内容にスクールソーシャルワーカーが支援にあたった例が紹介されている「遅刻欠席が続いており、進級が危ぶまれる。学校諸費が未納であるが、保護者とも連絡が取れない」（担任からの相談）、「卒業後の進路が考えられない。きょうだいの面倒を見ないといけないので勉強に専念できない。卒業後は就職して本当は一人暮らしをしたい」（本人より担任に相談）、「家庭事情で登校するエネルギーが維持できていない。学力的には問題はないが、多問題を抱えており、中退せざるを得ない可能性が大きくなってきた。どうしたいいか」（教員からの相談）などである（安原 2017）。

このように生徒や保護者が教員に直接SOSを訴えることができる場合は、なんとか支援をスタートさせることができるが、多くの生徒たちはその訴えそのものを躊躇するため、結果として高校中退に至ってしまう者も少なくないのである（青砥 2009）。

（2）保健室から見える健康格差

学校の中では、子どもたちの健康面から気になる姿も見える。たとえば、私がスクールソーシャルワーカーとして主に養護教諭から受けた相談に次のようなものがある。これらの相談内容は、私が活動していた地域だけではなく、全国様々な地域での養護教諭との研究交流の中でもしばしば聞かれる内容と一致する。番号は便宜上につけたものである。

①朝食、夕食がとれていないと推測される。水をくださいと保健室に来室する。お腹をすかせている
（担任に聞くと、「給食をがつがつ食べる」「お弁当が用意されていない」ということがわかった）
②むし歯が多く噛み合わせも悪い。未治療のままである
③健康診断を受けていない、または、その結果を受けての未治療
④肥満のため糖尿病等の心配がある
⑤子どもが大きなけがや病気をしたため保護者に連絡を入れるが、医療機関の受診をしてもらえない
⑥メンタルヘルス上の症状（うつ的症状、リストカット）がある
⑦保護者に処方されたであろう薬を子どもが飲んでいる
⑧不衛生な服装で登校する。髪がべたついている
⑨妊娠のメカニズムに対する知識の不足
⑩療育手帳、精神障害者保健福祉手帳の更新切れ

2　貧困とネグレクトの関係

【ネグレクトへのまなざし】

前記で紹介したような、食事がとれていない、服装が不衛生、医療機関の受診がなされないというような子どもたちはネグレクトの状況に置かれているとも言える。

私がスクールソーシャルワーカーの仕事をはじめたのが2005年。養護教諭たちのこれらの心配事は、着任する以前からすでにあった。そして、前項と同じように、これらすべての子どもたちが貧困の状態にあるわけではないためその見極めが簡単ではない。しかし多くの教職員たちは、体験的に子どもたちの健康状態の背景にある家庭の経済状況の影響を心配し、個人的努力で子どもや家族に日々向き合ってきた。

たとえば、養護教諭は、給食の牛乳を冷蔵庫で保管し、翌日、遅刻で登校してきた空腹の子どもに飲ませてから教室に送り出す。事務職員と養護教諭が、学校でごはんを炊いておにぎりを作り、担任が放課後に家庭訪問をして、「お母さん、学校で作りすぎてしまったので、私も今日の夕食にするんだけれど、それでもあまってしまうので、よかったらもらってくれませんか」と届けにいく。管理職は、給食費や諸費の未納分を個人的に立て替える。それが皆、根本的な解決につながることではないとわかっている。教職員同士でも様々な意見がある。ある教員は「そこまですることが教員の役割ですか。福祉に任せるべきではないですか」と言い、別の教員は「児童相談所に連絡をしたら、今日、子どもたちにごはんを届けてくれるのですか。親を指導したら、子どもたちはお腹が満たされるのですか」と反論する。今でこそ、学校でも福祉機関と連携をはじめるところは増えてきている。しかし貧困問題への関心が高まる以前から、教職員がこのような葛藤を抱えながら目の前の子どもたちの「今日の一食」を届けてきた現実もある。ただそれらの行為は、教員の仕事の時間外で行われる「善意の個人的行為」であることから、社会に伝わる機会がなかったということも理解しておく必要がある。

ここで身体的虐待、性的虐待、心理的虐待とネグレクトの構造的な違いを整理しておく。身体的虐待、性的虐待、心理的虐待は、暴力（言葉や目撃するものも含む）を「加える（与える）」行為である。それに対して、ネグレクトは「加える」のではなく、本来、人間が生きていくうえで必要なもの（衣食住、声かけやまなざしなど）が与えられないことを意味する。つまり、人間の成長発達には欠かせない「かかわり」がない状態が続くということだ。ネグレクトというのは、日本語では「養育拒否・育児放棄」と訳されることが多いため、保護者が意図的に何もしていないような印象を強く受けるが、現実には、保護者は努力しているが、十分なかかわりが「いま、できない状態にある」ということのほうが圧倒的に多い。保護者自身にも支援が必要な状態であるうえに、地域からも孤立し、誰にも頼ることができない状態に置かれているのである。子どもの養育が「できない」状態にも必ず理由がある（金澤 2016）。

【背景にある保護者の苦悩】

では、保護者が抱える理由とはどのようなものだろうか。私が出会ったネグレクト状態にある子どもの保護者には、次のような社会的不利を抱えているという場合が少なくなかった。①保護者にメンタルヘルス上の課題があり、家事や育児が困難な状況にある。②ひとり親家庭で仕事を探している親が、子どもの預け先がなく就職活動が難しい。③子どもに障害があり、歯医者など、病院に連れて行きたくても暴れるため一人では連れて行けない。車もない。小さな子どももいるため、一人では難しい。④保護者に知的障害があり、金銭管理や家事が難しい。そのため生活保護費も半月で使いきってしまう。

加えて、背景に経済的困窮があった保護者の中には、自身も看病をしてもらったことや大人から歯を磨いてもらった経験がなかったり、家事や育児の方法を教わったこともないためわからない人もいた。保護者自身に支援が必要であるにもかかわらず福祉制度の情報が届いていなかったり、届いていても手続きが複雑でできなかたり、時間的に難しかったりする。障害のある子どもの場合、登下校の送迎支援者がいないため子どもが遅刻をしたら送っていく人がいない、などの環境に置かれている場合が多かった。

さらにお金の問題は、時間の問題とも直結する。たとえば次のような視点で考えてみる。①家事（毎日の食事や、学校でお弁当が必要な場合はその用意、洗濯、掃除、買い物（学校で必要なものの購入））は誰が担っているのだろうか。②保護者の仕事の時間帯は何時頃だろうか。シフト制かどうか、土日や夜勤もある勤務形態であれば、子どもと一緒に過ごす時間をとることが難しいのではないか。③保育所や幼稚園の送り迎えが必要な子どもはいるのだろうか。④生活支援が必要な障害のある家族、介護や看護が必要な家族がいる場合、通院や入院が必要な状況だろうか。⑤家庭が利用できる制度を希望する場合、その制度の申請書類の準備や、手続きのための日程調整は可能なのだろうか。⑥学校の宿題について。「家庭で、算数ドリルさせて、〇つけをしてください」と、保護者がかかわらなければ達成しない学校からの宿題がある。

子どもたちが安心・安全に学校生活を送ることができる環境を維持するためには、保護者の苦悩に思いをはせ、金銭給付に加えて、これらの負担をどのように補うのか、実質的な担い手のネットワークづくりも必要ではないだろうか。

3　学校という場の可能性――「学校以前」に向き合い、学校から手をつなぎはじめる

教育の目的は、教育基本法第1条にあるように「教育は、人格の完成を目指し、平和で民主的な国家及び社会の形成者として必要な資質を備えた心身ともに健康な国民の育成を期して行われなければならない」のであって、そのために同法4条では、すべて国民は、能力に応じた教育を受ける機会を与えられ、差別されないと規定し、国や地方公共団体は、障害のある者には教育上必要な支援が講じられ、経済的理由によって修学が困難な者に対しては、奨学の措置を講じなければならないと明記している。そのうえで6条2項において、「学校においては、教育の目標が達成されるよう、教育を受ける者の心身の発達に応じて、体系的な教育が組織的に行われなければならない」と学校教育を規定しているのである。

つまり、学校教育は「貧困に陥らないため」「虐待を防ぐため」にあるのではなく、これらどのような効果を生まなかったとしても、すべての子どもたちに教育を受ける権利が保障されるべきであるという原点に立つ。しかし今、貧困や虐待、ネグレクトの問題と学校教育との関係を論じていくのは、「すべての子どもたちには教育を受ける権利が保障されるべき」前提が崩れているためである。つまり、本章で紹介した子どもたちの例は、義務教育のスタートの段階で、すでに教育の機会均等を奪われている、「学校以前」の環境にいるということである。そうであるならば、現在の学校制度そのもののあり方を再検討する必要がある。近年の調査や研究から、家庭の経済状態が子どもの食生活に影響していることや（阿部

2018）、虫歯と貧困の関係（兵庫県保険医協会 2017）、子どもの肥満と貧困との関係（可知 2018）がわかってきた。これらの貴重な研究と学校現場の実態をつきあわせながら、今後目指すべき学校制度そのもののあり方を議論していく時期にきていると言える。

（1）既存の仕組みの中でできる工夫

一方で、目の前には今後の議論を待っていられない子どもと家族の暮らしがある。そのことに気づいた者たちが、できることからはじめている取組みや工夫例がある。その例を四点紹介する。

一点目はスクールソーシャルワーカーの関与についてである。1節で紹介したような子どもたちの相談を受けたスクールソーシャルワーカーたちは、教職員とともに家庭状況によって必要となるサービスの違いを整理し、また、生徒の居住自治体によって異なる制度利用の手続を調べ、福祉制度や利用可能なサービスにつなぐ支援を開始している。ここでいう「つなぐ」というのは、単にサービスを紹介するだけではない。子どもや保護者とどのような出会い方をすれば信頼してもらえるきっかけになるかを考え、制度やサービスを紹介するときは、申し込みありきではなく選択肢の一つとして説明する。また制度利用手続きの同行や、適応指導教室などはじめての場所に一緒に見学に行く。伴走するというイメージだ。その時間を共有することで、お互いの関係が芽生え、学校のこと、家庭のことを話題にできるようになっていくのである。

二点目は学校事務職員たちが中心となって行ってきた取り組みがある。学校にかかるお金については、教科書代以外のものを保護者が負担している。その支払いが困難な場合に就学援助制度等があるが、そもそもこの制度が知られていないことも多く、すべての家庭に情報を届け、制度利用を恥ずかしいと思わなくてもよいような文面の工夫などを行っている。また、教材費の見直しを教員とともに進めている例がある（高津 2009）。私が参加した、ひとり親家庭を支援する団体のあるグループでは、母子家庭の母親から次のような意見が聞かれた。「3000円の裁縫箱や、書道セットを購入するのがしんどい。いったい、6年間に何回使うんでしょうか」。小中学校の6年間で購入する教材費や修学旅行費等の積み立て金、給食費も含めるとその金額は相当になる。子どもの学びに必要な費用を必要以上に削減してよいわけではないため現行制度では保護者負担費をなくすことは難しいが、その教材のもつ教育的意義について教員と事務職員が議論を重ねながら購入内容を決めている学校がありその姿勢に学びたい（制度研 2011）。

三点目は学校医の活動である。医者にかかったことのない子どもの存在に気づいた小児科医は、養護教諭と連携をして中学校に出向き、学校医として健康相談を行っている（蜂谷 2015）。

四点目は宿題の工夫である。先のひとり親家庭の母親からは次のような声も多くある。「夏休みの自由研究や、絵日記は、（お金のない）我が家にはとても負担です。どこにも連れて行ってあげられない。でも、そんなこと、誰にも言えません」。夏休みに絵日記と自由研究の宿題を出す学校は多い。夏休み明けには教室に子どもたちの絵日記が飾られ、自由研究は一定期間「作品展」として体育館に飾られたりする。絵日記には、遊園地や海に行ったときのことなどのイベントを描いたものが並ぶ。家族旅行や自由研究の材料費にはお金がかかっているという側面もあるし、どちらも大人がかかわる場合、大人たちの時間も費やされてはじめて宿題が成立する。先の母親の発言は、このどちらも苦しいという切実な思いである。このように言ったからといって宿題をなくすべきだと言いたいわけではない。教育的意義のある「夏休みの宿題のあり方」を模索すべきであるし、それは今すぐにでも取り組みはじめることが可能なのではないかという問題提起である。貧困家庭だけではなく、せめて家族旅行くらいは宿題のことを気にせずに楽しんでほしいという願いもある。
以上、既存のシステムの中で工夫が可能である取り組みを紹介した。これら地道な取組みの意義が他の校区、他の自治体でも共有されていく中で、学校制度そのもののあり方を議論する一助となるのではないだろうか。

（2）「行ってきます！」につながる場——学校と自治会の協働による「朝ごはん」と「歯磨き支援」

次に、「ないものは、生み出す」という発想で、小学校と自治会が協働で行っている取り組みを紹介する。
堺市西区草部にある堺市立福泉東小学校区では、2017年5月から毎月1回、学校と校区自治連合会、社会福祉協議会等の様々な団体が協働して、朝食支援と歯磨き指導の取り組みをはじめた。子ども食堂「つう心」という。「心を通わせる」という意味をこめて命名されたそうだ。主催は、「福泉東子ども食堂つう心の会」。福泉東校区自治連合会の組織の中に位置づいている。活動の目的は子どもたちに「①朝、起きる　②朝しっかり食べる　③歯磨きしてから登校する」という生活習慣を身につけてもらうというシンプルなものだ。このように、「つう心」は、貧困対策を目的としてはじまったのではない。聞くと、知人のスクールソーシャルワーカーもかかわっているという。そこで見学のお願いをして参加させていただいた。

【朝、起きる。朝しっかり食べる。歯磨きしてから登校する】

2017年11月9日（木）。快晴。「つう心」は月に1回、小学校のすぐそばにある自治会集会所で7時

30分～8時15分の時間帯で行われている。スクールソーシャルワーカーの久山藍子さんに案内されて、小学校から歩いて集会所へ向かうと、美味しそうな香りが集会所の外まで香ってくる。7時15分頃に到着して、食事を作っている民生委員・児童委員さんや地域住民のボランティアさんに挨拶をする（図2）。今日のメニューは、炊き込みごはんとお味噌汁（図3）。朝からごちそうだ。7時30分が近づくと子どもたちがやってくる。この日、玄関で子どもたちの受付をしていたのは、小学校の校長先生・在野浩さんと支援教育コーディネーター教諭の松井佳澄さん。受付をすませたらランドセルを棚に置き、手を消毒して今日の朝ごはんを受け取りに行く。「いただきま～す！」と子どもたちの声がとびかい、笑顔となごやかな空気でその場が包まれている。そんな中、少し元気がないように見える子どもがいると、そっと隣に座って「〇〇くん、おはよう。おいしいかい？」と話しかける人がいた。「つう心」代表の細田隆治さんだ。お腹が満たされた子どもたちは、「ごちそうさま～。ありがとう」「おしいかった」と食器を返しにいき、食器を受け取った民生委員さんが、「歯を磨いたら、いってらっしゃい！」と送り出す。

どこで歯を磨くのだろうと思いながら、私も子どもたちの後を追いかける。子どもたちは集会所の外へ出て行き、すぐ裏手にあるスペースに設置された洗面台の前で歯ブラシを受け取り歯を磨いている（図4）。ここでも複数の大人たちが子どもたちに声をかけながら、歯磨きを促す。歯ブラシは、毎月、新しいものが子どもたちに贈られる。動いたのは、ドラッグストアチ

図2

図3

図４

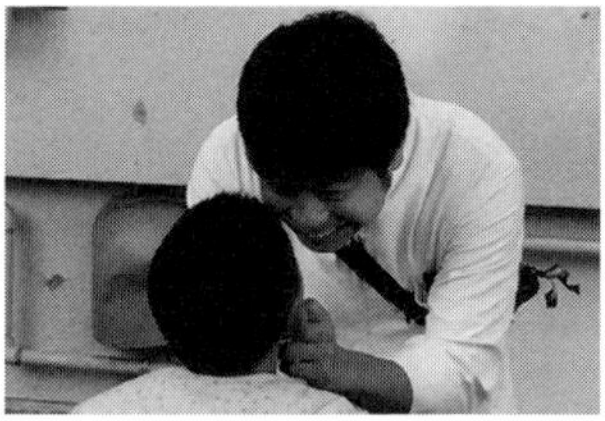

図５

エーン「キリン堂」の島田幾雄さん。スクールソーシャルワーカーの久山さんからの相談を受け、「子どもの生活習慣病を防ぐ。健康に健やかに育ってもらう。病気にならない手法を広げる」ことにつながるこの取り組みに賛同し、歯ブラシを1年間送り続けられたそうだ。歯磨きが終わると、子どもたちがある人の前に並んでいる。その人は、近所の歯科医の枡元直人さんだ。ボランティアで歯磨き指導をしてくれているのだという（図5）。子どもたちは枡元さんの前に並んで、順番に「アーン」と口を開けてみてもらう。磨き残しがある子には、歯ブラシの持ち方と磨き方を丁寧に伝えておられる。「ＯＫ！」と声をかけられた子どもは、「やった！　じゃぁ行ってきまーす」と言って駆け出していき、大人たちは「いってらっしゃい～」と子どもたちの背中に手を振る。

【きっかけ】

「①朝、起きる　②朝しっかり食べる　③歯磨きしてから登校する」という生活習慣を身につけてもらうというシンプルで重要な目的を関係者が共有するきっかけは、小学校の先生たちの切実な思いからはじまった。在野さんが校長としてこの学校に着任したのが２０１６年度。スクールソーシャルワーカーの久山さんも同じ年にこの学校の担当として着任した。松井先生はじめ、以前から勤務する教員たちは、子どもたちの状況を丁寧に見てきた中で、遅刻の子どもが多いことや、朝ごはんを食べていない子どもたちの存在を気にかけていた。また、学校の調査では、朝ごはんを食べていても、その内容が、チョコレートやスナック菓子、ガムという回答もあった。歯科健診では虫歯の子どもが多く、治療しないままの家庭も少なくないことから、なんとか子どもたちに朝ごはんを食べさせてあげたいと思っていたという。ただ、ひとり親家庭の子どもたちも多く、保護者の事情も痛いほどわかっている教員たちが、これ以上、保護者に負担をかけるようなお願いをすることはしたくないというジレンマも抱えていた。そのような思いを在野校長と久山さんに伝えた。

その話の中で、この地域の集会所では週に1回、高齢者対象のモーニング喫茶が行われているということが話題になった。教員たちが、朝、遅刻気味の子どもたちを迎えにいくと、「ただいまよりモーニングをはじめます」と、地域にアナウンスが流れている日がある。子どもたちもおじいちゃんや、おばあちゃんと一緒に朝ごはんが食べられる機会があったらいいのになあという教員たちの素朴な願いが出された。その話を聞いた久山さんが、「実際に相談してみませんか」と提案し、校長の了解を得て、社会福祉協議会のコミュニティソーシャルワーカーである橋本直樹さんに経過を相談した。その話を受けて橋本さんは、この地域の当時の自治会長であった細田さんと学校関係者をつなぎ、関係者で協議をする場がもたれることになった。

【大人が助け合いながら取り組むということ】

それから、自治会長、学校教職員、民生委員・児童委員、スクールソーシャルワーカー、コミュニティソーシャルワーカー、地域のボランティア、食材提供を行う支援団体などのメンバーで協議を重ね、2017年5月から活動がはじまった。

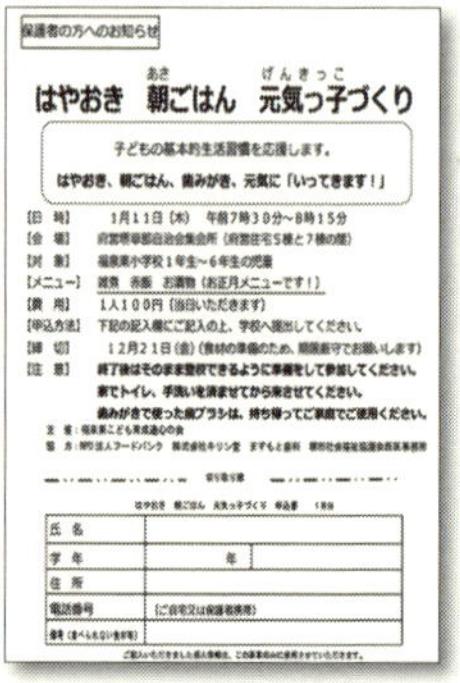

保護者の方へのお知らせ

はやおき　朝《あさ》ごはん　元気っ子《げんきっこ》づくり

子どもの基本的生活習慣を応援します。
はやおき、朝ごはん、歯みがき、元気に「いってきます！」

【日時】1月11日（木）午前7時30分～8時15分
【会場】府営[illegible]自治会集会所（府営住宅5棟と7棟の間）
【対象】福泉東小学校1年生～6年生の児童
【メニュー】雑煮　赤飯　お漬物（お正月メニューです！）
【費用】1人100円（当日いただきます）
【申込方法】下記の記入欄にご記入の上、学校へ提出してください。
【締切】12月21日（金）（食材の準備のため、期限厳守でお願いします）
【注意】終了後はそのまま登校できるように準備をして参加してください。
家でトイレ、手洗いを済ませてから来させてください。
歯みがきで使った歯ブラシは、持ち帰ってご家庭でご使用ください。
主催：[illegible]
協力：NPO法人フードバンク [illegible]

切り取り線

はやおき　朝ごはん　元気っ子づくり　申込書

氏名	
学年	年
住所	
電話番号	（ご自宅又は保護者携帯）
備考（食べられない食材等）	

ご記入いただきました個人情報は、この事業のみに使用させていただきます。

図6

図7

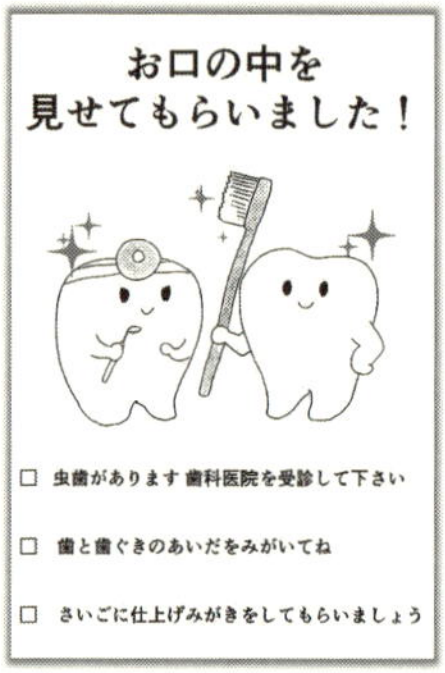

図8

対象は、福泉東小学校1～6年生。参加費は1回100円。参加を希望する子どもは、事前に保護者が申し込みを行う。「つう心」の案内と申し込みのとりまとめは学校で教職員が行う（図6）。細田さんは、「学校の先生たちの協力の意義が大きい」と言う。子どもたち全員に情報を届けることができるからだ。また、気にかけている子どもの申込がなかったとしても、教職員が保護者に丁寧に説明をすることによって、取り組みの目的を伝えることが可能になる。アレルギーの確認も学校だからこそスムーズに対応できている。

そして、歯磨き指導。歯磨きは、そこにかかわる大人みんなで促す。歯科医の枡元さんが作ったお手製のポスター（図7）の前で歯を磨く子どももいる。この取り組みの中で、子どもたちの歯を継続して見ている枡元さんは、ある時期から必要な子どもにはA5サイズほどの「歯磨きチェックシート」を渡すようになった（図8）。子どもに、「この紙をおうちの人に渡してね」と伝えることにしたのだそうだ。子どもたちの口の中の様子を保護者と共有したいとの思いからである。

【子どもの変化・大人の変化】

視察が終わってから、この取り組みにかかわっている大人たちに、子どもたちの変化についてお話を聞かせてもらった。教員からは、「つう心」の日は、これまで保健室に来ていた子どもたちのうち、お水をもらいに来る子が減ったとの話を聞いた。空腹を紛らわすために来る子が減ったのではないかとのことだ。それから、この日は、遅刻の子どもがほとんどゼロになる。ほとんど、というのは、「つう心」で朝ごはんを食べるのがゆっくりな子どもが少し遅れることがあるからだ。けれども、朝ごはんをしっかり食べているということがわかっているので、「よく来たね、おいしかった？」と安心して待ってあげられるのだという。

変わってきたのは、子どもたちだけではない。「つう心」で子どもたちの歯を見るようになった枡元さんは、「自分の認識が甘かった。歯磨きの磨き方を知らない子どもがこんなにいるのだということを知った。私たち歯科医が親に歯の磨き方を伝えられていない。だから子どもも知らない。歯ブラシの持ち方を教え、歯磨きチェックシートを子どもに渡したら、保護者が子どもをつれて歯医者に来てくれた。保護者が子どもの歯に関心をもてるようなきっかけづくりが重要になる」と話してくれた。「子どもたちは歯の磨き方が上手になってきている。ぜひ、親にもみてほしい」と話す枡元さんの暖かなまなざしが印象的であった。

【続けていくために】

今後の課題も尋ねてみた。誰もが「続けていくことです」と即答した。そのために学校の教員たちは、保護者に活動を知ってもらうためのＤＶＤを作成し上映する機会などももっている。

「つう心」代表の細田さんは言う。「当初はみんながんばれるが、ボランティアは高齢の方たちも多く自身の体に負担のない範囲で続けてもらえる体制が必要である。新しいボランティアをどうやって募っていくかということも重要である。それから運営資金の課題である。潤沢にほしいというわけではなく、安定して続けていくために必要な経費が途絶えることがない程度の資金は必要である。また、企業からの応援は単年度のため、ありがたい部分と不安な面があるのも事実である。それから、この取り組みをはじめたことで、学校の事情もわかってきた部分もあり、夏休みの学習支援なども必要ではないかと思っている」。

2018年12月現在も、この活動は参加希望者が増え続けており継続して実施されている。このような価値ある取り組みが継続されるために、行政や企業などがどのようなバックアップを行えるのかという視点からの検討をしていくことも重要である。

「つう心」の取り組みは貧困対策を目的としてはじまったのではないが、様々な調査からも明らかになっているように、貧困との関係も深い、朝ごはんの欠食を減らしたり、虫歯の予防に寄与する活動を学校の先生や地域住民が協働して行っていることに注目すべき価値がある。

4　子どもたちの暮らしに占める「学校時間」

子どもの貧困問題に関心が集まるようになってから、子ども食堂と学習支援の取り組みが全国で増加している。それに伴って、貧困対策以外の子どもの居場所の重要性にも目を向けられるようになってきた。実は子どもの居場所をめぐる課題は以前からすでにあった。とりわけ学校との関係では、不登校の子どもたちが学校以外に物理的に通う場は保障されてこなかった。

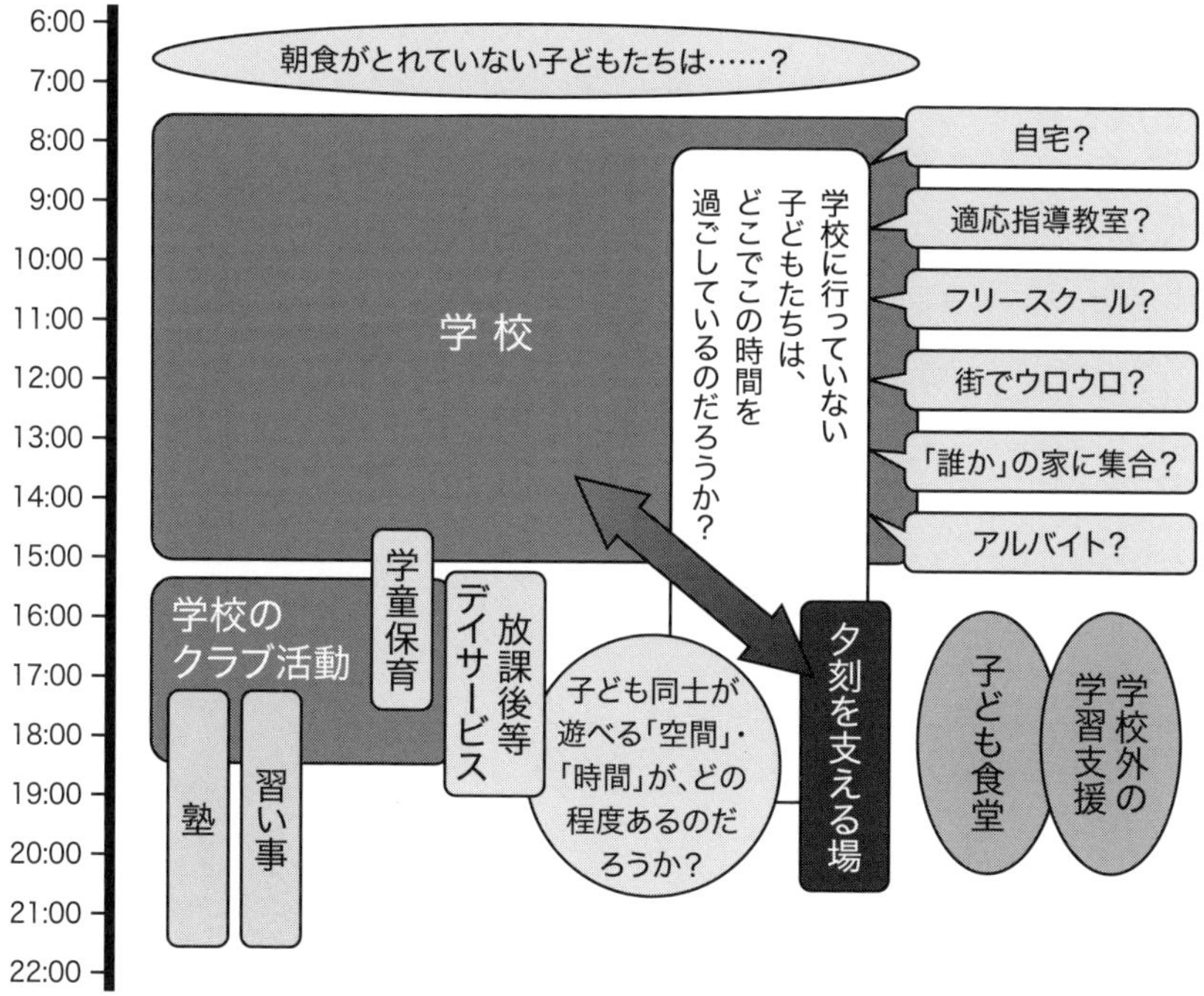

図９　学校年代の子どもたちが集う場所のイメージ（筆者作成）

ここで改めて、学校年代の子どもたちが物理的に過ごす場所について考えてみる。子どもたちが物理的に過ごす場所には、①家庭・社会的養護などの「住む場所」、②「学校」に代表される、教育を受ける機会を保障する場として、子どもが日常的に「通う場所」（フリースクールや適応指導教室等も含む）、③「住む場」でも「学校」でもない場所がある。塾や習い事、放課後等デイサービス、友人の家、近所の家などである。ここに子ども食堂も含まれる。子どもが入院している場合は①と②が重なっていたり、少年院などに在院している場合は①②③すべてが同じ施設であったりという例もある。いずれにしても子どもが過ごす場がこの３つの要素から成り立っていると考えると、学校年代の子どもたちにとっては学校という場が占める割合が大半であり、それ以外の場というのはそのほとんどが有料なのである。

図9は、学校年代の子どもたちが集う場所のイメージ図である。先の①の「住む場所」以外に子どもたちはどこで過ごしているのかを考えてみると、日中に学校以外で子どもたちの学びを保障する場が圧倒的に欠如している現実がある。さらに放課後に目を向けると、子どもたちを利用対象者別にわけた有料の場所はたくさんあるが、どの子どもたちも混ざりながら集える場がほとんどない。中学、高校ではクラブ活動が果たす役割も大きいが、その費用も保護者負担で成り立っている。結果として、子どもたちは社会階層ごとの集団にわけられる。そうなると、学校に居場所を見いだせず、家庭の経済状態が厳しい場合、「物理的に行く場所がない」という状態に陥り、様々な人たちとの人間関係を形成する機会を奪われ続けるということになる。このように学校時間が占める割合とそれ以外の場の有料サービスとの関係を見てみると、貧困対策として、「学校外の勉強支援」に特化した学習支援だけでは解決にはならないことがよくわかる。

5 おわりに――「学校以前」を直視する「学校学」への視座

無償であるはずの義務教育のスタート時点で「学校以前」の環境に置かれている子どもたちの存在に、ようやく目が向けられるようになってきた。その今こそ、学校と学校以外の時間帯は連続性のある子どもの暮らしであると改めて捉えなおす必要性がある。そのうえで、貧困対策として急がれる学校制度の改善としては、完全給食の実施と給食費無償化（鳫 2016）、登下校に支援を要する子どもたちの送迎保障、生活保護世帯の子どもの大学等進学を認めることなどが優先課題として挙げられる。

また、貧困対策としてのみ重要ということではなく、子どもの成長発達の保障という視点からみたときに、本シリーズでも取り上げられているように、遊び、学び、文化的体験、スポーツの機会を得られる場を、子どもの成長段階のあちこちに無料か格安で保障していく必要があるということではないだろうか。たとえば池本美香らは、学校教育と学校外活動が全く別個に議論されている問題を指摘しながら、諸外国で国や行政が取り組んでいる放課後の施策を紹介している（池本編 2009）。また、芸術家の平田オリザは、礼儀作法や慣習、言葉使い、センス、美的性向などの「身体化された形態の文化資本」の地域格差問題を指摘し、学校や家庭で体得できないのであれば、地域の文化環境を向上させることに可能性があるとして次のように述べる。「地域社会で学ぶ機会を充分に用意し、機会の平等を保証しながら民間活力も利用する。特に子どもが、家庭環境や地域間格差によって、身体的文化資本の獲得に支障が起きないように充分な手当てをする。もしこのような施策が実現できれば、劇場、音楽ホール、美術館の役割は大きく変わるだろう。週に2日は、子どもたちは、これらの施設で過ごすようになるのだ」（平田 2013）。

これまで、学校の中にある様々な課題について、「学校の中」を知る教職員が「学校の外」にいる人たちと共に考える場をもつということそのものが難しい時代が続いてきた。しかし今後は、それぞれの職域や学問領域を超えて、学校という場をめぐる問題と、それを解決していくための学校という場の可能性を探す方法が必要である。私はそれを「学校学」と呼んでいる。そのためには、この問題を学校にかかわる専門職だけでなく、当事者である子ども本人や家族、子ども支援にかかわる関係機関、ＮＰＯや自治会の方なども含めた「学校に集う人々」と企業や芸術分野の人たちと共に考えていく場を創出していくことが重要だ。学校学の枠組みで考えたとき、池本や平田の提案は、学校にかかわっている者たちと共に議論していくことで学校制度の構造的問題を乗り越えていく可能性をもつのではないだろうか。

最後に、これらの新しい方法を考えていくとき、教職員の負担軽減を同時に議論していくことを忘れてはならない。クラブ活動の担当に関する課題や、一クラスあたりの子どもの人数をどうするかなど、学校教育そのもののあり方と連動する。また、これらのことは教育を保障するとはどういうことなのか、その中で学校教育に求められることは何かという根源的な問いにも踏み込んだ議論となる。これまで学校の教職員たちが担ってきた役割に敬意を表しながら、教職員とともに議論していく場の創出が今後の鍵となる。学校という場で見える貧困の問題もまた、学校学という文脈の中でとらえていくことが求められているのではないだろうか。

注

1 筆者作成「大阪府教育委員会市町村教育室児童生徒支援課（2009）『ＳＳＷ配置・派遣校での活動と市町村での活用ガイド』24～43頁」に掲載されている「ＳＳＷからのケース報告10事例」の記載内容から、ＳＳＷに相談が入るまでの記載部分を筆者が一覧にまとめた。初出は、金澤ますみ（2011）「子どもの貧困と学校・ソーシャルワーク」『貧困研究』vol.11、明石書店

2 キャリア教育支援体制整備事業の目的は、就職希望者の多い学校、就職に課題を抱える学校を対象に就職支援コーディネーターと、スクールソーシャルワーカーを配置し、生徒の就職内定率の上昇、進路未定率の減少を図るものである。また、生徒一人ひとりの状況をふまえ、卒業後の社会的自立や社会参加に向けてキャリア教育の推進を図ることである（安原 2015）。

引用・参考文献

青砥恭（2009）『ドキュメント高校中退――いま、貧困がうまれる場所』ちくま新書

阿部彩（2018）「子どもの食格差と家計」、村山伸子（2018）「子どもの食格差と栄養」阿部彩・村山伸子・可知悠・鳫咲子編『子どもの貧困と食格差――お腹いっぱい食べさせたい』大月書店

池本美香編著（2009）『子どもの放課後を考える――諸外国との比較でみる学童保育問題』勁草書房

可知悠子（2018）「貧困がもたらす子どもの肥満格差」阿部彩・村山伸子・可知悠・鳫咲子編『子どもの貧困と食格差――お腹いっぱい食べさせたい』大月書店

金澤ますみ（2009）「書評論文　藤本典裕・制度研編『学校から見える子どもの貧困』」『貧困研究』vol.3、明石書店

金澤ますみ（2016）「子どもの貧困と虐待」子ども虐待の予防とケア研究会『子ども虐待の予防とケアのすべて』第一法規出版、2003年～、追録27号

鳫咲子（2016）『給食費未納――子どもの貧困と食生活格差』光文社新書

制度研編（2011）『お金の心配をさせない学校づくり』大月書店

高津圭一（2009）「就学援助制度の実態と課題」藤本典裕・制度研編『学校から見える子どもの貧困』大月書店

蜂谷明子（2015）「受診経験がない子ども」『月刊生徒指導』２０１５年1月号、学事出版

兵庫県保険医協会編著（2017）『口から見える貧困――健康格差の解消をめざして』クリエイツかもがわ

平田オリザ（2013）『新しい広場をつくる』岩波書店、37～38頁

安原佳子・大阪府教育庁教育振興室高等学校課（2015）『高校におけるスクールソーシャルワーカー（School Social Worker）の活動状況について　２０１４大阪府高等学校ＳＳＷ活動報告』

安原佳子・大阪府教育庁教育振興室高等学校課（2017）『高校におけるスクールソーシャルワーカー（School Social Worker）の活動状況について　２０１６大阪府高等学校ＳＳＷ活動報告』

第10章
学習支援は何を変えるのか
――その限界と可能性
…西牧たかね

はじめに

２０１１年3月東日本大震災が起こった瞬間、私は卒業式練習の証書授与役として体育館の壇上にいた。震災後、放課後活動もままならない中、急遽《きゅうきょ》作成したA４一枚の趣旨説明と募集で集まってくれた当時の卒業生と始めた〝学びサポート〟の活動が、東京都調布市での学習支援事業にかかわる現在につながっている。

その活動を始めようと思ったのには理由がある。それは、早くに勉強につまずき高校進学をあきらめてしまった子どもたちに対し説得と補習を積み重ね、ようやく高校受験にこぎつけても、結局は夜間の高校にしか進めず中退するという苦い経験を繰り返してきたからだ。中学校のもっと早い時期に学習に前向きに取り組んでもらえる方途はないだろうか。そう考えて出した結論が、年の近い同じ中学の先輩が放課後の補習に来て、中学生を教えるという方法だった。

その方法は私の予想を超える成果を上げた。なぜなら、補習に参加する中学生の数が激増したからだ。しかも、高校生が与える影響は単に学習の上だけではなかった。意欲・自信・高校という新しい世界への期待・将来への展望……様々なものが中学生の中に芽生えていった。この経験は、学習支援コーディネーターを務める今にも役立っている。

生活困窮者自立支援法が施行され、3年が経過した。学習支援事業の数も地域も拡大し続けている。けれど、そこに一抹の不安を感じるのは私だけだろうか。学習支援がめざす本来のあり方は、実現できているのだろうか、という懸念がある。さらに、それだけを進めてよしとすることで、学校の問題が置き去りにされるのではないかという危惧だ。

学校の問題に言及すると「学校が変わるまで待てない」と「学校には期待できない」という反論が予想される。最初の指摘は否定できない。だが本来は、学習支援をすると同時に「どうしたら、学校を変えることができるのか」と問うべきなのではないだろうか。

そこでこの章では、教員と学習支援コーディネーターという、学校の中と外とで活動した経験を基に、学習支援を実施する意義と課題を検討し、普遍的制度である学校だからこそ実現できることは何かを明らかにしたい▼1。

1　学習支援の二つの役割

（1）教育的支援

学習支援事業の目的として、第一に挙げられるのは〈教育的支援〉である。しかしその〈教育的支援〉がめざすものは一様ではない。

学習支援を実施する多くの団体が共通して掲げている目標は「経済的不利を抱える子どもたちを高校に入学させること」である。その先駆けとも言える江戸川中3勉強会も、担当する生活保護受給世帯の子どもたちを公立高校に入学させるために、福祉事務所のケースワーカーたちが自ら立ち上げたものだった（湯浅克人 2007）。

けれど、実際に学習支援教室で子どもたちと接してみると、「勉強」の必要性は高校受験のもっと手前にあると気づく。これまで塾で学ぶ経験もなかった中学3年生が、大学生ボランティアに言った。「教科書の英語の読みを教えてほしい。明日学校で読みが当たるので」。その中学生は、習った単語の発音をすべてカタカナで教科書に書き終えると、安心した表情で帰っていった。おそらく授業中クラスメートの前で恥をかかないように、前もって準備しておきたかったのだろう。では、これまで彼はどうやってそれに備えてきたのだろうか。「勉強」の切実な必要性は、子どもたちの学校生活の中にある。

別の中学生の言葉も忘れられない。「最近は授業中寝なくなった。だって、授業を聞いたらわかるから、聞かないともったいないと思うようになった」。それまでは授業を聞いても何もわからないから、授業中ずっと寝ていたというのだ。小学校時代に勉強につまずき、意欲も自信もなくしている中学生にとって、授業は「やり過ごすだけの時間」になっている。

つまり、〈教育的支援〉の目的の二つめは「〝勉強がわかるようになりたい〟という子どもたちの願いに応えること」だ。

学習支援が求められる理由は他にもある。ひとりの保護司の言葉である。

「私が受け持つ若者の中には、小学校レベルの漢字も読めないし履歴書も書けない、2桁の足し算引き算を暗算できないので、アルバイトの採用試験にも受からない子がいます」

識字率99・9%と言われる日本にあっても、早期に学習につまずいたまま、その後適切な支援を受けられず、社会で生きていくために必須の読み書きや計算ができない若者が存在する。「社会で生きていくための、必須の読み書き計算を教える」。これが、三つめの、しかも他の基盤となる目的だ。

〈教育的支援〉の目的の第四は、「社会生活を営む上での知識の獲得」である。『社会保障審議会 生活困窮者の生活支援の在り方に関する特別部会報告書』でも、「学習支援については、勉強を教えるということもさることながら、社会制度に対する知識や生きるための術といった、社会生活を営む上で必要となる知識を幅広く教えていくこと」が必要であるとしている（社会保障審議会 2013）。

その「社会生活を営む上で必要となる知識」がどんなに重要なことか、痛感したことがある。私が中学校教員だった時、担任として受け持った若者のことだ。夜間の工業高校を1年間で退学し、その後職をいくつも変えた彼から、その折々に相談の電話をもらった。ビルの清掃に従事していた時は「自分なりには一生懸命働いているのに、お客さんから苦情がくると、自分だけ責められる。腹が立つのでやめたい」という内容だった。それには、「雇用保険を受給する際、『解雇』と『自己都合退職』では条件がちがうから、短気を起こして自分からやめてはいけない」と伝えた。

アマルティア・センは基礎的な学校教育が重要である理由のひとつとして「法的権利を理解し、それを行使する」ためには「読み書きができ」ることが不可欠だとしている（セン 2002）。しかし、現在の日本には、読み書きができ、労働基準法を知ってはいるが、それは学校のテストのために覚えただけで、その権利を活用できない若者が多く存在する。

この問題を解決するには、将来社会に出ていく子どもたちの側に立って「社会生活を営む上で必要な知識」とは何か明らかにする必要がある。また、その知識を教える場としてふさわしいのはどこなのか、ということも今後議論していくべきであろう。

（2）居場所の保障

学習支援事業がめざすものは、〈教育的支援〉だけには限らない。それをここでは〈居場所の保障〉と呼ぶことにする。〈教育的支援〉が、「貧困状態にある子どもたちが、将来に渡って不利な状態に置かれないように」と子どもたちの将来に向けてその目的を設定するのに対し、〈居場所の保障〉とは子どもたちの将来だけではなく〝今〟に焦点を当てることにその特徴がある。「居場所」とはどういう場所を指すのか、様々な定義・表現があるが、ここではまず「安心してそこに居られる所」という意味から出発したい。

学習支援に通う子どもたちが学校生活において疎外感をもつのはなぜか、その一因は現在の学校ではいわゆる「勉強」と呼ばれる領域の占める割合が拡大していることにあると私は思っている。その領域では、勉強ができるかできないかということだけで人を測り、成績によってお互いを比べ、その下位に属せば、人から「見下されている」と感じながらの生活を余儀なくされる。

学習支援利用に先立ち子どもたちと面談をするが、その際私がまず質問することがある。「九九は全部言える?」その質問に接した子どもたちの大半は、晴れやかな笑顔をみせて「それは大丈夫です」と答える。緊張した面持ちが一瞬にしてくずれるのを何度も見てきたが、そこには意味がある。「ああ、ここでは、九九ができないことだって、言ってもいいのだ」とわかるからだ。九九がわかるという子どもたちには「それなら、安心。でも九九からやり直したっていいんだよ」と伝え、その次に「分母のちがう分数の足し算はできる?」と実際に問題を白い紙に書いてみる。「それはできません。その辺りから勉強がわからなくなったから」。そう答える子どもたちが少なくない。できないことを正直に言ってくれることにほっとして、「じゃあ、そこから勉強してみようか」と提案する。

学習支援の形態には、教室型:子どもたちが通ってくる形と、訪問型:支援者が家庭を訪れる形があるが、私が学習支援コーディネーターとしてかかわっている東京都調布市の学習支援事業は教室型で、しかも学生ボランティアが一対一で子どもたちに付いて教える形をとっている。それは「わからない」と他の人に知られずに言える、他の子と比べられないことに、子どもたちが安心感を覚えるからだ。

子どもたちと一対一で対応することを大切にするのには他にも重要な理由がある。自分だけにまなざしを向け、自分の話に耳を傾け「わからない」と訴えた箇所を懸命に説明してもらえることによって、子どもたちは〝自分は大切にされている〟と実感する。子どもたちはそのことを通して「『自分は愛されるにふさわしい存在』である」（山田 2008）と確認し、自分への信頼を取り戻す。

私は、2016年から長野県の児童養護施設でも、学生ボランティアと共に年に3日間だけ学習支援を行っている。日頃は職員に暴言を吐き、施設内でもトラブルが絶えない中学生が、その3日間だけは常に笑顔で勉強に取り組み、職員の方を大いに驚かせるということがある。「自分の隣にずっと座り、寄り添ってもらえると、こんなに変わるんだ」。その施設で日頃は10人近くの子どもたちを教えている支援員は、そう語っている。

学習支援の教室でも、一対一にしたからといって、すぐに熱心に学習に取り組むわけではない。2時間の学習時間の間、ずっと家族や友人への不満を話す・学生が説明を始めるとすぐ居眠りをする・「漢字ドリルしかやりたくない」と言って一人で黙々と答えを写す……そんな反応に対しても、あきらめずその子の隣に座り続ける。すると、必ず変わる時が来る。そのきっかけが何なのかわからないことのほうが多い。大学の授業の関係で何か月かぶりに教室に来たボランティアに指摘され、初めてその変化に気づくこともある。

何かができるから大切にされるのではなく、むしろ迷惑をかけたり、無視して嫌な思いをさせてもなお、自分を見捨てず傍にいて、少しでも気がむいたそぶりを見せると大喜びで勉強を教えてくれる人がいるということが大事だ。それは「ありのままの自分」を肯定されたことになるからだ。

人はともすると何かができることに価値を置きがちだが、そこに「居る」つまり「存在する」こと自体に価値があることを、学習支援の教室で伝えたい。つまり「居場所とは、無条件で存在が肯定される場所でなければならない」▼2。

さらに他者への信頼回復も居場所の重要な働きとなる。その他者の中でもおとなへの信頼回復が極めて重要である。木戸口正宏（2016）はそれを「おとなとの出会い直し」と呼び、その意義を説いている。貧困家庭の子どもたちにとって身近なおとなとは家族と教師である。そのおとなとの関係において、辛い経験や苦い思い出をもつ子どもたちは多い。小学校の段階で勉強につまずいた子どもたちにとって、わからない授業を何時間も聞いていることは苦痛であり、そのため授業中おしゃべりや立ち歩きという問題行動を起こす頻度が高くなる。そうせずにはいられない気持ちをゆっくり聞いてもらうことがないまま、ただ叱られる子どもたちは、おとなへの不信を募らせていく。学習支援の教室で、十分に話を聞きとってもらうことにより、子どもたちが大きく変わるのはそのためだ。

「ありのままの自分で、安心していられる居場所」とは、「自他への信頼をとりもどす場」でもある。

2　学習支援によって実現できること

（1）子どもたちの変化

学習支援事業を実施することの意義を感じるのは、子どもたちの変化を実感する時だ。それを裏付ける調査がある。生活困窮者自立支援法施行後2年にあたり、学習支援事業が子どもたちにどのような影響を与えたのか、その成果を測るため、NPO法人さいたまユースサポートネットが中心となって行った調査である（以下、効果検証調査）▼3。「自治体アンケート」には1205の自治体から「学習支援事業を実施している団体」では、354団体から回答を得ている。報告書では、その学習支援教室に学ぶ1805名の児童生徒から得たアンケート結果を詳細に分析している。

その結果からも学習支援教室に通うことで「勉強がわかるようになる」ということは明らかだ。「勉強がわかるようになった」という項目では、とてもあてはまる20・4%、あてはまる41・6%と過半数の子どもたちが肯定的な回答をしている。

注目すべきは学習支援事業利用が子どもたちの生活に与えた影響の内容にある。「以前より楽しいと思うことが増えた」。とてもあてはまる37・1%、あてはまる26・6%と、学習に限定されない幸福感の向上が見てとれる。また学校生活においても「学校に行くのが嫌ではなくなった」に、とてもあてはまるは33・1%、あてはまる20・7%という回答が得られている（さいたまユースサポートネット 2017）。

「勉強がわかるようになる」ことで、子どもたちの生活が大きく変わるのはなぜだろう。母親に無理やり見学に連れて来られ「勉強なんて、まじ意味わかんない。来る気ないし」と言った中学生がいた。それでも「1回だけでも来てみて」と提案すると、教室には来たが、その日も学生ボランティアに背を向けて座り、明らかに拒絶の姿勢を示していた。だが、好きな歌手が同じだとわかると急に目を輝かせ、学生と夢中になって話し込み、最後には「じゃあ、また来週ね」という学生の言葉に笑顔で手を振り返し帰って行った。教室に通い始めても、最初はおしゃべりだけだったのが「これだけやってみよう」と促され、少しずつ勉強に取り組み始める。やがて雑談の時間が減っていき、数か月後には、来るとすぐ「今日は因数分解教えて。学校で習ったけどわからないとこがあったから」と自分から言うようになった。「授業をよく聞いているから、どこがわからないか、わかるようになったんだね」と言うと「この頃は、授業中に手を挙げて答えることもあるんだよ」とうれしそうに教えてくれた。そんな劇的な変化を、何回目撃したことだろうか。

「勉強はきらい」「勉強はしたくない」その言葉の裏に、「勉強がわかるようになりたい」という切なる願いが隠れている。そして、勉強がわかるようになると、「きらい」の気持ちは影をひそめる。さらに「やればできる」とわかることで、すすんで勉強に取り組み、それが成果を表すという、好循環を生み出すようになる。その経験によって子どもたちは自信をとりもどし、将来に向かって一歩踏み出す力を得る。「勉強がわかる」ということは、子どもたちの日々の生活を照らす光となる。「勉強がわかるかどうか」ということは、子どもたちの生活の質を大きく作用する。学習支援事業にかかわらず、教育にかかわる人間はこのことを重く受けとめるべきであろう。

(2)「場」のもつ可能性

地域の中にそれまで存在しなかった学習支援教室が開かれるということは、文字通り新たな「場」が生まれることを意味する。その「場」が新たな可能性を生む。

一番大きいのは、その「場」で人と人が出会うという効果だ。通ってくる中学生はそこで家族でもなく学校の教職員でもないおとなと出会う。そのおとなは、これまで誰も、本人すら気がつかなかった子どもたちの美点を発見する。

初回の面談で、何を聞いても「別に」としか答えなかったのが、少しだけ勉強を教え、これまで解けなかった問題が解けるようになって、初めて笑顔を見せた中学生がいた。教室に通い始めた後で、中学校の担任と情報交換をした。教室での彼の様子を話すと、担任は「学校ではいつも反抗的な態度をとっています。あの子が勉強をしに、自分からどこかに行くということ自体驚きです」と言うと、少し間を置いてこう続けた。「いい話が聞けてうれしいです。あの子が素直に自分を出せる場所ができて本当によかったです」。子どもたちのために、様々な居場所があり、いくつもの目で見守っていることの意義はそこにある。

保護者にとっても、「場」の存在は大きな意味をもつ。効果検証調査でも、学習支援事業の中で、保護者会や進路説明会を開催している団体があることが報告されているが（さいたまユースサポートネット 2017）、調布市の事業でも、休暇をとって日中に学校に行くことが難しい保護者のため、夜間に保護者向けの進路説明会を開いている。その会では、説明だけではなく保護者の悩みを率直に出し合う機会も提供している。そこでひとりの保護者から「離婚して引っ越したので、学校の保護者会でも知っている人はいなくて、誰にも相談できませんでした。自分の気持ちを初めてお話することができました」と涙ながらに言われたことがある。

生活困窮者自立支援法の枠組みで事業を行う場合、自治体と学習支援団体が連携しているため、事業の告知を自治体からすべての対象者に対して行うことが可能だ。また学習支援教室に通う子どもたちの保護者を、就学援助や生活保護申請のために、福祉の窓口につなぐこともある。「場」の存在は、人と人、人と支援機関、学校と支援機関、支援機関同士など、新たな出会いを紡ぐ。

特に、学校と外部の支援機関との連携が進むことの影響は大きい。これまでそれがなかなか進まなかった理由のひとつは、外の機関と連携すると調整に手間も時間もとられかえって忙しくなるという懸念が学校側にあったからだ。しかし、一旦連携が軌道に乗れば、むしろ学校の負担は減る。松本伊智朗（2016）は「学校が地域づくりの拠点の一つになるような、学校が外に開かれていくような方向で」学校を子どもの貧困対策の「プラットホーム」にしていくことを提唱しているが、そのためにも、成功例を積み上げ、発信していくことが肝要だ。

このような横への広がりの他に、時間軸を縦につなぐこともできる。たとえば、学習支援教室に通った後、高校に入学した若者の支援を、学校の区切りを越えて続けることができる。

中学校には3年間という年数の制限がある。卒業を前にしてようやく将来について前向きに考えるようになり、もう少し面倒をみたいと思っても、あるいは高校には合格したものの、新たな人間関係を結ぶことがうまくできない生徒がその後どうしているか気にはなっても、卒業と同時に学校を去っていく。そしてその卒業生が気になりつつも、目の前にはまた新しい生徒が入学してくる。それに対して、学習支援事業においては、高校進学後の支援も視野に入れた事業設計を行うことが可能であり、それを実施している団体も多い（さいたまユースサポートネット 2017）。

調布市の学習支援事業においても、5月の連休明けに電話で様子を聞く、夏休みや冬休みの行事に招待するなど、中学校卒業後も子どもたちとの関係が途絶えないよう努力している。それは高校中退を未然に防ぐためでもある。

このように横と縦の広がりをもった支援ができることが、地域で学習支援を行う強みである。

3　学習支援事業が抱える課題

（1）学習支援の先にある競争

嫌な予感が的中してしまった。２０１８年の都立高校入学試験の応募倍率のことだ。気がかりだった高校の倍率が高い。中学生が受験する学校を選ぶ際、決め手となるのは昨年の合格ラインと自分の予想点だ。

しかし学習支援教室に通う中学生にとって、もう一つ譲れない条件がある。それは、自宅から遠くないこと。遠い高校だと交通費がかかるうえ、アルバイトをする時間を確保できないからだ。それらの条件を勘案した結果、子どもたちの志望校が一つの高校に集中した。その高校の倍率が高い。

学習支援事業の壁を感じるのはこういう時である。学習支援事業を利用している中学生が目指すのは、学費が安い公立高校である。東京の場合、その都立全日制高校の２０１８年度の平均倍率は１・44であった。つまり学習支援で学力をつけてもその先に競争が待っている。

経済力のある家庭の子どもたちが進学塾で受験に備え、それが困難な子どもたちが学習支援教室で学ぶとしても、全員が公立高校に合格できるわけではない。全日制の公立高校の受験に失敗し、夜間の定時制高校に進み中退すれば、中卒という学歴で社会に出なければならない。それが経済的な不利の世代間再生産を生む。そこに学習支援の必要性が生まれている。

だが、15歳から18歳の若者が学ぶ場を充実させない限り、この問題は根本的には解決しない。むしろ学習支援にもつながらない中学生をさらに不利な状況に追い込むことになる。塾に通う中学生、学習支援教室に通う中学生、そこからも取り残される中学生という新たな格差が生まれるからだ。

２０１３年の社会保障審議会の報告書には「貧困の連鎖を防止するためには、義務教育段階から、生活保護世帯を含む貧困家庭の子どもに対する学習支援等を行っていく必要がある」とある（社会保障審議会 2013）。しかし、すべての対象者に支援が行き渡るわけではない。生活困窮者自立支援法に基づく学習支援実施率は、２０１８年時点では56％である。この他に自主的に学習支援を実施しているＮＰＯなどの民間団体もある。だが、多様な学習支援教室が存在するにしても「必要な」すべての子どもたちが通えるわけではない。

湯浅誠（2017）は、「それでも1ミリ進める。その1ミリには、『不十分』『もっと根本的』とだけ指摘する言葉の1万倍の価値がある」と言う。確かに困難な状況の中では「1ミリでいいから進める」という思いが、あきらめを乗り越える力となる。けれど1ミリずつ進めてきた人たちこそ、「少しずつでも『十分』に近づけていきたい『根本的』な問題をなんとかしたい」という願いをもっているのではないだろうか。

私も「不十分」なゆえに、新たな排除を生む、つまり対象者でありながら学習支援利用に到らない子どもたちが、高校の入試という競争において最も不利になる、という構造を変える方法はないのかと考え続けている。「1ミリ進める」と同時に「根本的に解決するにはどうしたらいいのか」と問うことを断念せず、それが実現できる社会の未来の姿を描いていかなければならないと思う。

具体的には、学費が安い高校や専修学校の増設、または私立高校も含めた教育費の軽減、高校教育が抱える課題の解決、中退した場合の学び直しが可能な制度設計など、「思春期から大人へという移行」（青砥 2015）でのつまずきによって経済的な困窮や孤立に陥ることを防ぐ取り組みを、学習支援事業と同時に進める必要がある。

（2）「棲み分け」を生む恐れ

「部活動が忙しいから」「他で勉強を習うことになったから」学習支援の利用を中断する子どもたちも存在する。その中に「同じ中学の生徒がいたから、ここに来ていることを知られたくないので」という理由で学習支援教室の利用をやめた家庭があった。対象を限定した学習支援事業の課題はここにもある。

効果検証調査によると「利用者のプライバシーの保護」を課題として挙げた自治体は、この3年間で、21・7%、27・4%、31・0%と少しずつ増加している。そのため「拠点に集う子ども達に対する新たな偏見が生まれないように、対象要件を広くしての実施を検討している」自治体もある（さいたまユースサポートネット 2017）。しかし対象条件を広くすることによって、最も必要な子どもたちに、ますます支援が届かなくなる恐れがあるのも事実だ。

学習支援を利用するためには、情報を手に入れることから手続きを完了させるまで、いくつかのハードルがある。その過程をすべてクリアすることが困難な家庭も存在し、しかもそのような家庭の子どもたちこそ、最も切実な学習支援の対象者だ。

対象を限定する問題点はもう一つある。それは、子どもたちの分断を生むという点だ。「富裕層の子どもたちは有償の学習塾へ、貧困層の子どもは無償の塾への振り分けられていくのであれば、学校教育の選別機能が学校外教育の選別性を強化することにもなりかねない」と湯澤直美（2015）は指摘している。

学習支援利用にあたっての初回面談に来た後、母親から「子どもが〝ああいう所〟には行きたくないと言っています」という断りの電話が入ったことがある。その子の言う〝ああいう所〟とは何を指すのか、確かめる術《すべ》はない。けれども「みんなが通っているような塾」ではないことは知っているのだろう。「振り分けられている」ことを敏感に感じとり、傷つくのは子どもたち自身だということを、重く受けとめるべきだ。

「子どもの貧困」は複合的な不利を子どもたちにもたらす。その中には、地域や友人関係からの孤立排除という深刻な問題がある。「勉強がわからない」ことによって孤立感を深める子どもたちのために学習支援は不可欠だが、同時に、排除された子どもたちだけを集めることが抱える矛盾を自覚し、排除を生まない構造、誰も排除しない学校を求める声をあげ続けなければならない。

（3）「塾ありき」の学校教育でいいのか

必要な基礎学力をつける、あるいは公立高校入学試験に合格できる力をつける学習支援事業の必要性に言及する際、「経済的な理由で塾に行けない子どもたちのために」と言われることがある。それは、学校の勉強だけでは高校に合格できないから塾通いが必要だという現状を追認している。

けれども、塾に通わないと授業だけでは勉強がわかるようにならないという学校教育のあり方は、教育の機会均等を保障するため「義務教育を無償とする」という原則から大きく逸脱しているのではないだろうか。少なくとも、小中学校の段階で基礎学力をつけるのは学校においてであるべきだ。学習支援の必要性を論じる時、忘れてならないのはそのことだ。

日本では公教育費が十分でないため、学校教育においても保護者が負担する費用が高い。それも大きな問題であるが、それに加え学校外での学習にも費用がかかるということは、家庭の経済力の差が教育格差を生む傾向をさらに進めていくことになる。その改善を求めることが先決である。

また学校教育のあり方が、家庭的な不利をもっている子どもや家族基盤がぜい弱な子どもたちにとって、不利にならないようにすることも重要だ。

「数学は勉強しない」と言い張る中学生がいた。やさしい割り算にも手をつけない。後にわかったのは、九九に自信がなかったのだ。「九九は家で覚えてくることになっていて、先に覚えたクラスの子が聞いて、合格したら終わりだった。私は、家で一人では覚えられなくて、恥ずかしいから、そのテストは受けないで通した」。九九が身についていない理由をそう説明してくれた。

学校において家庭の不利が子どもの不利を生まないためには、教員の定数増などの教育条件・教育内容の改善、向上という根本的政策が必須である。その実現を待てない〝今〟を生きる子どもたちのために、学習支援事業が役立っているのは事実だが、その政策だけを進めればいいわけではない。川口洋誉(2016)は、「学習支援はあくまでも『子どもの貧困』の対症療法であって、原因療法ではない」と、その限界を指摘したうえで、「学習支援を進めることによって、学校教育の『欠陥』を隠し、しかも安上がりに『始末』をつけ続けることになってはならない」と警鐘を鳴らしている。

(4) 広がる学習支援の質を問う

生活困窮者自立支援法に基づく学習支援事業を実施する自治体の数は次第に増加しているが、その中では、どのような支援がなされているのだろうか。

厚生労働省と各自治体からの財源で運営している以上、その成果を明示することが、常に求められる。だが、この事業の成果を数字で表すことは極めて難しい。そのため高校への進学率というわかりやすい数値が用いられがちだ。しかしそれだけを評価基準とした時、目に見える形で成果を表しにくい〈居場所の保障〉という目的が後回しになる危険性がある。

今、進学塾を経営する企業がこの事業を受託する例も増加している。また、対象が特定されにくいという理由から、塾に通う費用の一部をクーポンの形で配布する自治体もある。このように学習支援事業のあり方が多様化している現状をふまえ、今後は事業の質についても丁寧な検証が求められる。

つまり、子どもたちの疎外感をさらに強める形で学習支援事業が進むことは、何としても避けるべきだ。小学時代学習塾に通った経験のある中学生は「そこは『個別指導塾』で、生徒は3人だったけれど、残りの2人は(勉強が)よくできるから、いつもおれは後回しだった」と語っている。

学習支援事業の委託先が、テストの点数をあげることだけを目的として子どもたちを成績というたった一つの物差しで測るような塾であってはならないのは当然のことだ。学習支援教室が子どもたちにとって「自他への信頼をとりもどす場」となっているか、それが事業内容を検証する際の重要な試金石になると私は思っている。

また、現在の入試制度の下で、有償の塾の他に無償の学習支援が加われば、受験競争をさらに加速させる恐れがあるということも忘れてはならない。日々の暮らしの中に、子どもたちが遊ぶ時間やのんびりする時間を取り戻せるようにするにはどうしたらいいのか、という問いを、今こそ提起するべきであろう。

4　学校の役割

(1) すべての子どもたちが通う学校を「居場所」に

学習支援事業を実施する現場にいて、日々、「やっぱり学校」と思う。

ある時、一組の母子が相談に来た。夜勤のある職場に勤めるシングルマザーの母によると、息子は学校から帰るとずっとゲームばかりして、家では一切勉強をしない。塾に入れたが、そこも内緒でさぼっていたことがわかったのでやめさせた。もうすぐ中学3年生になるのに、このままではどこも入れる高校がない。途方に暮れていたところ、知人からこの学習支援のことを聞いたので、本人を説得して連れてきたということだった。

そのもの静かな少年に、高校に行きたいと思っているか聞いてみた。答えは「わからない」だった。行きたいかどうかという自分の気持ちと、行けるかどうかという可能性を混同している場合、しばしば「わからない」という答えになる。そういう中学生が多いことを知っているので、その違いを説明し、改めて聞いてみた。

「高校に行きたい」。それが彼の正直な気持ちだった。「行きたいのなら、それなりの勉強が必要だけど、どうしたらいいのかわからないなら、今のあなたの力を見て、一緒に方法を考えることはできると思う」と提案した。すると彼が口にしたのは、「もし今からでも間に合うなら勉強する」という決意だった。

母だけの面談に移り、事業の対象条件を説明した。学習支援を利用するにあたっては、世帯の所得について、自治体ごとに基準が設けられている。利用対象者かどうか、審査するのは市の担当部署だが、母の答えた収入は、明らかに基準を上回っていた。その懸念を伝えたところ「子どものために、必死に働いてきたんです」そう言ったきり、涙で言葉が続かなかった。

生活困窮者自立支援法の枠組みの中での事業であるから、どこかで線を引くしかない。けれど、学習支援の必要性は千差万別で、必ずしも数字で割り切れるものではない。すべての子どもたちを対象にした制度が必要だと痛感するのはこんな時だ。すべての子どもたちを対象にした学習の場、それは学校だ。

学校ならば、子どもたちの分断を生むこともなく、特別な家庭の子どもたちだけが通うことによる差別や偏見が生じることもない。学校教育が充実し、学校がすべての子どもに基礎学力を保障する場となれば、学校外での教育費の負担も減る。

しかも、学校は子どもたちが家庭以外で大半の時間を過ごす場所だ。毎年夏休みの終盤になると、新聞の紙面に登場するのは「そんなに辛い思いをしてまで、学校に行かなくてもいい」という声を紹介する記事だ。それは、自殺する子どもたちの数が最も多くなるのが9月だからだ。「やっぱり学校」と言うと、予想される反論は現在の学校の問題点を指摘する意見だろう。けれど、多くの子どもたちが学校生活で辛い思いをしているのなら、なおさら、学校をほおっておくわけにはいかない。

「学校以外に居場所をつくる」ことと、「学校を居場所にする」ことは、決して矛盾する内容ではない。この二つを同時に進めることこそが、すべての子どもたちの幸福につながるのではないだろうか。学校を「ありのままの自分で安心していられる居場所」「自他への信頼をとりもどす場」にすることに、私たちはもう一度目を向けなければならない。

（2）多様な他者と出会う

学校に期待したいと思うのは、学校は子どもたちが学ぶ場だからだ。基本的人権や社会保障制度についても、それを実現させてきた人類の歴史についても、学ぶのは学校だ。しかし、学校にはさらに重要な、代替のきかない役割がある。それは、多様な他者との出会いの場を提供することだ。

「担任の先生から特別支援学級に移ったほうがいいと勧められたけれど、本人は『絶対に嫌だ』と言っている。どうしたらいいか」、一人の母親から相談を受けたことがある。確かにその子は基礎学力が定着していないうえ、学習に集中できる時間は短い。ただ通い始めた頃と比べたら成長が見られ、他の子どもたちに追いつく日も遠くないと感じていた。そこで「本人の意思を無視して無理やり勧めないほうがいい」と答えた。

学習に遅れがあるだけではなく、クラス内で対人関係のトラブルが多いなど他人と上手に付き合えない子どもたちも、特別支援学級へ移ることを勧められるケースが、今増加している。現在の日本では、学校教育に合わない子どもたちのために別の学校や教室を用意するという対応策が立てられている。だが、考えるべきは「多様な個性をもつ子どもたちが共に学べる学校はどうしたらつくれるのか」なのではないだろうか。

小西祐馬（2016）は、子どもの貧困イメージ図（本書20頁参照）の中で複合的困難・累積する不利のひとつに「孤立・排除」をあげている。学校がすべての子どもたちの居場所となり、多様な子どもたちとの出会いの場となることで、その「孤立・排除」という不利を緩和することができる。学校で多様な人と出会い、幅広い人間関係を培うことができたら、その人間関係は子どもたちを将来にわたって支えることになる。困ったことが起こった時、頼れる家族や親戚がいなくても、手を差し伸べてくれる友人がいたらどんなに心強いことか。そんな友人をつくる場、それが学校の本来の役割ではないだろうか。

その出会いはまた、他者への共感を育む可能性をはらむ。魯迅の『故郷』に印象的な場面がある。主人公には、家の雇い人の息子である閏土《ルントウ》という幼馴染《おさななじみ》がいた。主人公は彼についてこう表現する。

「ああ、閏土の心は神秘の宝庫で、私の遊び仲間とは大ちがいだ。こんなことは私の友だちは何も知ってはいない。閏土が海辺にいるとき、かれらは私と同様、高い塀に囲まれた中庭から四角な空を眺めているだけなのだ。」

だから、約30年の年月を経て再会した主人公は、貧しさによって老人のようになった幼馴染の閏土の変貌ぶりに衝撃を受ける。ここに、もう一つの出会いの場が登場する。主人公の甥と閏土の息子の出会いである。この2人の心もすぐに通いあう。それを見て主人公は「せめてかれらだけは、私とちがって隔絶することのないように」と新しい社会の実現への「希望」を胸に抱く。

異なる家庭環境で育つ子ども同士の出会いは、人間的な共感の礎《いしずえ》となる。それが、自分だけではなくその仲間もまた幸福になれる社会を待望する気持ちにつながるのではないだろうか。

（3）「学力向上」への偏りが奪う、学校の可能性

学校がすべての子どもたちにとっての「居場所」とならない理由は複雑で複合的であり、その解明は容易ではない。ただ学校教育の目標が「学力向上」に偏り、「授業時間確保」が至上命令となっているため、授業とみなされない活動が削られ続けている現実を問題とすべきであろう。

行事や生徒会など多様な活動が減れば、学校の中で子どもたちを測る評価がますます「成績」だけになる。早期教育や学校外の有償の教育が広がっている現状から、そうなると家庭的な不利は大きく反映され、勉強ができない子どもたちにとっては、学校が「バカにされる」だけの場所になる。

テストの点数というたった一つの物差しで人間を縦に並べる学校のあり方によって苦しむのは、貧困家庭の子どもたちに限らない。すべての子どもたちが一面的な物の見方にならされ、劣等感に苦しみ、それがいじめを生む土壌となる。学校をすべての子どもたちの居場所にするためには、真っ先にその構造を問題にすべきではないだろうか。

学校は、すべての子どもたちが自分の持ち味を発揮して活躍できる場を保障する必要がある。志水宏吉(2016)は「公教育は、共通の経験や活動を組織する場・機会を提供する機能を主として果たすべきである」と述べている。共通の経験や活動をする中で、子どもたちはお互いがかけがいのない存在であることに気づき、失敗を許し合うこと、異なる意見をもつ仲間とも対話することによって相手の立場を理解することを学ぶ。

それは決して理想論ではない。なぜなら、授業時間確保のため、行事や生徒会活動にかける時間が削ら

れる前には、そういう活動が広く行われていたからだ。中学校でも文化祭が活発に行われ、たとえば学年全体で作りあげた演劇が上演されていた。そういう活動では、子どもたちの特技や長所が存分に発揮される。そこでは、多様な個性の協同も生まれ、それがお互いの良さを見直す機会になっていた。

違いを認め合い、だからお互いを差別することもなく、むしろその違いを生かして協力できる学校は楽しい。しかも「学校が楽しい」ことが、とりわけ大きな意味をもつ子どもたちがいる。だから私たちは「家でしんどい思いをしている子どもも、学校に来たら楽しいと思えることが学校の大事な役割だ」（松本 2016）ということを忘れてはならない。

おわりに

「学校が変わるまで待てない」。これは、学校外に居場所をつくり、学習支援を行う理由として、よく使われる言葉である。けれど、待っていれば学校は変わるのだろうか、いや、学校を変える努力は始まっているのだろうか。

学習支援事業が広がることで、学校を変える取り組みが進まなくなるのではなく、むしろ促進に寄与する方法はないのか、学習支援事業にかかわりながら、私が考えているのはそのことだ。

「学習支援に通うようになってから、学校の生活も落ちついてきました。教員に対する態度も変わり、こちらの話にも耳を傾けるようになりました」。そんなことを、担任から言ってもらえたことがある。「丁寧にかかわることで子どもは変わる」と実感することが「一人ひとりに配慮できない現状を変えたい」という思いにつながるのではないか、そう思うのは、私自身が教員として感じていたもどかしさがあるからだ。塾に行かなくても公立の高校に入学できるようにしたい、そう思って卒業生と一緒に放課後の補習を始めたのも、現状を少しでも変えたいという思いからだった。

「学校を、すべての子どもたちを大切にする場にしたい」。学校外の居場所や学習支援の存在が、多くの教職員のそんな思いを励まし奮い立たせられたら、と思う。しかもその願いを実現する役割を学校だけに任せるのではなく、手を携えて共に担えたらと思う。だから、学校を変える行程の中で学習支援はどのような役割を果たすことができるのか、それを今後とも模索していきたい。

注

1　プライバシー保護のため、本文中の学習支援利用者に関する記述は、いくつかの事例を改変し合成している。

2　この言葉は、〈平成28年度東京都子供の心診療支援拠点病院事業第48回 子供の心セミナー「思春期の居場所」〉において、田中哲東京都立小児総合医療センター副院長が語った言葉である。

3　ここで言う調査は、平成28年度生活困窮者就労準備支援事業費等補助金社会福祉推進事業「子どもの学習支援事業の効果的な異分野連携と事業の効果検証に関する調査研究事業」を指す。

引用・参考文献

青砥恭（2009）『ドキュメント高校中退――いま、貧困がうまれる場所』ちくま新書
青砥恭（2015）「『高校中退』から『セカンドチャンス』へ」青砥恭＋さいたまユースサポートネット編『若者の貧困・居場所・セカンドチャンス』太郎次郎社エディタス、5〜34頁
阿部彩（2008）『子どもの貧困――日本の不公平を考える』岩波新書
川口洋誉（2016）「制度上の課題と行政――支援現場の共同」『教育』２０１６年2月号、かもがわ出版、61〜66頁
木戸口正宏（2016）「釧路『Zっと！Ｓｃｒｕｍ』の試み」『教育』２０１６年2月号、かもがわ出版、67〜72頁

小西祐馬（2016）「子どもの貧困の定義とイメージ図の試み」、「なくそう子どもの貧困」全国ネットワーク編『子どもの貧困ハンドブック』かもがわ出版、12～13頁

魯迅（1976）「故郷」竹内好訳『魯迅文集　第1巻』筑摩書房、83～97頁

松本伊智朗（2008）「貧困の再発見と子ども」浅井春夫・松本伊智朗・湯澤直美編『子どもの貧困――子ども時代のしあわせ平等のために』明石書店、14～61頁

松本伊智朗（2016）「子どもの貧困を考えるうえで大切なこと」稲葉剛他編『ここまで進んだ格差と貧困』新日本出版

中嶋哲彦（2016）「学習支援と貧困からの自己解放」『教育』2016年2月号、かもがわ出版、54～60頁

大田尭（1995）『なぜ学校へ行くのか』岩波書店

さいたまユースサポートネット（2017）『子どもの学習支援事業の効果的な異分野連携と事業の効果検証に関する調査研究事業　報告書』

志水宏吉（2016）「教育格差と教育政策――公教育の再生に向けて」佐藤学・秋田喜代美・志水宏吉・小玉重夫・北村友人編『岩波講座　教育　変革への展望1　教育の再定義』岩波書店、45～76頁

末富芳（2012）「学習塾への公的補助は正しいか？」稲垣恭子編著『教育における包摂と排除』明石書店、79～100頁

末富芳（2017）「子どもの貧困対策と教育支援」末富芳編著『子どもの貧困対策と教育支援』明石書店、20～36頁

セン、アマルティア著（2006）『人間の安全保障』東郷えりか訳、集英社新書

田嶋正雄（2017）「報道の現場から　学校での排除、施しとしての支援を問い直す」加藤彰彦・上間陽子・鎌田佐多子・金城隆一・小田切忠人編著『沖縄子どもの貧困白書』かもがわ出版、128～142頁

上間陽子（2017）「願いを口にするまでの長い道のり」加藤彰彦・上間陽子・鎌田佐多子・金城隆一・小田切忠人編著『沖縄子どもの貧困白書』かもがわ出版、175～180頁

山田勝美（2008）「児童養護施設における子どもの育ちと貧困――社会的不利におかれた子どもの『あてのなさ』」浅井春夫・松本伊智朗・湯澤直美編『子どもの貧困――子ども時代のしあわせ平等のために』明石書店、136～153頁

湯浅克人（2007）「生活保護世帯の子どもの高校進学を支える」岩川直樹・伊田広行編著『貧困と学力』明石書店、46～61頁

湯浅誠（2008）「鼎談の前に」湯浅誠・河添誠編『「生きづらさ」の臨界――〝溜め〟のある社会へ』旬報社、68～82頁

湯浅誠（2017）「マンツーマン指導は『教えやすいから』だけではない」湯浅誠『「なんとかする」子どもの貧困』角川新書、92～104頁
湯澤直美（2015）「子どもの貧困対策と生活困窮者支援」『都市問題』２０１５年8月号106巻、79～86頁

第11章

株式会社は子どもの貧困解決のために何ができるか

…岡本実希

はじめに

本章の目的は、株式会社という営利団体が、子どもの貧困解決にどのように貢献することができるのか、また限界はどこにあるのかを論じることである。

本題に入る前に少し私の話をさせていただこう。私が貧困家庭の子どもたちへの学習支援に関わりはじめたのは2010年。大学生だった私は教育格差の解消を掲げるNPOの活動に学習支援ボランティアとして参加し、児童養護施設や母子生活支援施設で子どもたちに勉強を教えていた。毎回の学習会は「周囲に大学に行った人がいないから、今まで『大学』という言葉を聞いたこともなかった」という子どもたちの言葉に衝撃を受けつつ、勉強の合間に「ダンスが大好きで、どんなに練習しても疲れないよ」と目をきらきらさせて話してくれる子どもたちに勇気づけられる時間だった。

当時は、阿部彩氏の『子どもの貧困――日本の不公平を考える』等の出版をきっかけに子どもの貧困の解決に向けた世論が徐々に高まりはじめていた時期でもあった。あれから約10年がたつが、この間、子どもの貧困の深刻さ、そして格差解消の手段としての学習支援の重要性は格段に認知されるようになったと思う。

2014年に「子どもの貧困対策の推進に関する法律」(通称：子どもの貧困対策法)が施行され、次年には生活保護に至る前の段階で、自立相談支援や住居確保給付金支給等の支援につなげる「生活困窮者自立支援法」が施行された。同時に、困窮家庭の児童に学習支援事業を行う自治体へ国が補助金を支給する仕組みも整えられた。これにより、自治体における学習支援事業は急速に拡大。2017年度に厚生労働省が行った調査によれば、全国の自治体のうち56%にのぼる504もの自治体が、困窮家庭の子どもたちへの学習支援事業に取り組んでいるという（厚生労働省 2017）。法案が施行された当時、私は大学院で自治体における学習支援についての研究を行っていたが、年を追うごとに実施自治体が増え、関心が高まっていることをひしひしと感じた記憶がある。

さらに、この法律はただ勉強を教えるだけではなく、多様な学習支援が全国で展開するきっかけにもなった。子どもたちが自由に活用できる居場所を整備する自治体や、保護者への教育相談を行う自治体、キャリア教育として仕事のやりがいを伝える座談会を開催する自治体があるなど、今も支援の幅は広がりつづけている。

1 福祉サービスと株式会社

（1）学習支援事業への株式会社の参入状況

学習支援事業は自治体が直営で行っているだけではなく、ＮＰＯや社会福祉協議会等の外部団体に委託して実施されているケースも多い。先述した厚生労働省の報告書によれば、68・８％もの自治体が委託という形態を取り入れて事業を実施しているという。

さらに、委託先について詳しく見てみたい（図1）。これを見ると委託先として最も多いのはＮＰＯ法人であり、２０１７年度の委託先の約４割を占めていることがわかる。その他、社会福祉法人や社会福祉協議会、社団法人・財団法人等の非営利団体が大半を占め、営利組織である株式会社はわずか10・２％にとどまっている。

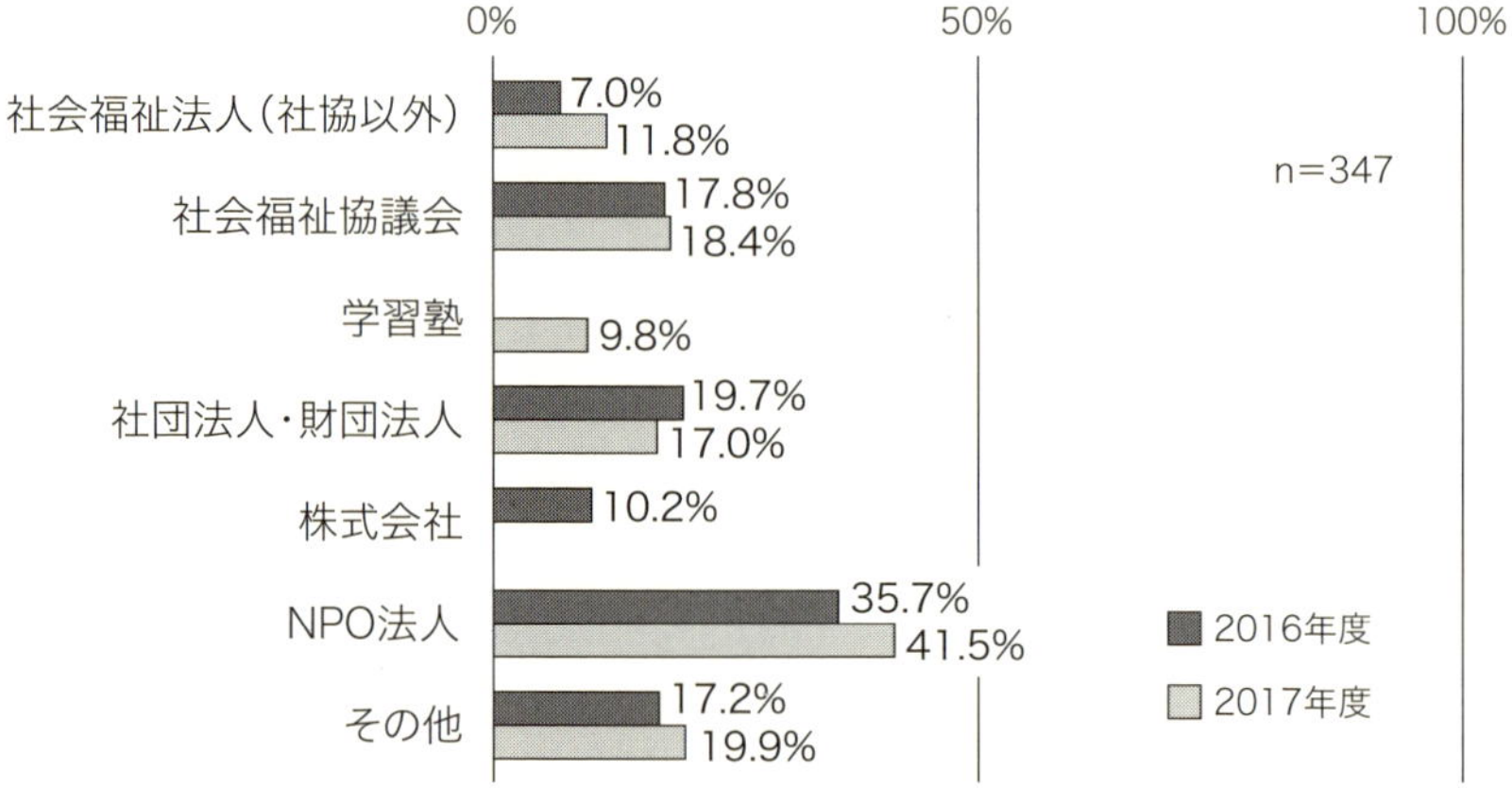

図１　子どもの学習支援事業委託先（複数回答）

出所：厚生労働省（2017）

（2）他領域における株式会社の参入状況

しかし、福祉サービス分野全般において必ずしも株式会社の参入が少ないかというと、そうとも言えない。１９９０年代以降の福祉基礎構造改革の中で、これまでは国や地方自治体、社会福祉法人等が担ってきた福祉サービス供給の門戸が営利企業にも開かれたためである（後 2015）。いわゆる公共サービスへの市場原理の導入、準市場化だ。そこには、営利企業が参入することで多様化した福祉ニーズに幅広く、そして迅速に対応できるようにするだけでなく、財政削減ができるというねらいもあった。

この流れに乗って、介護分野には多くの株式会社が参入した。厚生労働省の調査によれば、訪問介護のうち65・5％、通所介護のうち47・3％のサービスの経営主体を「営利法人（会社）」が占めている（厚生労働省 2016）。

一方、同じように法律上は営利企業に門戸が開かれても、参入が進まない分野もある。その代表が保育分野である。保育分野では、２０００年に設置主体の規制緩和が行われ、株式会社も保育所の設立が可能となった。しかし、２０１６年の株式会社の参入はわずか7・3％にとどまっ

年商規模別	黒字		『株式会社』		赤字		『株式会社』		合計		『株式会社』	
	社数	構成比%	社数	構成比%	社数	構成比%	社数	構成比%	社数	構成比%	社数	構成比%
1億円未満	387	19.1	28	30.8	148	7.3	12	13.2	535	26.4	40	44.0
1~10億円未満	1,137	56.2	31	34.1	286	14.1	6	6.6	1,423	70.3	37	40.7
10億~50億円未満	53	2.6	10	11.0	7	0.3	0	0.0	60	3.0	10	11.0
50億円以上	5	0.2	4	4.4	0	0.0	0	0.0	5	0.2	4	4.4
合計	1,582	78.2	73	80.2	441	21.8	18	19.8	2,023	100.0	91	100.0

図2　保育所経営を行う株式会社の損益状況分布

出所：帝国データバンク（2016）

ている（帝国データバンク 2016）。参入が進まない理由として考えられることは以下の2つだ。

①参入動機：保育分野は利益が出づらく、株式会社の参入動機が生まれづらいため

②参入障壁：社会福祉法人等に比べ、株式会社にとって不利な制度・環境となっているため

まず、「①参入動機の有無」を確かめるために、保育所を経営する株式会社の損益状況を見てみよう（図2）。すると、黒字と答える企業が8割を超えるなど保育分野への参入は株式会社にとってメリットとなりうることがわかる。

では、「②参入障壁の有無」はどうだろうか。池本（2013）は、保育分野に株式会社の参入が少ない理由として、自治体が株式会社の設立する保育所を認可しないケースがあることを指摘している。

その背景には、株式会社が運営する保育所の質の問題や倒産リスクへの不安、公費が株主の利益として使われることに対する批判などがあるという。つまり保育分野におい

ては、自治体からの認可が下りづらいという参入障壁があると言えるのではないだろうか。

2 調査概要

さて、話を子どもの貧困に戻そう。子どもの貧困という領域においては、サービスの受け手が提供主体を自由に選ぶことはできないため、厳密にいえば介護や保育と構造は異なる。とはいえ、介護や保育分野を見ることで、同じ福祉サービスでも領域によって株式会社が参入しやすいかどうかは異なるということはわかるだろう。では、子どもの貧困という領域においては、株式会社が今後さらに参入していく見込みはあるのだろうか。またもしそうであれば、株式会社が参入することによるメリットとデメリットはどのようなものだろうか。

この疑問に答えるため、実際に自治体から委託を受けて学習支援事業を行っている株式会社にインタビューを行い、（1）参入の理由、（2）株式会社として事業を行ううえでの強みと弱みの二点をヒアリングした。ヒアリングにあたって東京都での学習支援事業について調査したところ、株式会社に委託をしている自治体は全部で11自治体であった▼1。同一の株式会社が複数の自治体からの委託を同時に受けていることが多く、かつ、よく名前の知られている大手

表１　東京都内の学習支援事業の委託先株式会社の内訳

株式会社 栄光 株式会社 エデュケーショナルネットワーク▶3	4
株式会社 トライグループ	4
株式会社 学研教育みらい	2
株式会社 授業学研究所	1

出所：厚生労働省（2016）▶4

の株式会社が委託先として多くなっていることがわかる（表1）。東京都内に焦点を絞ってみると、実施している44自治体のうち委託を用いて学習支援事業を行っている自治体は91％にも上り、全国平均の68・8％と比べると高い数値となっている。委託先の形態をみると、全国の傾向と同様にＮＰＯの割合が最も高くなっていることに変わりないが、全国平均よりも株式会社の割合も高くなっている▼2。今回は、表2の3社にヒアリングを行った。

表2　インタビュー対象企業（筆者作成）

会社名	会社概要、事業内容、参入数など
学研教育みらい	学研グループ会社。「すべては子どもたちの笑顔のために」を理念に、園・学校関連の事業を行う。その一環として2008年から行政の委託事業を開始。
株式会社 トライグループ	家庭教師派遣や個別指導塾、不登校支援などの事業を行う。個別指導で培ったノウハウを学習支援事業に生かし、現在全国で160あまりの自治体と連携を行う。
株式会社 エデュケーショナルネットワーク	株式会社Ｚ会や株式会社栄光を擁するＺ会グループの会社であり、行政や学校、学習塾などの法人を対象に事業を行う。

3　子ども貧困領域への株式会社の参入可能性

先ほど福祉サービスの中でも、株式会社の参入が進んでいる領域とそうではない領域に分かれていることを確認した。また現在、学習支援事業の委託先として株式会社が占める割合は10・2％と子どもの貧困という領域においては営利企業の参入率が低いこともわかった。

しかし、個人的な意見を述べると、子どもの貧困という領域に株式会社をはじめ、行政や社会福祉法人等の様々なアクターが参入することは、それぞれの良さを組み合わせることができるというメリットにもつながるだろう。その点から言っても、現在なぜ子どもの貧困領域において株式会社の参入率が低いのか、今後参入が進む可能性があるのかについては、気になるところである。

そこで、実際に参入している株式会社に対して、保育分野の参入率について考えた際と同じ以下の観点からヒアリングを行った。

①参入の動機の有無：利益は出るか、もし出ない場合はどのような理由から参入したか
②参入障壁の有無：株式会社が参入するにあたって障壁となることはあるか

まず、「①参入の動機の有無」だが、株式会社各社へのインタビューからわかったのは、子どもの貧困における事業は高収益の事業とは言えないということである。自治体からの受託事業は貸し倒れ等のリスクがないため安定的に収益を生み出すメリットはあるが、高収益の事業にはなりづらいのだ。では、大手株式会社はなぜ子どもの貧困という領域に参入するのだろうか。


【トライグループ】

学習支援事業自体の収益性はほかの事業に比べ高くはありません。しかし、主に管理コスト面ではメリットと感じる部分もあります。

まず、未払いリスクがないことではないでしょうか。また、場所代もほぼ不要というケースが多い。やはり行政との協働事業だと、これらの点は大きいと思います。また、弊社では1万人以上の家庭教師スタッフを抱えていますが、できるだけ長く、多く活躍の場があることはスタッフにとっても、弊社にとってもよいことだと考えています。働いてくださっているスタッフの方の教える機会、つまり就労の

機会をより多くつくっていくという意味でも、行政と連携して場をつくっていきたいという気持ちはあります。特にフリーランスを選択する優秀な人材にとっては、生活の安定があってこそ、よりよい指導ができるという効果があります。

さらに、今までは、この子にこそマンツーマンの指導が必要だと思うお子さんがいても、お客様の経済状況によってはサービスの提供が難しいことがありました。行政と連携することで今まで提供をしたくてもできなかった子どもたちへのサポートができるというのは弊社としても嬉しいことですし、社員、スタッフともにモチベーションがあがっている様子が見受けられます。

【学研教育みらい】

人件費が多くを占めるので、決して大きな利益の出る事業ではないと思います。事業の目的から考えてもよい支援をするために質の高さは担保したいので、人件費を削るわけにはいきません。でも、非常に社会貢献度が高い事業だと思っています。学研教育みらいの「すべては子どもたちの笑顔のために」「子どもたち一人ひとりの未来のために豊かな学びを提供する」という理念に適した事業だと信じています。

【エデュケーショナルネットワーク】

弊社では長年にわたって、塾向け教材の制作・販売を行っており、グループには大手学習塾・栄光ゼミナールがあります。新たな市場として自治体へのご協力を検討し、特に貧困領域においては、自分たちの経験やノウハウを社会貢献に生かしたいという気持ちがありました。貧困領域だけでなく、英語体験や科学実験など自治体だけでは取り組みづらい新たな教育の支援もしています。

インタビューからわかるのは、利益率は高くないが、社会貢献性が高く社会的評判や社員のモチベーションを向上させること、世の中に会社を知ってもらえる機会が増えることが大きな参入理由になっているということである。これは、2節でも述べたように参入している株式会社が大手企業に限られていることからも推測できる。領域としては利益率が高くないからこそ、他事業で安定的に収益をあげている大企業だけが貧困領域に参入できる可能性が高いということだ。つまり、中小企業が利益を求めて参入するにはハードルが高いとも言えるだろう。

では、利益率が低いということ以外の「②参入障壁の有無」についてはどうだろうか。

【エデュケーショナルネットワーク】

以前は、株式会社ということで自治体の方から信頼を得づらいということがあったかもしれませんが、生活困窮者自立支援法が成立してからは参入自治体も増え、そういったことはなくなってきました。参入障壁はほぼないと感じています。

【トライグループ】

株式だから参入しづらいということはあまりないと思います。最近は、株式会社かどうかという形態よりも出席率や学力、特に子どもの自己肯定感がどれくらいあがったか、ということを重視して委託先を選ぶ傾向が強いように感じます。ですので、アンケートやテストを用いて成果が目に見えるように努力しています。

ヒアリングからは「株式会社だから」という理由で委託先に選ばれないなどの傾向は以前に比べ少なくなっている様子がうかがえる。保育領域で株式会社が自治体から認可を受けづらいことが指摘されていたが、子どもの貧困領域ではその傾向はなさそうだ。

ここまで、株式会社が今後子どもの貧困という領域に参入する可能性について見てきた。わかったのは制度・環境面の参入障壁は少ないが、利益が高くあがる領域ではないため、報酬等の改善がない限りは事実上他事業で収益をあげている大手株式会社にのみ門戸が開かれているということである。とはいえ、大手株式会社は利益以外の社会的評判や社員へのモチベートや社会的に会社を知ってもらうという観点から参入へのメリットを見出していること、かつ実施自治体数が増えるほどノウハウを横展開しコストを削減できる可能性もあることから、今後も参入を続けていく可能性が高い。利益重視にならない構造ではあるため、貧困ビジネスなどが生まれづらい領域でもあると言えるだろう。

4 株式会社が参入するメリット

前節で大手株式会社に限られるが、今後、株式会社も子どもの貧困という領域により参入していく可能性があることがわかった。これを踏まえ、本節以降では、株式会社がこの領域に参入することによって子どもたちにはどのようなメリットがあるのかを見ていきたい。

大きなメリットとして考えられるのは、これまで事業で培ってきた教材や人材、拠点などのノウハウと資源を支援に生かすことができる点だと考えられる。ビジネスとして長年にわたり改善しながら提供され続けてきたものであるからこそ、高い専門性があることは間違いない。実際インタビューを行ったどの株式会社も、一様に強みとして「自社の教材やスタッフ・拠点などの資源」「今まで培ってきた指導ノウハウ」をあげていた。

(1) 自社教材の活用

【トライグループ】

シナリオ作りから撮影まで弊社で行った中高生向けの映像授業が、結果として役立つことが増えてきています。予算の関係で限られた人数しか派遣できない場合、遡り学習が必要な生徒がいても、実力はバラバラなので、集団授業も不向き。そうした場合、個々に応じた単元の復習授業をタブレットで見てもらい、講師が生徒間をめぐりながらアドバイスを行うというやり方ができます。いわばデジタルとアナログの融合指導モデルとなります。

【エデュケーショナルネットワーク】

弊社は全国1万以上の塾にテキスト提供をしています。時にはそれぞれの塾にあったオリジナル教材も作成しているため、学習支援事業においても、自治体、さらには生徒一人ひとりにあわせた教材を提供することができています。そのぶん成果につながりやすい側面があるのではないでしょうか。

【学研教育みらい】

教材は個別のお子さんにあわせてこちらで用意しています。70年以上教材を提供してきた実績がありますから、教材はやはり強みだと思いますね。レベル感も様々なものを用意しています。子どもたちがもってきてくれた教材を行うのもいいとは思いますが、どうしても好きな教科や得意な教科ばかりやってしまう子どもたちも出てきてしまう。バランスよく学力向上できるようにこちらが用意した教材を使うことが多いですね。

（2）人材採用・育成ノウハウの活用

自社教材の活用と同様に強みとしてあげられることが多かったのが、人材の豊富さである。ビジネスとして教育事業を行っている以上、一定の質の指導員が一定数確保されていることが前提とされていることはどの株式会社の担当者も言及をしていた。また、学習支援事業部以外に、教員派遣事業や教員育成事業などを擁している株式会社も多く、それらのノウハウが困窮家庭の学習支援にも生きているようだ。

【エデュケーショナルネットワーク】

E-Staffという教員を紹介・派遣する事業を行っているため人材は豊富です。また、同系列会社に栄光ゼミナールがあり、講師育成研修のノウハウをもっているため、育成にも自信があります。模擬授業などの教え方に関わる部分だけでなく、個人情報の取り扱い方や生徒への接し方などについてもマニュアルがあり、それに基づいた研修を行って一定の質を担保しています。

【トライグループ】

もともと家庭教師派遣事業を行っている会社ですし、社会人講師（スタッフ）も豊富にいます。もしお子さんや保護者の方と教師の相性がわるければ、別スタッフに交代することもできます。教え方の問題だけでなく、人間同士なので相性もあると思います。お子さんが安心して学習会に来てくれることが一番ですから、年齢・性別・性格的に合う教師をしっかりとマッチングできることは大きな利点だと思います。

【学研教育みらい】

学研には「学研エル・スタッフィング」という別会社もあり、家庭教師等の人材バンク事業を行っています。そのため指導員としての人員は豊富ですね。

私は以前、行政が直営で実施する小学生向けの学習支援にも参加していたことがあったが、苦戦したことのひとつが教材と人材不足であった。スタッフが一人ひとりの子どもにあわせて学習教材をつくることは不可能ではないが、ボランティア個人の能力や物理的な余裕にどうしても依存してしまう。しかし株式会社であれば教材開発部門が予算と時間をかけて、質の高い教材を作成することができる。

同様に、株式会社はネームバリューを生かした採用力にも強みがあるように思う。行政がホームページで告知して集まるスタッフの数には限界があることが予想されるが、株式会社は独自の採用窓口やフローをもっていることが多いためである。

（3）自社拠点の活用

さらに、株式会社が運営している学習塾という拠点を、困窮家庭の児童への学習支援にも利用できることをメリットとしてあげている企業もあった。

【トライグループ】

全国で６００程度の学習塾を運営していますが、大部分は駅前です。それらの拠点を自治体との連携事業でも使用できることが強みのひとつだと思っています。たとえば公共施設を中心とする外部会場だと特定の曜日の、特定の時間帯しか使用できないことが多い。すると子どもたちは部活やアルバイトなど様々な予定がありますから、来られないこともありますよね。でもトライの教室はいつでも使うことができるので、子どもたちが自分の予定に合わせて来ることができる。欠席した生徒の追加補習もでき、自然と出席率があがる、と自治体の方にもおっしゃっていただいています。

このように株式会社が子どもの貧困領域に参入することによって、豊富な教材・人材・拠点が活用できることは大きなメリットといってもよいのではないだろうか。

5　株式会社としての限界

（1）福祉的経験の少なさ

ここまで株式会社が子どもの貧困という領域に参入することのプラスの側面、つまり可能性に着目してきた。では、マイナス面、いわゆる限界はどこにあるのだろうか。

多くの株式会社があげていたのが「福祉的経験の少なさ」についてである。ビジネスという領域では、困窮家庭への福祉的なサービスとは接点があまりないため貧困世帯に関する知識や特有の問題への対処法についての経験不足をあげる企業が多かった。また地域に根差していないことで、地域の社会資源とうまくつながることができず、子どもたちの包括的なサポートがしづらいという声も聞かれた。

【学研教育みらい】

私たちも、こういった事業領域は、歴史が浅いだけに専門的なサポートを単独で行おうとすると難しいこともあります。家庭環境が複雑な場合、どのように対応したらよいか、これまでの経験の蓄積ではなかなか難しいことがあるかと思います。

【エデュケーショナルネットワーク】

株式会社は地域の活動に熱心なＮＰＯさんに比べると、地域に根差していないですから、地域資源の活用だったり、地域的な見守りだったりというところに関していえば弱い可能性もあります。

また、各企業において「指導員レベル」での福祉的経験の不足についても危機感が述べられていた。これまでスタッフが接してきた子どもたちとは違う経験をもつ生徒も多く、それに対して戸惑う指導員も少なくはない。

【トライグループ】

これは私の経験なのですが、ある自治体での学習支援事業で生徒に「夏休みはどうだった？　おじいちゃんやおばあちゃんに会いに田舎に行ってきたのかな」って何気なく聞いたことがあったんです。すると子どもが「夏休みの予定はなんにもないの。お母さんずっと働いているから」と。あれは反省しました。何気ない会話でも子どもを傷つけてしまう可能性があるんだなと実感しましたね。

こうした福祉的経験の不足を現場ではどのように補っているのだろうか。話を伺うと「他アクターとの連携」との回答があった。

【トライグループ】

保護者の方と学習会について話し合う必要があるときに、弊社のスタッフと自治体の担当者、そしてケースワーカーの3者で家庭訪問を行ったこともあります。やはりご家庭によっては丁寧な話し合いが必要なケースもあるので、そういった部分は自治体やケースワーカーの方に協力してもらい連携しながら進めています。

【エデュケーショナルネットワーク】

お子さんの精神面のフォローなどについては、学習に関する指導員だけではなく、福祉的・心理的な支援にも対応できるよう資格を有した支援員も配置しています。もちろん学習指導を行う支援員は現場での経験もあるため子どもたちの接し方には慣れていますが、窓口となる支援員が多様であることで、自身の悩みや不安を切り出すきっかけも増えると考えます。

また先ほど株式会社は地域資源とのつながりが薄いという側面をお話ししましたが、法律が整備され、各自治体にもノウハウが蓄積されてきたことから、この事業の目的や目標は一社（者）だけで完結することは難しいと感じます。子どもたちを支援するには、勉強だけを教えていればいいのではなく、生活習慣の支援なども必要になってくる。それらを自社だけで行うのではなく、株式会社は株式会社で自分の強みとなる領域を担当し、それ以外のところは積極的に他のＮＰＯさんや団体、自治体と連携しあってよりよい支援を行っていくという姿勢が大切だと思っています。

【学研教育みらい】

家庭環境が複雑なケースの場合は、まずは自治体の福祉課につなげます。ケースワーカーから学校に働きかけてもらったケースもありますね。私たちが独断で動くよりも、専門知識をもった方とチームで動くことを大切にしています。必要であれば社会制度に結びつけていく必要もあると思いますね。

また、保護者の方が子育てに悩まれている場合も多いので、学習会と同時に専門の資格をもつスタッフが保護者向けアンガーマネジメント講座を開くこともあります。専門家の方の力を借りて、包括的な支援ができればと思っております。

これまで株式会社については、福祉的経験の少なさを指摘されることが多かった。それゆえ、どの企業の担当者の方も「お子さんについて困ったことがあった場合は単独で対処しようとせず、すぐにケースワーカーや福祉課の方に相談する」との回答であった。いい意味で「福祉的サポートを株式会社だけで行っていくのは難しい」という自覚があるからこそ、連携を大切にするという姿勢につながっているとも考えられる。また、各スタッフへの事前研修を工夫としてあげる企業もあった。

【トライグループ】

貧困家庭の大学や高校進学率、日本における貧困家庭の割合など、子どもたちを取り巻く社会情勢については講師に研修をするようにしています。また子どもの貧困に関する文献から事例をいくつか紹介して実際に接する子どもたちが今どういう状況に置かれているかということについて伝えるようにしています。あとは、子どもたちを傷つけないような会話のケーススタディも行っています。

現在は、各自治体における学習支援事業の規模が小さく対象者も少ないことなどから、比較的困難度が低い層への学習支援がメインとなっている。そのため「貧困という背景をもっていても、通常と同じ学力支援を行っていれば大丈夫」という株式会社側の意識につながりやすい。しかし、今後学習支援の対象者が広がっていけば、より困難ケースともいえる子どもたちをサポートしていく必要も出てくるだろう。その際には、自治体が専門知識を株式会社に伝えたり、他の福祉セクターとの協働をあらかじめ視野に入れたりするなどの対策が必要ではないだろうか。もしくは、株式会社でも事例集を作成し、研修を強化するなどの独自の対策が求められるだろう。

6　株式会社が子どもの貧困解決に果たす役割の可能性

ここまで、株式会社が子どもの貧困という領域に参入することのメリットとデメリット、さらにデメリットを緩和すべく現場で取り組まれていることについて取り上げてきた。もちろん今回のインタビューで取り上げたのは、あくまで東京都で実施をしている株式会社だけの取り組みであり、ほかにも株式会社の貢献の可能性は広がっていることは想像にかたくない。同時に、その限界ともいえる問題点も学習支援事業が今後さらに拡大するにしたがって発生することも視野に入れておいたほうがいいだろう。重要なのは株式会社の限界を見据えたうえで、それに対してどう対策をとっていくかという知識を社会全体で共有していくことだからだ。

２０１５年に「生活困窮者自立支援法」が施行され、困窮家庭の児童に対する学習支援事業が積極的に自治体で行われるようになったのはわずか4年前。言い換えれば、わずか4年の間にここまで学習支援は大きく広がったとも言える。その背景には、株式会社をはじめとした様々なアクターの活躍があったことだろう。今後も多様なアクターが手を取り合い、その良さを生かして問題を解決していく未来への期待を込めてこの章の終わりとしたい。

注

1 同一自治体が2事業行っていることもあるため、自治体数としては7自治体。

2 参考：困窮者自立支援法に基づく学習支援事業の委託先形態（東京都）。

NPO	21	37.5%
株式会社	11	19.6%
社会福祉協議会	10	17.8%
社団法人・財団法人	5	8.9%
社会福祉法人	3	5.3%
その他	6	10.7%

3 株式会社栄光と株式会社エデュケーショナルネットワークは同系列会社のため、同一会社としてカウントした。

4 2017年7月時点：困窮者自立支援法の枠組みにおいて実施されているものに限る。

引用・参考文献

阿部彩（2008）『子どもの貧困――日本の不公平を考える』岩波新書

池本美香（2013）「幼児教育・保育分野への株式会社参入を考える――諸外国の動向をふまえて」『ＪＲＩレビュー 2013』vol.4、54～87頁

株式会社帝国データバンク（2016）「特別企画：保育所経営業者の実態調査」（https://www.tdb.co.jp/report/watching/press/pdf/p160603.pdf）

厚生労働省（2016）「平成28年 介護サービス施設・事業所調査の概況」（https://www.mhlw.go.jp/toukei/saikin/hw/kaigo/service16/dl/kekka-gaiyou_01.pdf）

厚生労働省（2017）「平成29年度 生活困窮者自立支援制度の実施状況調査 集計結果」（https://www.mhlw.go.jp/file/06-Seisakujouhou-12000000-Shakaiengokyoku-Shakai/0000175536.pdf）

後房雄（2015）「日本における準市場の起源と展開——医療から福祉へ、さらに教育へ」『ＲＩＥＴＩディスカッション・ペーパー 15-J-022』（https://www.rieti.go.jp/jp/publications/dp/15j022.pdf）

第12章

貧困問題を教える授業の現場から

――「他人事としての貧困」という壁

…佐々木 宏

1　貧困問題の解決に「教育」ができること

本書の中心的なテーマは、貧困問題の解決に、教育にかかわる諸制度、学校での営み、学校外での教育支援など「教育」ができることは何か？である。この問いを立てると、おそらく真っ先にイメージされるのは、貧しい子どもたちの教育機会をどう保障するか、また学力や自己肯定感などを高めるための教育的なはたらきかけはどうあるべきかといった議論ではないだろうか。しかし、もう一つ大事な論点があるように思う。しかも、子どもの貧困と教育をめぐる議論では、等閑視されてきた論点である。少なくとも、現在の政府の子どもの貧困対策の中ではほぼ考慮されてはいない。

その論点とは、貧困問題を学校教育の現場、具体的には授業でどう教えるか（むろんこの場合の対象は貧しい子どもに限らず、すべての子どもたちとなる）である。言うまでもないが、貧困問題は、日本をはじめとする「福祉（社会）国家」の政策課題であるという意味で、日本でくらす人々皆にとっての社会問題である。これは「日本は民主主義国家だから」という建前を述べているわけでない。実際に、私たちは税制や社会政策を介して「貧困問題」を定義し、またその解決にかかわるお金や人材を動かしているという、紛れもない現実を意識した物言いである。たとえば、子どもの貧困ほかの貧困問題の解決のためには、国家の歳出をその問題に積極的に配分する必要がある。逆に消極的な配分ならば、貧困問題は現状のまま、あるいは悪化するだろう。つまり貧困問題のありようは政治に依存しているわけで、これを動かしているのは私たちとしか言いようがない。もっとも、現実的には一人ひとりの意志で政治は動かないので、「私たちの合意」(世論や民意)といったほうがよいかもしれない。この世論や民意に大きな影響を与えているものには、テレビや新聞のようなマスメディア、近年であればインターネットメディアなどがあるが、学校教育もその一つである。学校教育で貧困問題、税制や社会保障制度を「教材」としてどのように取り扱い、それがどのような結果を生み出すのかは、貧困問題の今後を左右する。

本章は、こうした問題意識にもとづいて、筆者が大学の教養教育でかれこれ10年ほど取り組んできた貧困問題を教える授業の現場からの報告である。まずは、その授業科目について簡単に紹介したい。そのうえで、授業の中でみえてきた課題を述べる。この課題は、受け止め方によっては、かなり深刻で厄介なことのようにも思えるのだが、一方で、やりようによっては乗り越えられないわけでもなさそうだという感触も同時に得ている。最後に、このあたりを整理し、貧困問題を教える授業のこれからについて考えてみたい。

2 広島大学・教養教育科目「社会福祉と貧困」について

筆者は2005年に広島大学に着任し、大学院教育、学士課程の専門教育、教養教育に関与してきた。日本の貧困問題をテーマにする授業はいくつも担当しているが、ここでは教養教育の「社会福祉と貧困」という授業科目をとりあげる。この授業科目は、カリキュラム上の位置づけからいって、先に示した本章の課題を現場からの報告というスタイルで考える場合、格好の事例になると思われるからである。

（1）「社会福祉と貧困」という授業科目

「社会福祉と貧困」は、広島大学の教養教育カリキュラムの特徴の一つだったパッケージ別科目制度（1997年度から実施、2017年度に廃止）を構成する科目である。パッケージ別科目制度とは「社会」「知」「いのち」「文化」「自然」という5つのテーマ毎に括られた10～20程度の科目群（パッケージ）のいずれかを学生に選択させ、パッケージ内の数科目を履修することを卒業要件とする仕組みである。「社会福祉と貧困」は、「いのち」をテーマとするパッケージの1科目である。全学部生必修のパッケージ別科目は履修対象者が多いため（2018年現在の広島大学の入学定員は2338名）、大部分の授業科目は年2回開講（前期と後期に同内容の授業を実施）していた。「社会福祉と貧困」も年2回の開講であり、受講生数は、少ない時で60名程度、多い時で150名程度と増減はあるが、平均的なクラスサイズは100名ほどであった。

以上のようなカリキュラム上の位置づけにあるため、受講生の大半は貧困問題や社会保障制度を専門として学んでいない・学ぶつもりのない人々である。つまり、卒業後は市民として社会に出ていく学生が中心であり、この点で貧困問題の今後を左右する「私たちの合意」を考えるための現場として意味があると考えている。また、年二回開講の比較的大人数のクラスであったがゆえに、授業経験という観点からいえば、筆者の「経験値」が最も量として多い。2005年からの実施回数は通算25回である。受講生の延べ数はラフに計算すると2000～3000人くらいであろうか。

なお、この授業では毎回すべての学生にコメントシートを書かせており、本章はそれに負うところが大きい。コメントシートからは授業内容に対する学生たちの反応がうかがえるからである。コメントシート

表1 「社会福祉と貧困」シラバス（2017年度後期／第3ターム）

授業目的	
日本の貧困問題の現実について「知り」、皆さん一人ひとりが当事者として「考える」ことを目的とします。	
パッケージのなかでの位置づけ	
社会福祉と貧困は「いのち」にかかわる論点であることから、「生命・人間への接近（第3パッケージ）」の授業科目となっています。	
学修段階	入門レベル
学問分野	社会科学＞社会学
授業進行	
第1回	オリエンテーション
第2回	戦後日本の格差・貧困問題の概要①
第3回	戦後日本の格差・貧困問題の概要②
第4回	いわゆる「ホームレス」問題：1990年代末以降
第5回	「ネットカフェ難民」（2006年～）と不定住的貧困
第6回	寄せ場（ドヤ街）と不定住的貧困
第7回	貧困問題と向き合う①：貧困支援の現場から
第8回	貧困問題と向き合う②：『嫌なヤツ』も救う制度とは？
第9回	現代（2000年代～）の日雇い労働
第10回	ものつくりの現場と非正規雇用
第11回	「派遣切り」（2008～09年）
第12回	ワーキングプアの今昔（2000年代と1970年代）
第13回	雇用の不安定化と「新しい貧困」
第14回	現代日本の社会福祉・社会保障の仕組み①
第15回	現代日本の社会福祉・社会保障の仕組み②

は現代日本の若者たち（むろん、広島大学に進学するという、ある特定の社会的位置にある若者ではあるが）の貧困や社会保障をめぐる認識がみてとれる、いわばアンケート調査のようなもので、次節以降の議論はその「調査結果」を前提にしている。

ここで「社会福祉と貧困」のシラバスをあげておこう（表1）。全15回の展開の大きな流れは、日本の貧困問題を時系列的に追いかける、すなわち戦後日本貧困史を概観する形になっている。もっとも、シラバスをみると一見、「ホームレス」から「ネットカフェ難民」「非正規雇用」「ワーキングプア」「派遣切り」と90年代末頃から「格差社会」という言葉とともにマスメディアがとりあげた（人々の関心を集めた）貧困にかんする現象や事件をフォローしているだけのように思われるかもしれない。しかし、授業では常にそれ以前の時代と行き来しつつ、これらの現象をとりあげている。たとえば、ワーキングプア問題が世の中で一定の「市民権」を得たのは近年のことであるが、貧困研究においてこの言葉が登場したのは高度経済成長期の最末期である（江口 1979）。そこで、第12回「ワーキングプアの今昔」では、かつてのワーキングプアと現在のそれを対比しつつ学生に示している。また、授業展開についてもうひとつ述べておくと、折り返しにあたる第7回と第8回に、社会保障制度や貧困領域の対人援助にかかわるメジャーな論争点（「救済に値しない貧民」）を学生たちに考えてもらうパートを挿入している。

（2）授業内容

「社会福祉と貧困」の授業内容は、現代日本の人々の貧困あるいは社会保障観（世間の貧困認識）を念頭に構成している。世間の貧困認識には大きく二つの傾向があるといえよう。まずは、高度経済成長期から1990年代までの間、貧困は「存在しない」とされてきたが（一方で貧困をめぐる実証研究はその存在を指摘し続けてきた）、1990年代頃から問題が徐々に世間で認知されるようになってきたことである。次いで、貧困が世に認知されつつある今、それは能力や努力不足あるいは不運といった個人的出来事として理解されることが多く（個人主義的貧困観／自己責任論的な貧困理解）、社会で手当すべき社会問題とする理解（社会的貧困観／現代日本の社会保障制度の貧困理解）は広く浸透していないことである。このことは、別に筆者の個人的な見解ではなく、貧困や社会保障をめぐる研究者の標準的な見解であり、また各種世論調査（社会意識調査）からも裏づけることができる▼1。これらの傾向をふまえ設計した授業内容の要点は以下の四つである。

一つ目は、貧困は「いのち」にかかわる現象だということである。比ゆ的な表現ではなくドライな事実描写として、貧困は人の「生」を傷つけ、時に奪う。この事実は、それを「自業自得」とみなすのかどうかといった解釈は様々であるとしても、貧困支援の現場にそれなりに真剣に関与したことがある者ならば誰でも知っている。

二つ目は、貧困は「いのち」にかかわるからこそ、貧困研究や社会保障制度はそれを社会問題とみなしているという点である。現在の先進諸国の社会保障制度は「国民の生命や健康」の維持や向上（「管理」や「統制」という表現も可能であるが）のため、という動機で19世紀後半から急速に整備されてきた（貧困研究はその「知」として誕生し、発展してきたともいえる）。それを象徴しているのが、現在の日本の社会保障制度のデザインの基礎にある考え方、「生存」権保障（すべての国民に『健康で文化的な最低限度の生活＝貧困ならざる状態』を保障すること）であろう。念のため付け加えておくと、日本の社会保障の目的は生存権保障であるという言い方は、この授業独特のメッセージではない。これは、厚生労働省による『社会保障の教育推進に関する検討会報告書――生徒たちが社会保障を正しく理解するために』（厚生労働省政策統括官 2014）にも、学校で子どもたちに教えるべき項目として登場するくらいの制度理解である▼2。

三つ目は、貧困は戦後の日本社会には常に一定量存在し続けてきたという事実である。1950年代から現在に至るまでの貧困の規模についての研究成果をふりかえると、終戦直後も、高度成長やバルブ景気に沸いた時代も、そして今も貧困は存在している。もちろん、その量は不変ではなく、終戦直後の大量の貧困が1960～80年代に一旦減少し90年代以降増加しつつあるという増減のトレンドはある。ただし、最も減少した時期でも世帯ベースで4～15%の貧困層が存在していたという事実の方が重要であろう。なぜならば、当時は「一億総中流」「もはや日本には貧困などない」といった社会意識が世間では優勢であったが、この認識は事実から大きく乖離しているためである▼3。

四つ目は、貧困をあってはならないとし、その解消を目的にしてきた日本の社会保障制度は、目的に即して評価する限り、戦後一貫して「失敗」していると言わざるを得ないことである。三点目の事実が既にその「失敗」のエビデンスなのだが、授業では制度と関連づける形で、生活保護制度が貧困層をどれほど効果的に包摂してきたのかを示す、生活保護の「捕捉率」をめぐる政府や研究者らによる推計値（生活保護制度発足以来、きわめて低い状態で推移している）を参照しながら説明している。

3　授業の中でみえてくること

２００５年から12年間、延べ２０００人以上の受講生の教室での反応やコメントシート上の反応をふりかえっての印象を一言でいえば「日本の貧困問題についての基礎的な事実、研究者や社会保障制度が前提にしている問題理解は、授業当初の学生たちに恐ろしく知られていない・理解されていない」となるだろうか。前節であげた「社会福祉と貧困」の授業内容はいずれも、大多数の学生たちに、生まれて初めて耳にすることとして受け止められる。このような受け止め方は、先に述べた授業内容を設定する際の前提を念頭におけば、授業をやる前からある程度予想できることといえるのだが、一つとても気になることがある。

それは、現代日本の社会保障制度の根幹にある無差別平等の生存権保障の理念が、学生たちの多くに、納得のうえ理解されてはいないことである。また、それ以上に気になるのは、生存権保障の理念にかかわる授業に際しては、「目からウロコ」のような反応をする学生たちが少なからずいることである。「目からウロコ」は、単に知識として知らないこととは、少し質が違うことを言いたいがゆえの表現である。学生たち自身、分かっているつもりだったのに実際のところ分かっていなかった、しかも少し考えれば即座に分かることにもかかわらず、という意味で、普段、無自覚でいる思考の構えにかかわる「盲点」といってもよい。

(1)「救済に値しない貧民」を考える授業から――生存権保障の支持基盤の弱さ

前節であげたシラバスの第7回、第8回をご覧いただきたい。この2回は日本貧困史の流れを一旦中断して、貧困問題と向き合う人々(民間の「ホームレス」支援の現場や公務労働としての貧困ソーシャルワークの現場)の日常を学生たちに提示し、考えさせるパートである。このタイミングでこのような話題を挿入する理由は、第6回までの授業を受けた学生たちの中で例年、ムクムクとわいてくる疑問に対応するためである。

第4回から第6回の授業では「ホームレス」問題の現実を、数字や映像資料、そして時には貧困問題と向き合う人々や「ホームレス」の当事者といったゲストスピーカーの「語り」、という形で学生たちに示している。それに対し、彼らの中にはある疑問や引っかかりが生じるようだ。具体的にいえば、自業自得で貧困になったように思える人々、貧困から抜け出す頑張りや、やる気が感じられない人々のことをどう考えればよいのか？である。彼らがそのように思うのは、世間の「生活保護利用者叩き」の背景にある感情を思い出せばそれほど不自然なことではないと思う。

いうまでもなく、貧困問題と向き合う人々の多くは(現行の社会保障制度の前提に従う人々である限り)、貧困に陥った理由や当事者の態度・素行に関係なく、すなわち「怠け者」「素行が悪い者」と世間に目される人であっても、淡々と支援をしている。授業ではその支援のあり方について学生たちに感想を問い、コメントシートに書かせている。コメントシートには「自分があげたお金がタバコやお酒に使われるのは許せない」「なぜあんな奴を助けるのか」「頑張る人だけ支援すればよい」「甘やかすのは本人のためにもならないのではないか」といった感想がまずは見受けられる。しかし、興味深いことは、全体的には現場の人々を称賛するポジティブなコメントの方が多いことだろう。「あそこまでできるのはすごい」といった賛辞である。また、この支援者の「すごさ」の背景には、愛情や思いやり（時に「マザー・テレサのような」といったフレーズもコメントシートには登場する）のような情緒的な理由があると考えているようだ。

ところが、この学生たちの反応は、問いを少しひねると大きく変化する。ひねりとは「怠け者」「素行が悪い者」を支援するのか・しないのか？は、社会保障制度の歴史の中では古典的かつ定番の「救済に値する貧民 vs. 値しない貧民」という論点であることを伝え、もう一度見解を問うことである。授業では、1950年の生活保護法改正の要点が、いわゆる「欠格条項」▼4の削除であり、日本の社会保障制度は、既にみた貧困支援の現場の人々のスタンスと同じく「救済に値しない」とかつてみなされていた人々も含めて、すべての「貧困」（この定義は様々ありうるとしても）者を包摂する構えをとっていること、また近年世論で盛り上がる「生活保護利用者叩き」の現状について若干のレクチャーをする。その後、「怠け者」「素行が悪い者」も包摂しようとする日本の社会保障制度のあり方への賛否について、学生たち自身が有権者・納税者という「選択者」であることを念頭に（「民主主義」を前提にすると、賛否いずれが正しいかは、さしあたりどちらとも言えないと強調したうえで）考えてほしいと問うている。

この問いかけへの反応の典型の一つは、1回目の問いは少し考えてみると自分自身と密接に関係する問いであったことに気づき、そのことに無自覚だったことに驚くコメントである。また、賛否については、ネガティブなコメントと「賛否いずれとも決めかねる」といった判断保留のコメントが増える。ちなみに直近の授業では、1回目の問いかけに対する明確にネガティブなコメントは受講生の2割弱であったが、2回目の問いかけへのネガティブなコメントの割合は3割程度、賛否保留が3割程度（現在の日本の社会保障の基本姿勢を支持する者は4割程度）となった。賛否の割合は、過去10年の授業の中で増減はあるが、どんな人でも一定程度以下の困窮状態であれば無差別平等に救済するという戦後の社会保障制度の基本理念について、大多数の学生たちが賛成することは一度たりともなかった。このことは、生存権保障の理念、またそれに基づいて貧困問題を論じることの支持基盤の脆弱さを示唆している。

（2）貧困理解の「盲点」？

また、生存権保障の理念を問う授業での2回の問いかけは、学生たちが貧困について考える時のある種の「盲点」を浮き彫りにするようである。

1回目の問いへの応答からは、貧困の中で苦しむ人々や彼らを粘り強く支えようする人々の姿を「遠くにある他人事」とみている姿がうかがえる。言うまでもなく、「マザー・テレサのような」という学生のコメントの行間には「自分にはとてもできないけれど」のような態度がにじんでいる。この反応は、自分事として考えよと教員が指示していない1回目の問いへの素直な応答ともいえるのだが、学生たちが中高校までに公民や現代社会といった授業で必ず学んでいるはずの知識を前提にすれば、少し奇妙な反応でもある。「ホームレス」「ネットカフェ難民」といったマスメディアが貧困の断片として取り上げている出来事は、自分が利害関係者の一人である日本の法や制度、具体的にいえば社会保障制度に関係している。たとえば、他人の土地の不法占拠という形で野宿を強いられることは、社会保障制度が約束しているはずの

「健康で文化的な最低限度の生活」（学生の多くはこの文言と該当する制度とは何かくらいは知っている）以下であることは、ほぼ明白であろう。学生たちは、2回目の問いで、この当たり前のことを思い出し、驚くわけである。社会問題として貧困を考える際に必須となる、自分事として考える構えが「盲点」になっているということだ。

こうした学生らのあり方は、日本の貧困が「問題」としてマスメディアで取り上げられる際、「かわいそうな人々」「過酷な現実」にアクセントがおかれ、日本の諸制度に関連させるとこうした現実をどのように考えればよいのかというメッセージは省略されがちであるということも、おそらく関係しているのだろうと思う。日本では「貧困」が、時には感動、時には「ああはなりたくない」という優越感や蔑みの感情を刺激する見世物（エンターティンメント）として世間で流通し、消費されていることは、しばしば指摘されてきたことだ（金子 2017）。

ただ、エンタメ化した貧困という文脈で生じる「盲点」は、比較的容易に克服することができる。一方で、「1100兆円の国の借金」「年金不安」「生活保護不正支給」といった話題を介して税制や社会保障制度への関心が広く浸透している今、2回目の問いのような形で自分事として考えてもらうことはそれほど難しくないからである。ただし、この先には、もう一つの「盲点」があるようだ。

2回目の問いについての学生たちの応答に対しては、次の授業（第9回）で教員からのリプライをしている。生活保護制度を含む日本の社会保障制度は、なぜ「怠け者」「素行が悪い者」も含め包摂し、支援するというスタンスをとっているのか、についてのミニレクチャーである。ここでは社会福祉・社会保障制度史の教科書が、20世紀前半頃の「福祉（社会）国家」の誕生の背景にあったと解説していることを、かいつまんで説明することになるわけであるが、この説明を聞いた学生たちが驚きをもって受け止めることが一つある。

それは、貧困について、仮にそれを個人主義的貧困観（自己責任論的理解）により、社会的に救済しない、あるいは救済すべきでない人を選別して救済しないという考え方で対処した場合、問題それ自体や貧困の中にある人々は消えてなくなるわけではないことである。たとえば「ホームレス」について、自己責任論的な理解に基づき、社会で助けるのはもってのほかであると放置することは、私たちの政治的選択としてはありうる。ただし、そのような選択をしても「ホームレス」は日本社会から消えてなくなることはない。公私有地の不法占拠、治安や公衆衛生にかかわるリスク等、社会的に手当をしなくてはならない別の社会問題として（仮に一切手当をしないならば、ある人々に過酷な生活や死を強いるというあまり「気持ちのよくない」現実を）、私たちは引き受けることになる。20世紀の福祉国家誕生の大きな理由の一つは、「富国強兵」にしのぎを削っていた列強諸国の国家運営の打算の産物であったことを、ここで詳しく説明する必要はないだろう。20世紀の福祉国家形成の背景には、様々なファクターが絡んでいるが、「貧困という社会的コスト」を私たちはどう処理すべきかという問いをおいたうえでの、ドライな計算が大きく作用したことは周知のことである。

学生たちが「目からウロコ」かのように受け止めるのは、自身がコメントシート上で『怠け者』は社会保障（税金）で救済すべきではない」あるいは「旧生活保護法の欠格条項の復活を支持する」と主張した時に、救済されなかった「怠け者」「素行が悪い者」のその後について、ほぼ想像していなかったことについてである。自身の見解（自己責任論）のまずさというより、自分の見解にもとづいた社会制度のあり方の帰結をイメージしたことがなかったことへの驚きである。

「救済に値しない貧民」を考える授業を通しては、まずは生存権保障の理念の支持基盤の脆弱さがみえてくる。そして、その背景にある、貧困を考えようとする学生たちの初期条件として、制度を介して自分が貧困の「利害関係者」「当事者」であることの自覚が希薄であることがみえてくる。さらに、制度と関連づけて考える場合にも、自らが支持する制度の帰結が想像の外にあるという形での「当事者」意識の希薄さがうかがえる。このような「当事者」意識の希薄さについては、きわめてナイーブな制度認識が思考の出発点になっていると言い換えてもよいかもしれない。なお「ナイーブな」(幼稚な、無邪気な…)と言ったのは、学生たちを批判したいからではない。ここで指摘した、二つの「盲点」はとても初歩的であるという意味で使っている。

4 「他人事としての貧困」という壁

貧困問題を教える授業「社会福祉と貧困」の担当者としての気づきを整理してきた。そこで見えてくるのは、学生たちの貧困問題をめぐる知識の少なさはもちろんであるが、問題との向き合い方の独特の姿である。貧困問題を「他人事」としてとらえる構えである。日本の貧困問題は、日本で暮らす人々にとって(たとえ自己責任論を信念とする人、あるいはまったく無関心な人にとっても)、事実として「他人事」ではありえない。近現代の国民国家の仕組み上、私たちは「当事者」▼5の立場から降りることができないからである。ところが、授業で出会う学生たちにはこのことについての自覚と責任感が薄い。授業の中では、いわば「他人事としての貧困」という壁が、学生たちと貧困問題の間に大きく立ちはだかっている印象すら感じる。

（1）「他人事としての貧困」という壁

「社会福祉と貧困」の授業経験の中でみえてくる「他人事としての貧困」という貧困問題と学生たちの間にある壁の存在は、この授業にやってくる学生たち固有の状況ではないと思う。また筆者の新「発見」でもないだろう。というのは、表現は様々であるが、ずいぶん以前から日本では、繰り返し指摘されてきたことだからである。また、こうした指摘に絡めて理解すると、貧困問題の解決を志向する場合、かなり深刻かつ厄介な課題のようにも思える。

たとえば、本章で既に参照した厚生労働省の『社会保障の教育推進にかかわる検討会報告書』の背景にある有識者会議の議事録を読むと、現代日本の社会保障制度のおかれた危機的状況を象徴する言葉として、「他人事」「無関心」という語が頻繁に登場する▼6。子どもはもちろん大人（学校の教員）も、貧困問題や社会保障制度を自分の生活とは関係のない「他人事」として受け止めていることが、現在の社会保障教育の大きな障害であるという。また、戦後日本の政治においては、理性に基づく熟議のアウトプット、すなわち「公論（輿論）」が脆弱で、貧困問題に限らず政治的なイシューは常に「世の空気（世論）」に左右され続けてきたという指摘もある（佐藤 2008）。さらに、「他人事としての貧困」という壁の存在は、近現代社会の約束事「社会契約」の操作対象物としての「社会」イメージの貧しさ、民主政治の教科書が期待するような「市民」的態度の弱さのあらわれとも解釈できるが、こうした「市民」としての私たちの未熟さは、日本で普通選挙が始まった頃から、嘆きをもって指摘され続けてきたことである▼7。

以上は、「他人事としての貧困」を日本の文脈のうえにおいた話であるが、より一般的な解釈もできるだろう。日本に限らず「大衆社会」の局面にある国々では、広く政治的無知や無関心がみられ、人々は時に理性に欠く政治的選択をすることは、ごく当たり前の状況だと言われている（カプラン訳書 2009）。現代社会では、人々の大多数が優等生的な「市民」であることは、それほどナチュラルな状態ではない。

子どもの貧困を含む日本の貧困問題のこれからは「私たちの合意」次第であることは冒頭で述べたとおりである。「他人事としての貧困」という壁が、教室の外の多くの大人たちにも共有されているとすれば、貧困問題の将来については暗い展望を持たざるをえない。まずは、貧困問題についての合意形成の可能性自体怪しくなるだろう。健康で文化的な最低限度の生活以下で暮らしている人々が大量に存在する状況が多くの人にとって「他人事」だとすれば、それを社会全体で問題として受け止め、対策を議論すること自体始まりようがない。また仮に「合意のようなもの」が形成されたとしても、その内容はとても危ういものになると思われる。後者については、近年すすむ生活保護制度改革、具体的には給付額の切り下げや利用者の自由を制限する方向での諸改革を支持する世論に与する人々が、自身の見解について、どこまで真剣に考え、かつ改革の帰結に対する責任を自覚しているかをイメージするとよいと思う。授業で出会う「無責任な自己責任論者」を思い出すと、こうした世論はたしかに「世の空気」ではあろうが、覚悟をもって真剣に考えたうえでの意見、すなわち公論（輿論）とはいえないのではないか。

「他人事としての貧困」という壁の存在は、貧困問題の解決を展望した場合、深刻な課題である。また、それが、日本の市民社会の成熟度や世界各国の民主主義の共通の困難にかかわる現象ならば、貧困問題を教える授業にとっては手におえない難題のようにも思えてくる。日本の市民社会の成熟を促す、あるいは大衆社会における政治的無関心を克服するなどと構えると、小さな教室での一授業担当者にとっては、かなり荷が重い。

とはいえ「社会福祉と貧困」の授業経験をふまえると、そう悲観的に考えなくてもよいのではないかとも一方で思っている。最後に、この楽観的な展望にかかわる、授業で得られた感触について述べ、まとめとしたい。

(2)「他人事としての貧困」という壁を乗り越えるために

貧困問題への無関心、あるいは自らの見解の帰結への想像力や責任感が希薄であることが、授業の中ではみえてくるわけであるが、それは「盲点」であり、またナイーブな制度認識であると既に指摘した。ここがさしあたりの活路ではないかと思う。以下、「社会福祉と貧困」の授業の最終回(第15回目)のコメントシートの学生たちの記述をいくつか紹介しておこう。

- 最終回で、やっと「当事者」の意味がわかりました。「政治や行政がちゃんとすればいい」という前までの考えは、実は自分たちの行動に左右されている政治や行政という観点をもてばあさはかなものだったと思います。
- 漠然と「選挙に行かなきゃいけない」という思いはありましたが、この社会福祉と貧困の授業を通してより具体的な目標が定まったと思います。自分の投じる一票だけでなく普段の買い物やニュースの見方も含めて全て日本の貧困へのアプローチとして大切なものであるということを身に染みて感じました。
- 以前、生活保護の部署に所属していた際に、このような客観的な視点や必要性について十分理解していれば、より自信をもって仕事ができたのではないかと思いました。今回の講義のような「当事者」としての自覚と知識があればよかったと思いました。(筆者注:社会人経験のある学生のコメントシートより)

● 自分は「当事者」なのだという有権者として一番重要なことも気づけました。なぜ今まで気づかなかったのかと残念に思います。

● 高校生の時からそれなりに子どもの貧困や生活保護の受給問題などについて考えたように思いますが、自分の考えの甘さを痛感しました。自分には関係のないこととして無責任に考えていたように思います。

これらのコメントに貧困問題を教える授業のこれからを考えるヒントがあるように思う。むろん、このような気づきを書くのはすべての学生ではない。授業の効果を正確に測ったことはないので、このような気づきに至った学生がどのくらいいたのかは、実際のところ分からない。したがって、「社会福祉と貧困」の教育効果について何か論じるつもりはないのだが、以上のようなコメントから一つだけ言えることは、学生たちの授業を受ける前の貧困問題との向き合い方は、それなりの説明を受け、立ち止まって自分自身でじっくり考える機会が与えられると、比較的簡単に変わる可能性はあるということであろう。「あさはかな」「なぜ今まで気づかなかったのか」といったフレーズがこのことを示唆している。

つまり「他人事として貧困」という壁は、乗り越えられないほど高く、あるいは穴を穿《うが》つことができないほど分厚いものとはいえないということだ。より楽観的な言い方をすると、学生たちの初期条件があまりにもナイーブ過ぎるがゆえに、教育による「変化の余地」(伸びしろ)は相当あるといってもよいかもしれない。少なくとも、広島大学に進学し、卒業後はいわゆる「中間層」の担い手になるだろう若者たちには、適切なはたらきかけと機会さえあれば「他人事としての貧困」という壁を、ひょいと乗り越えるだけのポテンシャルは十分にあるのではないか。これが「社会福祉と貧困」の10年余の経験から得た確信である。

注

1 世間の貧困認識に対する研究者の評価の一例としては「現代の日本では、貧困問題がわずかに注目されるようになったものの、『社会的貧困観』がどれだけ浸透したといえるだろうか。むしろ社会の隅々にまで個人主義的貧困観が染みわたり、強く支持されるようになっているのではないだろうか」（金子 2017）という金子の言葉をあげておこう。このような評価を裏づける実証研究は数多くある。たとえば、２０００年代の新聞記事見出しにおける「貧困」という語の使用例を検討した青木によれば、２００１年の時点では「途上国の貧困」の記事が圧倒的に多いが、２０００年代半ばから「日本の貧困」の記事が増加しはじめ、２００８年を境に「日本の貧困」の記事数が「途上国の貧困」の記事数を超えたという（青木 2010）。また、現代日本の世論における個人主義的貧困観の分析としては、富裕層・中間層における自己責任論の根強さを指摘する橋本の研究（橋本 2018）、また若年層の価値観の「リバタリアン化」を指摘する米田の研究（米田 2015）などがあげられる。

2 報告書（厚生労働省政策統括官 2014）8頁。

3 戦後日本の貧困率の計測結果のまとめ（橘木・浦川 2006）によれば、貧困率が最も低くなるのは１９８０年代後半から90年代前半頃である。当時の計測値のなかで、最も低いものは４％程度である。ただ一方で、同時期に10％以上の貧困率を計測した実証研究も複数ある。各研究者によって貧困率に違いがみられるのは、使用したデータベースや貧困定義など計測の方法の違いに起因している。

4 欠格条項は、旧生活保護法第二条「左の各号の一に該当する者には、この法律による保護は、これをなさない。一 能力があるにもかかわらず、勤労の意思のない者、勤労を怠る者、その他生計の維持に努めない者 二 素行不良な者」のことである。

5 念のために断っておくと、本章の「当事者」には、貧困者自身である、あるいは貧困に陥る可能性があるといった意味は含まれていない。

6 第1回議事録（www.mhlw.go.jp/stf/shingi/2r9852000001vlus.html）を参照のこと。たとえば「大半の子は他人事になってしまう部分が多くて、他人事じゃなくて、自分が社会の一員としての日本の一人なんだということを、どうしたら実感を持って考えてもらえるのかというところが、現在の私の課題でもあります」（増田ユリア委員）、「生徒が社会保障について無関心だということと同じように、私たち教員の多くも社会保障あるいは年金や保険について無関心で、職場の中で社会保障や年金が話題になったり雑談で話されることもほとんどありません。そういうことを考えますと、まずは生徒を教える以上に、教員の関心を高めなくてはならないのかなと思います」（梶ヶ谷穣委員）、「国民年金の保険料の収納率が6割を切ったニュースが流れます。このことについては、だれもそんなに関心を持っていないですね。たまたまそこに関わっている方々が、えっ、6割切ってしまったの。今後、年金制度はどうなるのということで、一部の方が気にするだけであって、国民の大多数も、ああ、そうなの。どうせ国が何とかしてくれるんでしょうということで、本当に『人ごと』だと思っているようですね」（前田昭博委員）といった発言が多数記録されている。

7 民俗学者として著名な柳田國男は、日本における「社会」とその担い手の「市民（公民）」形成に関心を寄せていた。彼は自らが新聞社論説委員として、その実施の世論づくりにかかわった第一回普通選挙（１９２８年）に際し、多くの有権者の事大主義や付和雷同を前に「われわれは公民として病みかつ貧しい」（柳田 1993）と嘆いた。終戦後、柳田は社会科の教科書の編纂にも関与する。１９５０年代から60年代にかけては、丸山眞男を代表とする「市民派」の知識人らにより、西欧近代をモデルとする市民社会の徹底（当時の日本ではそれが未成熟であるという認識から）が主張されていた。柳田や丸山と同質の批判的指摘は、現代でもしばしばみられる（白井 2018、菊谷 2015）

引用・参考文献

青木紀（2010）『現代日本の貧困観――「見えない貧困」を可視化する』明石書店

Caplan, Bryan. (2007). *The Myth of the Rational Voter: Why Democracies Choose Bad Policies*, Princeton University Press.（長峯純一・奥井克美監訳（2009）『選挙の経済学――投票者はなぜ愚策を選ぶのか』日経ＢＰ社）

江口英一（1979）『現代の「低所得層」〈上〉――「貧困」研究の方法』未来社

橋本健二（2018）『新・日本の階級社会』講談社現代新書

金子充（2017）『入門 貧困論――ささえあう／たすけあう社会をつくるために』明石書店

菊谷和宏（2015）『「社会」のない国、日本――ドレフュス事件・大逆事件と荷風の悲嘆』講談社選書メチエ

厚生労働省政策統括官（2014年）『社会保障の教育推進に関する検討会報告書――生徒たちが社会保障を正しく理解するために』（www.mhlw.go.jp/file/05-Shingikai-12601000-Seisakutoukatsukan-Sanjikanshitsu_Shakaihoshoutantou/houkokusyo_4.pdf 2018.10.1）

佐藤卓己（2008）『輿論と世論――日本的民意の系譜学』新潮社
白井聡（2018）「メディア・リテラシー以前の問題」『世界思想』45号、世界思想社、32～36頁
橘木俊詔・浦川邦夫（2006）『日本の貧困研究』東京大学出版会
柳田國男（1993）『明治大正史　世相篇　新装版』講談社学術文庫
米田幸弘（2015）「日本社会の勤勉性のゆくえ――格差社会のなかの労働倫理」数土直紀編『社会意識からみた日本――階層意識の新次元』有斐閣、170～197頁

おわりに

この「おわりに」は、私が執筆した章とも関わる「教育とお金」の話からはじめてみたい。本シリーズの刊行に向けた具体的な議論をはじめた当初から、この第3巻に「教育とお金」にまつわる論考を入れることを考えていた。その頃に想定していたのは、教育費が高い（そのことが貧困世帯の子どもにもつ意味）という議論と、その背景にある家族依存の問題、という、非常にオーソドックスなものだった。しかし本書にこうした議論を入れることへの違和感のようなものもあった。理由は大きく二つ。一つは、「オーソドックス」という言葉通り、これらについてはすでに一定の議論の蓄積があり、かつ、問題点はある程度共有されていること。教育費の高さやその背景としての家族依存の問題は、くり返し指摘されることが重要ではあるものの、果たしてそこにとどまっていてよいのだろうかという疑問があった。二つ目の理由はこのことと関連するが、教育費の高さと家族依存の問題を強調するだけでは、これらの問題の解決や緩和には向かわず、むしろ事態を悪化させるのではないかという懸念があったことだ。

「子どもにかかる教育費が高い」ことは長らく指摘され、また広く実感され続けてきたことだが、2000年代に入ったころからそのトーンが変化し、「教育費が高い、プラスアルファ」の話が出てくるようになったように思う。その「プラスアルファ」というのは、「子どもにかかる教育費のすべてを親が負担しようとすれば、自分たちの老後の金銭的準備を行うことができなくなる恐れがある」というものである。

特に高校卒業後の進学費用については、親が丸抱えするのではなく、奨学金利用といった形で子どもにも負担させるべきだ（そして、その分を自身の老後の備えにまわすべきだ）という形の親へのアドバイスが目につくようになった。他方で、親による教育費負担の代替物として最有力のものであるはずの奨学金については、日本で「奨学金」と呼ばれるもののほとんど（日本学生支援機構の「奨学金」がその代表格である）が、その名称の本来の意味である「給付」ではなく「ローン」であるという事実が強調されるようになる。そして、「奨学金」を利用する学生が増加する中で、多額の借金を負って社会に出る若者が増加していること、返済の負担が大きいために返済不能などといった困難な状況に陥る人も出てきていることが指摘されるようになった。

こうした教育費負担の問題に関する気づきや指摘、強調が何をもたらしただろうか。教育費の家族依存の現状を緩和したり解消したりといったほうに向かうような議論は低調である。現在増えているのは、長期的・計画的な家計管理でこの負担を乗り切るための方策を説くことであるように思われる。もちろん、これまで高等教育の無償化や給付奨学金等に関して積み重ねられてきた研究や運動は、教育そのものの価値を重視し、ゆえに、すべての人の教育を受ける権利を保障することを求めてきた（したがって、このもとでは、そもそも「家族の教育費負担」は発生せず、教育費の家族依存は解消されることとなる）。しかし最近の就学前教育・保育の無償化や高等教育費の減免、給付奨学金に関する政策動向とそこでの議論は、教育の価値ではなく、後述するような教育の道具的側面を強調する傾向にあり、むしろ家計管理を強調する議論と親和的なものとなっている。

青木（2009）は、日本を「市場主義」（市場依存）かつ「家族主義」（家族依存）という特徴をもつ福祉国家であると整理している。その後の日本の政策・制度の方向は、市場主義（依存）と家族主義（依存）をますます強化しているように思われる。教育や住宅、医療など、私たちが当たり前に暮らすための金銭的コストはなかなか軽減されない一方で、子育て家族をはじめとする多くの家族においては家計収入が減少し、あるいは不安定化してきている。結果として普通に暮らしていくためにかかるものの家計負担は大きくなっている。こうした金銭的コストが軽減される＝脱市場主義に向かうことが、対応策の一つの方向であるが、現在の日本は、家計が負担する金銭的コストの軽減ではなく、家計管理という個別世帯の対処能力を鍛えることに重きを置く。生活保護の削減と並行する形で、生活困窮者自立支援法の各事業（就職・就労、家計管理、学力向上や進学のいずれも、個人の対応・対処能力を鍛えることがその中心にある）が拡充されるという動きも、市場主義（依存）と家族主義（依存）の相互強化を加速する。

こうした現状にあっては、「教育費が高い」と言えば言うほど、家族でそれに対処させる（この文脈においては奨学金や減免制度を利用することも、教育費負担に対処する際の家族の「選択」の問題だという狭い理解になる）という家族依存を強化する堂々巡りから脱することができず、家族の負担を軽減するという話にならない。この堂々巡りを抜け出すためにはどのような議論が必要か。こうして本書第Ⅱ部の三つの章が置かれた。

第Ⅱ部に限らず、本書全体も同様の問題意識のもと構成されている。「教育」と「子どもの貧困」という二つの言葉、事象を結び付けて考えるとき、「教育」はその道具的な側面を強調した理解がされやすい。（貧困ゆえに不利な環境に置かれた）子どもに学力をつける、ないしは進学させる。そうすることで現在の貧困に起因する教育的不利を軽減し、将来貧困に陥ることを防ぐというように。こうした回路のもとでは、「貧困」という社会問題の解決を子ども本人に求める（これもひとつの家族依存の形である）ことに疑問がもたれにくい。むしろ貧困にある子どもたちにこのような形で教育を施すことは「良いこと」と捉えられる。こうして「子どもの貧困と教育」というテーマは、貧困を個人に矮小《わいしょう》化して捉える回路を強化してしまいやすい。こうした回路を打破する、少なくとも議論の方向を少しでも変えていくために、「貧困」に関する研究と実践から学んできた者としてどのような一冊を世に出すべきか。現在、何が議論されていて、何が議論されていないか。あらためて目を向け、考えておくべきことは何か。このような観点から序章で示した本書のねらいと構成について議論していった。

ところで、「経済的困窮」への直接的な対応策を含まない貧困対策は貧困の根本的な解決・解消にはつながらない、というのは、すべてではないが一定数の貧困研究者がとってきた立場であり、こうした立場においては貧困解決の手段として「教育」を用いることに懐疑的である。本書もこの懐疑的な見方を一定程度共有している。しかし一方で、「教育」をめぐる領域・現場で真摯な実践が行われてきたのもまた事実であり、そうした実践が果たしてきた役割は大きい。本書はこの両方の立場や見方を含むものにしたい。これらが「バランスよく」含まれた一冊にまとめようとするのではなく、大きな問題意識は共有しながらも、各章が相互に論争的な内容も含むものにしたい。このような考え方のもとに、本書を3部12章構成とした。そして具体的にどなたに執筆をお願いするかを考えていった。

２０１７年4月に本シリーズ各巻の編者が集まっての会合がもたれた後、ここまで述べたような第3巻の構成に関する議論を行ってきた。そして夏の終わりごろから各章の執筆者への依頼をはじめていき、最初の執筆者会合がもたれたのが２０１７年の12月だった。本シリーズ全巻にわたって重視されたのは、編者と各執筆者の間での議論にとどまらず、執筆者同士が議論をもつ機会を作ることだった。特にこの第3巻は、編者を含め、このような形で一緒に仕事をするのはお互いにほぼ初めてであったため、こうした議論の時間をもつことは重要だった。顔合わせと編者および出版社からの説明を主とした12月の会合ののち、２０１８年3月にそれぞれの具体的な執筆内容のアイデアを持ち寄った研究会形式の会合を2日間にわたって行い、その後も、数人の執筆者と編者とでのミニ会合を数回行った。毎回、それぞれが担当する章の内容確認にとどまらない多くの議論が交わされる充実した時間をもつことができた。こうした議論を経て、最終的に本書に納められた各論考は、当初の編者の構想を超えるものとなった。このような論争的——編者2人が自負をもって使ってきた表現では「変な」——本の企画に携わっていただいた各執筆者に感謝申し上げたい。今回の縁が新たな研究や実践の輪に広がればうれしい。

明石書店の深澤孝之さんにはほぼすべての執筆者会合に参加していただき、議論に加わっていただいた。本書刊行までいろいろな無理にも対応していただいたことと思う。感謝申し上げたい。

この「変な本」を手に取った読者が、「子どもの貧困と教育」について、これまでとは少し違う視点をもったり、当たり前と思ってきたことを改めて考えてみたりする、そうしたきっかけに本書がなれば幸いである。

編者を代表して　鳥山 まどか

2019年2月

引用・参考文献

青木紀（2009）「欧米と日本における貧困削減へのアプローチ（Working Paper）——社会の持続性から論点を提示する」『教育福祉研究』15、23～37頁

盛満弥生（もりみつ・やよい）【第8章】
宮崎大学教育学部准教授。専門は教育社会学。主な著作に『「力のある学校」の探究』（共著、大阪大学出版会、2009年）、『学力政策の比較社会学［国内編］——全国学力テストは都道府県に何をもたらしたか』（共著、明石書店、2012年）、『格差社会における家族の生活・子育て・教育と新たな困難——低所得者集住地域の実態調査から』（共著、旬報社、2014年）がある。

金澤ますみ（かなざわ・ますみ）【第9章】
桃山学院大学社会学部准教授。社会福祉士。スクールソーシャルワーカーの活動経験をもとに、学校という場の可能性について研究。主な著作に『学校という場で人はどう生きているのか』（共著、北大路書房、2003年）、『スクールソーシャルワーカー実務テキスト』（共編著、学事出版、2016年）など。

西牧たかね（にしまき・たかね）【第10章】
東京都の公立中学校教論を経て、現在は、調布市子ども・若者総合支援事業学習支援コーディネーター。主な著作に「希望をもって生きる土台を築く」『子どもの貧困ハンドブック』（かもがわ出版、2016年）、「学校の役割を問う」『都市問題』（後藤・安田記念東京都市問題研究所、2016年）など。

岡本実希（おかもと・みき）【第11章】
2016年に東京大学大学院教育学研究科修了。修論では、貧困家庭の児童に対して自治体が行う学習支援に関する調査を行った。卒業後、株式会社LITALICOに入社。発達障害のある子どもへの支援を行う学習塾にて、指導員や教室長を務める（2018年12月まで）。2019年1月よりライターとして社会問題に関する記事を執筆中。

◉執筆者紹介（【　】は担当）

堅田香緒里（かただ・かおり）【第1章】
法政大学社会学部准教授。専門は社会福祉学、貧困研究。ゆる・ふぇみカフェ運営委員。主な著作に『ベーシックインカムとジェンダー――生きづらさからの解放に向けて』（共編著、現代書館、2011年）、『社会政策の視点――現代社会と福祉を考える』（共著、法律文化社、2011年）、『労働再審〈6〉労働と生存権』（共著、大月書店、2012年）など。現在、『仕事文脈』（タバブックス）にて連載中。

桜井啓太（さくらい・けいた）【第2章】
立命館大学産業社会学部准教授。専門は貧困研究、社会福祉学。主な著作に『揺らぐ主体／問われる社会』（共著、インパクト出版会、2013年）、『〈自立支援〉の社会保障を問う――生活保護・最低賃金・ワーキングプア』（単著、法律文化社、2017年）、「貧困と高等教育――生活保護世帯の大学進学に関する諸問題」『季刊 個人金融』〈2018年秋号〉（一般社団法人ゆうちょ財団、2018年）など。

丸山啓史（まるやま・けいし）【第3章】
京都教育大学教育学部准教授。専門は障害者教育。主な著作に『イギリスにおける知的障害者継続教育の成立と展開』（クリエイツかもがわ、2009年）、『私たちと発達保障――実践、生活、学びのために』（全障研出版部、2016年）、『隠れ保育料を考える――子育ての社会化と保育の無償化のために』（共編、かもがわ出版、2018年）など。

新藤 慶（しんどう・けい）【第4章】
群馬大学共同教育学部准教授。専門は教育社会学、地域社会学。主な著作に『在日ブラジル人の教育と保育の変容』（共著、御茶の水書房、2009年）、『ブラジルにおけるデカセギの影響』（共著、御茶の水書房、2009年）、『北欧サーミの復権と現状』（共著、東信堂、2018年）、『現代アイヌの生活と地域住民』（共著、東信堂、2018年）など。

篠原岳司（しのはら・たけし）【第6章】
北海道大学大学院教育学研究院准教授。専門は教育行政学、学校経営論。主な著作に『現代の学校を読み解く――学校の現在地と未来の教育』（共著、春風社、2016年）、翻訳に『知識社会の学校と教師』（金子書房、2015年）など。

中澤 渉（なかざわ・わたる）【第7章】
立教大学社会学部教授。専門は教育社会学、社会階層論。主な著作に『なぜ日本の公教育費は少ないのか――教育の公的役割を考えなおす』（勁草書房、2014年）、『日本の公教育――学力・コスト・民主主義』（中公新書、2018年）、『教育と社会階層』（中村高康・平沢和司・荒牧草平との共編、東京大学出版会、2018年）など。

◉編著者紹介（【　】は担当）

佐々木 宏（ささき・ひろし）【序章、第12章】

広島大学大学院人間社会科学研究科准教授。専門は教育福祉論、教育社会学。主な著作に「インド高等教育におけるテクニカル教育ブーム――ウッタル・プラデーシュ州ワーラーナシーのマネジメント教育の事例的検討」押川文子・南出和余編著『「学校化」に向かう南アジア――教育と社会変容』（昭和堂、2016年）、「ポストモダニズムと社会福祉――『近代的なるもの＝社会福祉』批判への応答」『教育社会学研究』（94集、2014年）など。

鳥山まどか（とりやま・まどか）【第5章、おわりに】

北海道大学大学院教育学研究院准教授。専門は教育福祉論。主な著作に「家計に見る女性の困難――生活再生貸付利用者へのインタビュー調査から」『教育福祉研究』（第18号、2012年）、「借金問題のいま」『季刊家計経済研究』（第102号、2014年）、「子育て家族の家計――滞納・借金問題から考える」松本伊智朗編『「子どもの貧困」を問いなおす――家族・ジェンダーの視点から』（法律文化社、2017年）など。

◉編集代表紹介

松本伊智朗（まつもと・いちろう）

北海道大学大学院教育学研究院教授。専門は教育福祉論、社会福祉論。雑誌『貧困研究』（貧困研究会、明石書店）編集長。主な著作に『子どもの貧困――子ども時代のしあわせ平等のために』（共編著、明石書店、2008年）、『貧困とはなにか――概念・言説・ポリティクス』（ルース・リスター著、監訳、明石書店、2011年）、『「子どもの貧困」を問いなおす――家族・ジェンダーの視点から』（法律文化社、2017年）など。

シリーズ 子どもの貧困 3

教える・学ぶ——教育に何ができるか

2019年3月30日　初版第1刷発行
2021年2月20日　初版第2刷発行

編集代表　松本伊智朗
編著者　佐々木宏
鳥山まどか
発行者　大江道雅
発行所　株式会社 明石書店
〒101-0021　東京都千代田区外神田6-9-5
電話　03（5818）1171
FAX　03（5818）1174
振替　00100-7-24505
http://www.akashi.co.jp

装丁　清水肇（プリグラフィックス）
装画　後藤美月
印刷・製本　モリモト印刷株式会社

（定価はカバーに表示してあります）　ISBN978-4-7503-4790-5

◎A5判／並製／◎各巻 2,500円

① 生まれ、育つ基盤
子どもの貧困と家族・社会
松本伊智朗・湯澤直美［編著］

② 遊び・育ち・経験 子どもの世界を守る
小西祐馬・川田学［編著］

③ 教える・学ぶ 教育に何ができるか
佐々木宏・鳥山まどか［編著］

④ 大人になる・社会をつくる
若者の貧困と学校・労働・家族
杉田真衣・谷口由希子［編著］

⑤ 支える・つながる
地域・自治体・国の役割と社会保障
山野良一・湯澤直美［編著］

〈価格は本体価格です〉